オウム真理教の政治学　目次

凡例

いくつかの事件にかかわった主要な信者たちについては、使用した参考文献に加え、『オウム真理教大辞典』、Wikipediaなどを参照して、簡単な説明とともに巻末に付録一としてまとめてある。

さらに、本書を執筆するにあたっては、何年にどういうことが起こったかということを、しばしば確認する必要があった。数多く出版されているオウム真理教事件関係の研究書・参考書に「事件史年表」あるいは「裁判関連年表」といった資料がついているものもあるが、本書以外に手元に関連書がない読者のために、それらを参照しながら作成した「オウム真理教事件関連年表」を、付録二としてつけておいた。必要に応じて参照頂ければと思う。

表記法について一言ことわっておきたい。本書における分析枠組みとして、L・ウィトゲンシュタインの言語理論に多く依拠している。ウィトゲンシュタインの著作からの引用は、執筆年が明らかでないものがあり、またその著作の独特の表記法に由来して、多くの研究書が採用してきた方法にならい、たとえば『論理哲学論考』は『論考、xxx』、『哲学探究』は『探究、xxx』、『確実性の問題』は『確実性、xxx』といったように、略記した書名のあとに文節につけられた番号を漢数字で記した。

引用文中ないし本文で、〔 〕内の文章は説明の便宜のために大石が挿入したものである。引用文中の／は、引用したもとの文章では改行がなされていることを示す。また引用文中であっても、ふりがなは断りなしにつけた場合がある。

なお、本文中では敬称はいっさい省略させて頂いた。ご諒解を得たい。サマナの人たちについてはホーリーネームを使用した場合も多い。

オウム真理教の政治学

はしがき

「オウム真理教」という名前を耳にするようになったのは、一九八九年ころからであろうか。奇妙な新興宗教についてのマスメディアの報道に、政治学を専攻し、宗教や信仰というものとは縁遠かった私自身は、はじめのころはほとんど興味を覚えなかった。聞いたこともない言葉の連発にあきれはて、不可解な行動をさめた眼で見ていたと思う。しかしやがて、教祖麻原彰晃《あさはらしょうこう》の滔々《とうとう》たる雄弁と新奇な言葉の駆使をテレビで視聴し、他方で信者たちの誠実そうな態度と行動を見るにつけ、強い関心をかき立てられるようになった。言葉による人間行動のコントロール、つまり政治という視角からも、それが単なる一過性の事象ではなく、何らかの普遍的な問題につながっているということに気づいたのである。

オウム真理教事件の際立った特徴の一つは、本文でも触れるように、私自身も困惑したおびただしい数の耳慣れない言葉の氾濫である。そのうちには仏教の用語、ヨーガの言葉、キリスト教の用語、単なる英語など、さまざまな言葉が入り混じっている。それらの言葉のいくつかについては、本文中で簡単に説明を加えた。

事件の真相が明らかになるにつれて、誰もが驚かされたのは、オウム真理教教団内には、有名大学出身で高学歴の若者たちが大勢加わっていたことである。重大な事件にかかわった主要な人物については本文中でも触れるが、そのほかにも、修行のあるステージを修了して、麻原にホーリーネームを授けられた中堅どころの若い信者たちはたくさんいた。前途有為の若者たちが、どうして数々の殺人を含むおぞましい事件に巻き込まれたのだろうか。地下鉄サリン事件の実行犯豊田亨《とおる》と同級生で、東大大学院で物理学を専攻した伊東乾《けん》は、オウム真理教に親友を奪われた悔しさから、同じような問題を提起する。

明らかにしたい問い／一　なぜ、人びとはオウムや麻原彰晃《あさはらしょうこう》に心酔したのか？／二　なぜ若者はオウムでの「修行」に惹かれたのか？／三　なぜ、未来あるエリート科学者の卵が、あんな荒唐《こうとう》無稽《むけい》な教団に走ってしまったのか？／四　マインドコントロールされて犯行に及んだとき実行者はどういう意識だったのか？／五　人びとをオウムに駆り立てた本質的エネルギー源は何か？／六　宗教と科学の間の明確な矛盾を彼らはどう考えていたのか？／再発防止のために最初にしなければならないことは何か？（注1）

伊藤のもどかしい思いにもかかわらず、彼の著書によってもこのような疑問が完全に明らかになったとは思えない。私自身も共有するこのような問いに、本書で多少とも答えられていることを願う。

第一章　「オウム真理教事件」の概要と問題関心

一　さまざまな疑問と「オウム真理教事件」の起点

「どうしたの？」

「静かにして……」

見れば、彼の腕には一匹の蚊がとまっていた。

「追い払わないの？」

「うん。お腹が空いているみたいだから僕の血を布施《ふせ》してあげてるの」

「そうなの。優しいんだね。でもあとで痒くならないかな？」

「いいんだよ。僕が少しだけ我慢すればいいことだから……」
（注1）

なんと優しい心根だろうか。これは、オウム真理教（教祖、麻原彰晃《あさはらしょうこう》、一九五五〜、本名、松本智津夫《ちづお》）の施設サティアンに入所していたサマナが、ある子供と交わした会話である。教団施設サティアンの中では、成人に混じって、子供たちも出家生活を送っていた。そして出家した教育関係者たちが、「子供班」としてまとめられた彼らに一定の学習プログラムで勉強を教えていた。時期によって異なるようだが、幼児から中学生まで、多い時期には一〇〇人位もいたという。子供たちが作り出す社会は、時には盗みもあり、いじめや暴力もあったが、自由奔放な社会だった。中学で英語を教えていたある教師はこういう。「学歴社会で生きていくのを前提にするならここの教育では困るでしょうね。知識の詰め込みがないから受験戦争に確実に負けます。でもどちらが子供のためなのかと考えると、僕は断然オウムだと思ってるんですよ。……子供の能力ってすごいんですよ。だから本当に興味を持って意識が向かうとどんな子供でも天才的なところがあって、現実の問題としてここの子供たちは知識は劣っても考える力はかなりのものだと思いますよ。……僕らのような教える側の問題としても、これが正しいという明確な価値観があってそのとおりに実践されてる社会というのはいいですよ。教壇に立っても自信を持って教えることができるし、『真理学園』は本当に理想の職場ですね」（傍点、大石）（注2）

このような記述からは、落ち着いて、穏やかに暮らす人々の生活風景が浮かんでくる。事実、サティアンの中には「真面目に心の成熟や人間性の向上、人々を救う道を求めて集まってきた信者」（注

3）たちが大勢いたのである。そこには解脱《げだつ》を目指して修行に集中するこのような普通の大人たちによる誠実な生活があったと同時に、子供たちを立派なオウム真理教信者へと育てていく環境もあったのである。このように優しい気持ちをもつ子供たちを育てていたオウム真理教教団が、一体どうして、無差別に多くの人を殺傷する東京地下鉄サリン事件まで引き起こしたのだろうか。地下鉄サリン事件以前の事例を加えれば、教団が関与した意図的な殺人が二七件、逆さ吊り修行や折檻での死亡を合わせて、合計四〇人以上が亡くなったともいわれている。（注4）そもそも医師や弁護士、科学者を含む多くの人たちは、なぜあの麻原彰晃について行ったのか。なぜ、家族を捨て、家を売り、高額な布施《ふせ》をし、そしてついには殺人まで犯すようなことになってしまったのか。あのように誠実で普通の人たちが麻原について行ったのなら、私たちだっていつか同じようなことをしてしまうのではないか。私たちの側にも、あのような行動を取ってしまう何らかの要因があるのではないか。オウム真理教事件をめぐってこのように湧いてくるさまざまな疑問を、これから考えてみたい。

マスメディアによる一連のオウム真理教事件についての報道を寄せ集めると、『妄想』にとりつかれた『ペテン師』率いる『異常』な『カルト』が、『洗脳』と『マインド・コントロール』で信者を『狂気』に陥れ、『ハルマゲドン』めざして『無差別殺戮』をひき起こした『空前』の『凶悪犯罪』（注5）といった表現になるのかもしれない。しかしその空前の凶悪犯罪は、実はごく普通の誠実な人たちによって引き起こされたのである。なぜこんなことが起こってしまったのか。

秘匿された殺人事件を含め、布施の強要、拉致、監禁、リンチ、薬物の使用、猛毒菌の培養と散布、銃器の密造、松本サリン事件など、さまざまに重大な事件を引き起こしつつ、東京地下鉄サリン事件へと突っ走ったオウム真理教教団にかかわる一連の事件を、ここでは「オウム真理教事件」と呼ぶとして、その発端を決めるのはなかなか難しい。すでに一九七六年には、麻原は長兄が漢方薬店を開いていた熊本で傷害事件を起こし、八代署に逮捕されて罰金一万五千円を支払っている。上京して代々木ゼミで知り合ったＩ・Ｔと結婚後、千葉県船橋市に「漢方亜細亜堂薬局」を開いていた八〇年には、発覚した健康保険薬剤不正請求で六七〇万円を追徴された。新たに開いたＢＭＡ薬局〔ＢＭＡはブッダ、メシア、アソシエーションの頭文字という〕時代には、「天恵の会」という漢方薬販売のための組織を作り、ミカンの皮をアルコールに漬けたものなどを漢方薬として販売した件で、八二年、薬事法に問われて逮捕され、略式処分を受けた。この時は二〇日間拘留され、罰金二〇万円を支払った。暴力志向、組織作り、そして天性の詐欺師（注6）への性向はすでに早くから麻原にあったのである。

八三年、渋谷区のマンションでヨーガ道場「鳳凰慶林館《ほうおうけいりんかん》」を開いた頃から、麻原は麻原彰晃を名乗りはじめた。一時期傾倒した桐山靖雄《きりやまやすお》の阿含宗《あごんしゅう》から離れ、弟子を得て拡大した組織はやがて「オウムの会」、さらには「オウム神仙《しんせん》の会」と名乗っていた。そしてこの組織は、八七年七月ころ、麻原によると「シヴァ神〔ビシュヌやブラフマーと並ぶヒンズー教の主神の一つ。破壊と創造の神〕から、神仙の会という名前では弱い。もっと強く宗教性を打ち出さないとだめだという示唆」を受けたことから、「オウム真理教」と改称され、麻原は自ら尊師《そんし》として教祖の地位についた。オウム真理教という名称の登場であるが、これに対してはスタッフやサンガ〔オウム神仙の会当時の出家信徒の呼び名〕で反対した者もあり、後に建設省大臣となる早川紀代秀《きよひで》も「名称が宗教っぽくなるのはいやでしたが、別に内容が変わるわけではないので、『まあいいか』と」思ったという。（注7）組織の初期のころの素朴な雰囲気を伝えるが、オウム真理教自体の起点はここであろう。そして、いよいよ宗教教団の教祖としての自覚を強めた麻原は、富士山麓に鉄骨づくりの総本部道場を建設することを指示した。

八八年九月、完成したばかりの道場で修行中に、在家信徒の真島照之《まじまてるゆき》が暴れ出したので、麻原は折檻のため冷水に頭からつけるよう指示し、真島はそのショックで死亡した。麻原と教団は、強まりつつあった社会的圧力を懸念し、また東京都に宗教法人資格を申請中であったため、この事故を公表することなく、密かに内部で遺体を焼却し、遺骨は砕いて精進湖に沈めた。このように処理した理由を麻原は、この事故が公になると世間の人々に対する救済計画が遅れる、真島のためには、一刻も早くポア〔殺害、しかしオウムでは魂を高い世界へと転生《てんしょう》させることを意味―後述〕しないといけないが、そのためには遺体を教団内で処置した方がよい、対応したH・M（バーラドヴァージャ）の医師資格を守ってやらなくてはいけない、などと述べた。この巧みな理屈づけは、確かに詐欺師の面目躍如である。（注8）

真島事件は意図的ではなかったとしても、そのあとの秘密裏の処理は明らかに死体損壊・遺棄であった。（注9）闇に葬られたこの事件は、教団のその後の進路に強い影響を与えるきっかけとなった。そしてこの頃からポアという言葉が使われ、武力による救済を急ぐという態度が現れ始めた。「オウム真理教事件」の起点をこの真島事件に求めるのは、有力な考え方であろう。

二　東京地下鉄サリン事件の前後

「ゴキブリも殺してはいけない。不殺生《ふせっしょう》は仏教の教えの一つです。……オウム真理教というのは、それだけ純粋で、厳密な仏教の教えなのです。その尊師《そんし》たる人が、人を殺すようなことがあるはずないじゃありませんか」〔元日劇ダンサーK・Tによる地下鉄サリン事件後のワイドショーでの言葉〕(注10)という一般信徒の願いに反して、教団高弟メンバーたちによる東京地下鉄サリン事件が起こったのは、一九九五年三月二〇日の午前八時過ぎ、朝の通勤ラッシュの時間帯であった。満員の通勤客を乗せた東京都内の営団地下鉄日比谷線、丸の内線、千代田線の電車内で、突然、致死性の神経ガス、サリンが発生した。築地、八丁堀、神谷町、霞ヶ関、小伝馬町などの駅や車内では、異臭とともに乗客が次々と倒れ、状況をつかめない人々はパニックに陥った。犯行の意図もわからず、しかも無色の毒ガスとあって、東京のみならず日本中の人々が恐怖におののいた。被害は死者一一人(翌年さらに一人死亡)、重軽症者五五〇〇人を超えた。サリンは、各々の線で行き違う車両を含め、計五本の電車内に置かれた、新聞紙にくるんだビニール袋に仕掛けられていた。包みを足下に置いて恵比寿駅で降車した不審な男性が目撃されるなどしたが、同時発生の状況から見て、明らかに複数の者による犯行だった。(注11)

少しさかのぼれば、『サンデー毎日』は、早くも一九八九年一〇月一五日号で、全国各地で散見された教団による強引な信者の勧誘、資産の寄進の強要、拉致、監禁、強引な修行の強制など、オウム真理教の宗教活動と周辺とのトラブルを告発し、「オウム真理教の狂気」と題する連載を始めた。一九八九年一一月には、オウム真理教被害対策弁護団に所属する横浜の坂本堤《つつみ》弁護士夫妻が当時一歳の幼児とともに殺害され、その現場にはオウム信者だけが身につけるプルシャ〔教団バッジ〕が落ちていた。教団は、九〇年二月の衆議院総選挙に真理党を結成して二五名を立候補させたが惨敗、全員の供託金五千万円が没収された。麻原は国家権力の圧力と選挙管理委員会のインチキを主張したが相手にされず、彼の攻撃性は増大する。脱退する信徒も出始めた組織の立て直しを図り、四月に実施された石垣島セミナーの際には、信徒が島にいる間に日本本土に猛毒のボツリヌス菌を撒いて大量殺人をおこなう企てが計画されたが、そのプラントづくりに失敗した。九三年夏、東京都江東区亀戸の教団新東京総本部で培養された炭疽《たんそ》菌が、弟子たちが開発したウォーターマッハと呼ばれる噴霧装置で亀戸道場付近に噴射されたが、装置の故障で菌は死滅、周囲に悪臭が漂った。九四年一二月の大阪では、教団分裂騒ぎの黒幕であり、公安のスパイとの疑いをもたれた浜口忠仁《ちゅうじ》が猛毒のＶＸをかけられ、その後死亡した。九三年から九五年にかけては、ＡＫ―74をモデルとした自動小銃の製造も試みられている。（注12）麻原は、九三年頃には核兵器開発をも空想した。何回かのロシア旅行の際に、もと教団建設省大臣で裏のワークにも数多くかかわった早川紀代秀《きよひで》は「核弾頭はいくらだ？」と聞いたと言われているし（注13）、実際に早川らは、オーストラリアでウラン鉱探しを命じられた。（注14）部外者はむろん、一般信徒にさえ知らせないまま、教団内では生物・化学その他の兵器が製造され、それらのいくつかについては実験すらおこなわれていたわけである。

九四年の六月二七日夜、長野県松本市でサリン事件が起きた。オウム真理教が松本市に開設しようとした支部と食品工場の建設をめぐって、教団に訴訟が起こされており、その関連で、裁判官たちが住む長野地裁松本支部の宿舎付近にサリンが噴霧されたのである。この時は第一通報者であった会社員が誤って容疑者とみなされ、松本署の取り調べを受けた。この事件では七人が死亡し、二〇〇人以上が重軽症を負った。この松本サリン事件から二週間ほどたった九四年七月九日未明には、山梨県上《かみ》九一色村《くいしきむら》富士ケ嶺《ね》地区（当時）にあるオウム真理教の施設近くで、異臭事件が起きた。九五年の年明け早々には、付近の枯れ木や土壌から、サリン生成の際に生ずる副生成物が検出されていた。

こうしてときどき露見する奇怪な事件、マスコミ宛に送られる怪文書の数々、これらを考え合わせると、一連の事件とオウム真理教教団との関係に強い疑惑が抱かれたのは自然であった。そしてオウム真理教教団とサリンとの関連疑惑をいち早く報道したのは、九五年一月一日の『読売新聞』であった。

警視庁など捜査当局は、地下鉄サリン事件直後の九五年三月二二日、目黒区公証役場事務長だった仮谷清志《かりやきよし》の拉致・監禁容疑で、全国二五ヵ所のオウム真理教教団施設に対する一斉強制捜査に踏み切り、拉致事件の実行犯らが次々に逮捕された。当時、オウム真理教の出家者数は公称一六〇〇人、在家信者は日本で一万五千人（注15）、ロシアで公称三万人と言われていた。

三月三〇日には、国松孝次《くにまつたかじ》警察庁長官（肩書きは当時、以下同様）が自宅マンション前で銃撃された。

この事件もオウムとの関連が強く疑われた。

これまでに生じた多くの奇怪な事件解明に向けて捜査が急がれるなか、四月二三日には、これまた不可解なテロ事件が起きた。教団科学技術省大臣であり、サリン製造疑惑の中心人物の一人と目された村井秀夫が、自称右翼の韓国籍青年に港区南青山にあったオウム真理教東京総本部前で刺され、翌朝死亡したのである。この事件の真相は今も明らかでない。事件後に教団が示した意外に冷淡な対応から、麻原にもっとも近く、したがってその秘密をもっともよく知り、かつ口が軽いとみなされていた村井を、ヤクザともつながりのあったといわれる麻原が殺させたのではないか、という説も流れた。（注16）また、麻原が逮捕される直前からの誠実な自白で捜査を急進展させた教団医師の林郁夫《いくお》も、「秘密を麻原と共有した村井はやはり殺された」と考えている。（注17）

これらを受けて二五日には、与謝野馨《かおる》文部大臣と青島幸男東京都知事が会談し、オウム真理教の解散請求を東京地裁に提出することが話し合われた。

続いて五月五日、地下鉄新宿駅構内のトイレに青酸ガス発生装置がしかけられたが、容器のビニール袋が燃えただけで終わった。

そしてついに同月一六日、上九一色村にあった教団中枢施設第六サティアンの二階と三階の間にある天井の低い隠し部屋で、麻原彰晃《あさはらしょうこう》が一人瞑想《めいそう》しているところを発見され、逮捕された。「彼は、紫色の宗教服を身にまとい、尿にまみれ、一千万円近い札束に取り囲まれていた。」（注18）その同じ日、就任後間もない青島幸男東京都知事宛に爆弾入り小包が送られ、開封した都庁職員が負傷した。

次々と連続した奇怪な事件は、この麻原逮捕をもって終熄し、その後は事件らしいものは起きていない。したがって一九九五年五月一六日を、一連のオウム真理教事件の一応の終熄点とみなすことができるだろう。同年一〇月三〇日には、東京地裁がオウム真理教に対して宗教法人の解散命令を出し、一二月一九日、東京高等裁判所もこれを支持して、命令は発効した。翌一九九六年一月三一日、最高裁は、教団側の特別抗告を棄却し、宗教法人としてのオウム真理教の解散が確定した。オウム真理教という組織自体が消滅したという意味では、この時点も重要な区分点である。

主要な高弟たちに対する死刑判決に続き、二〇〇四年二月二七日、東京地裁は麻原（松本智津夫《ちづお》被告）に死刑の判決を下した。克明な裁判傍聴記録である降幡賢一《ふりはたけんいち》『オウム法廷』（一九九八―二〇〇四：全一三巻）や毎日新聞社会部編『オウム「教祖」法廷全記録』（一九九七―二〇〇四：全八巻）などは、この死刑判決をもって完結している。したがってこの時点を一連のオウム真理教事件の終点とみなすこともできるだろう。二〇〇六年九月一五日、最高裁は麻原の弁護側による特別抗告を棄却し、麻原の死刑が確定した。しかし再審請求の道はまだ残されているという。地下鉄サリン事件その他の事件にかかわった弟子たちへの裁判は二〇〇八年九月現在も進行中である。オウム真理教教団は、一度は、もと教団外報部長で正大師《せいたいし》のステージにあった上祐史浩《じょうゆうふみひろ》を中心として、名前をアーレフと変えて組織の存続を計ったが、二〇〇七年には上祐はアーレフを脱退し、別組織「光の輪」を作った。組織本体は二〇〇八年五月には Aleph と改称したが、被害者への賠償は滞り、麻原の教義の影響を完全には払拭できないまま、公安当局の監視のもと、今後も細々と活動を続けるのかもしれない。とすれば、事件はまだ完全には終わっていないともいえる。少なくともこの事件がもつさまざまな意味を考え続けることは、私たち一人一人の課題として残されている。（注19）

三　問題関心といくつかの先行研究

オウム真理教教団については、右に記したような一連の事件報道から、不可解な宗教集団というイメージが当時すでに多くの人々の間にあったろう。それまでにも統一教会（世界基督教統一神霊協会）、GLA（ゴッド・ライト・アソシエーションの略）、阿含宗《あごんしゅう》、幸福の科学、法《ほう》の華三法行《はなさんぼうぎょう》などの新興宗教による執拗な信仰への勧誘、多額の寄付の要請、派手な広告宣伝やメディアの活用、大仰《おおぎょう》な儀式といった（注20）、一般には理解しがたい行動はしばしば報道されていた。しかしオウム真理教が他の新興宗教集団といちじるしく異なっていたのは、その信徒たちが話す耳慣れない言葉の氾濫であった。そもそもオウムという教団名からして新奇であったし、彼らの居住場所サティアン、教団メンバーにつけられているホーリーネーム、修行の一種でもあるらしいイニシエーション、そのほかマハーポーシャ、コスモクリーナー、ポア、カルマ……等々、教団内では英語に加えて、（あとで分かったことだが）仏教用語やサンスクリット語、ヨーガの言葉などが駆使された。私自身も含めて、ふだん宗教に関心のないほとんどの日本人は、新奇な語彙《い》の多さに驚嘆した。教団メンバーたちは、私たちの多くが普通に使っている言葉の世界とは異なる、別の言葉の世界に住んでいるかのようであった。それは教祖麻原による見事なシンボル操作とも言えた。

「私たちと異なる別の言葉の世界」とはつまり、彼らオウム真理教信徒たちは、私たちとは別の言語体系（システム）の中で生活し、それをあやつり、ついにはそれを介して私たち普通の日本人が住む社会にも対応しようとしてきたのではないか。使用される言葉が違えば、それが意味するもの、それから引き起こされるイメージも異なってくるだろう。（注21）ここで思い出されるのは、ひとつの文化、ひとつの社会は、それ独特の言語体系をもっており、そこに住む人々はその言語による言語ゲーム（Sprachspiel）を営んでいるというL・ウィトゲンシュタイン（Ludwig Wittgenstein, 1889-1951）の言語理論である。オウム真理教のメンバーたちは、私たちの社会からあたかも隔離されたかのようなサティアン群のなかで、生活を共にしつつ自分たちだけに通用する言葉によって、自分たちだけの世界像（Weltbild）を作り上げていたのではないだろうか。それは私たちのものとは異なる価値観に裏打ちされているゆえに、さまざまな行為、事象について私たちとは異なる評価、判断を下していたのである。そこでは同一の事象に対して私たちとは異なる名前がつけられ（ネーミング）、それが人々に引き起こす意味と評価も私たちとは異なっていたのである。

その極端なケースが、私たちが「人を殺害する」と呼ぶ行為である。私たちの世界では、それはむろん最大の悪事、犯罪であり、もっとも忌むべきこととして誰もが避け、恐れる。しかしオウム真理教の人たちの間では、それはポアと名づけられ、とくにそれを教祖麻原が命令し、メンバーが実行した場合には、その行為はむしろ功徳《くどく》を積むことになり（注22）、殺害された人にとっても、それは救済であり、幸せなことであった。後に詳しくみるが、たとえば地下鉄サリン事件の実行犯豊田亨《とおる》の言葉を引いてみよう。「地下鉄でサリンをまいて死者が出たとしても、〔ポアによって〕その人の魂は高い世界へ移されたのだから、輪廻《りんね》転生《てんしょう》の苦しみから解放される。それが救済であると、私は信じていました。」(注23)事象の意味がまったく正反対なのである。これは一体どういうことか。この事態はウィトゲンシュタインの言語ゲームという概念を使ってこそ理解できるのではないか。この点が本書の第一のテーマである。

　私たちがふだん聞くことのない言葉をあやつり、無差別殺人事件まで起こしたオウム真理教教団であったが、しかしそのような殺人事件に関与し、それを実行したのは、多くは人もうらやむ高学歴で頭のいい高弟たちであった。そもそも猛毒ガスのサリンにしてからが、私たちの多くにとっては初耳だったし、それの化学式に至っては、ちんぷんかんぷんである。しかし彼らはそれを自分たちで合成し、猛毒ガスを安全に製造して、散布した。そればかりでなく、彼らは危険なボツリヌス菌や炭疽《たんそ》菌などの猛毒菌を培養し、それらも殺人目的で散布した。オウム真理教教団には、一〇人の医師と一人の弁護士、そして多くの大学院修士課程修了者達―そのほとんどは自然科学系である―が加わっていた。医師や弁護士といえば、最高度に難しい国家試験をパスしてはじめて就くことのできる職業であり、したがって彼らの社会的ステータスは高く、収入も多くて、人々から尊敬される人たちである。学生時代は、皆、秀才で通し、周囲からは羨望のまなざしで見られていたのではなかろうか。大学院に進学した自然科学徒たちは、それぞれに厳密な経験的観察と論理的思考の訓練を積んだ人たちであったろう。そのようないわば知的エリートたちが、まさにその知識を利用して自前で猛毒のサリンを合成し、猛毒菌を培養し、銃器を製造し、いくつかの殺人機械・装置を作成し、パソコンを組み立て、パソコン・ソフトをプログラムし、殺人事件に加わっていった。麻原自身には「自己愛的人格障害」（注24）や「機能的誇大妄想」（注25）の症状があったとしても、優秀な彼らがなぜ、あのように凶悪な事件を引き起こしてしまったのか。彼らがなぜ、麻原の説く教義をやすやすと信じ、麻原の命令に従い、人を殺害するなどという大胆で非道な行為を実行できたのか。

　麻原彰晃の著作とされるものを読めば、無数の奇怪な言葉が次々に現れ、またそれらが縦横にあやつられて、それぞれの意味、そしてそれらおのおのの関係を系統的に理解し把握するのは、至難の業である。教団の高い地位にあった弟子たちは、まさに彼らが知的エリートだったからこそ、オウム真理教の教義体系が理解できた、あるいは理解できたと思ったのだろうか。最盛時には実質一四〇〇人もの出家信者がいたとされるその中にはしかし、彼らのような知的エリートだけでなく、普通の人たちも多くいた。入信した彼らの大部分も、その同じ教義体系を信じていたのである。しかし麻原の諸著作を、世俗的な立場から我慢強く読み通してみれば、いかに雄弁にきらびやかで新奇な言葉があやつられていても、それらの言葉の多くが意味する、あるいは引照（refer）するものは、経験的には確認のしようがなく、つまりはおそらく実在しない。言葉巧みに因果関連をいう理論も、大部分は荒唐無稽《こうとうむけい》としかいいようがない。にもかかわらず、普通の人々だけでなく知的エリートも、その教義を信じて、あのように行動したのである。とすると、そのような知的エリートや普通の人たち、つまりはわれわれ人間一般にとって、オウム真理教の教義体系とは一体何であるのか。これが、第一のテーマと関連しながら、そして数多くの論点を含むように思える第二のテーマであり、とくには第二章で理論的に考えてみる。

一連のオウム真理教事件については、日本人ばかりでなく外国人によるものも含めて、さまざまな観点から、すでにこれまで多くの研究書や論考などが公にされてきた。その中でも興味深いものの一つは、一九九七年九月一〇日に提出された、地下鉄サリン事件実行犯であり、麻原の側近の一人でもあった医師林郁夫《いくお》の弁護側冒頭陳述（補充）で示された、事件に関する麻原の動機についての分析である。これは実質的には、九一年一〇月ころには麻原を評価し、その後大学を辞職した宗教学者島田裕巳《ひろみ》（注26）もいうように、医師としての林が麻原の「自己愛的人格障害」を認めた上でおこなった、林自身による「麻原彰晃論」、そしてオウム真理教事件の分析とみなしてよいだろう。問題関心との関連で、降幡賢一《ふりはたけんいち》（注27）に拠りながらそれをまとめてみよう。

「麻原は、父親に半ば強制的に盲学校に入れられたことへの恨みを持つとともに、そのような有無を言わせぬ権力への反発とその逆作用としての絶対的な力へのあこがれを抱くようになった。」熊本県立盲学校時代には、多少視力もあり体力も勝っていた麻原は、視覚障害者の集団の中である程度の支配欲を満たすことができたが、リーダーとしては認められず、不全感を持った。しかし、自分は欲求を即座に手に入れることができると過信する自己愛的人格は強固となった。そしてそれが、自分にとって都合の悪い現実を目の当たりにしてもこれを否定し、自己の思い描いたイメージの中に没入していくという心理的反応を麻原の中に定型化させてしまった。麻原は鍼灸師《しんきゅうし》となったが、医師を頂点とする医療の世界では、それは最下端であり、しかも視力障害ゆえに医師にはなれないという挫折を味わった。そして麻原は、鍼灸師として生きることに飽きたらず、大学の法学部に進学し、政治家となってその権力欲を満たすことを夢見て上京したが、その夢も頓挫した。数々の挫折、あるいは自分が無価値であるとされたことの補償として、自分は天から世界を支配する特別な使命、試練を乗り越える特別の能力を与えられているとのイメージを抱き、さらには意のままに動かせる武装集団をあやつってわが国に暴動を起こし、「自分を受け入れようとしない社会、自分を挫折に追い込んだ警察、ひいては国家権力を打倒して自らが支配する国を造って世界を制覇するとの野望」をふくらませ、「いずれ超能力者たち、すなわち神仙《しんせん》民族による理想国を造ると唱えだした。」（林郁夫《いくお》被告　弁護側冒頭陳述（補充））（注28）

林の弁護側による麻原の動機についてのこのような分析は、精神分析学の手法を取り入れたアメリカの政治学者ラズウェル（H. D. Lasswell, 1902–78）の政治人（political man）に関する有名な公式 p} d} r = P を彷彿《ほうふつ》とさせる。ここで最初の p は、私的な動機（private motives）を表し、その中核は個人が成長する過程で、家族関係とくに父親との関係で抱く権威に対する強い憎悪である。彼はその私的な憎悪の対象を、社会的な対象に置き換え（d=displacement）、それを打倒することにより理想的な国家を造るという名目で、自己の抑圧された野望を合理化・正当化（r=rationalization）する。式の中の } は変形されていくことを表しており、その結果が政治人（P）であるというわけである。

（注29）多くの人を組織化し動員―コントロール―したという意味では立派な政治人である麻原についての林の分析は、まさにこのラスウェルの公式にぴったり当てはまる。

麻原は、予言書やいくつかの宗教からの教義を寄せ集めて体系化したが、中でも「チベット密教のタントラ・ヴァジラヤーナ〔秘密金剛乗《こんごうじょう》：小乗、大乗の上に位置づけられ、衆生《しゅじょう》の救済を最短、最速で行う道。麻原において武力の使用も肯定される。単にヴァジラヤーナとも。〕の教えを曲げて、グルである自分が必要と認めれば人を殺害することも正当な行為であるという独自の教義を編み出し、それらの前提として、自分が過去・現在・未来のすべてを見切っている超能力の持ち主である『最終解脱者』であると称して、絶対的権威者を標榜した」（注30）。彼は、坂本弁護士らの殺害が官憲に発覚しなかったこと、そして弟子が自己の意のままに殺害を実行したことから自信を深めたが、弟子二四人と立候補した九〇年二月の総選挙では自己の予想に反して惨敗を喫し、心理的な打撃を受けた。麻原は、落選という事実を認めず、国家権力が票をすり替えた、現代人をヴァジラヤーナで救済するほかないかどうか試してみただけだと弁解した。そして彼は、もはや合法的な人類救済は不可能で、武力を背景に暴動を起こして世の中を大混乱に陥れ、自分を受け入れない社会や国家権力を打倒して自分の支配する祭政一致の国を造るほかないと決意した。こうして教団は武装化に邁進《まいしん》するのであるが、松本サリン事件のあと、教団とサリン製造との関連疑惑が深まり、九五年二月の仮谷清志《かりやきよし》拉致事件の捜査ともからんで教団施設への強制捜査が不可避となった。そうなると麻原自身の逮捕や教団の解体といった事態も考えられ、それならばいっそのこと、これまでのイメージどおり、効果の明らかなサリンを撒いて首都を大混乱に陥れ、そうすることによって自分と教団を生き延びさせようとする、いわば起死回生の賭に出たのである。(注31)

身近にいた医師としての林の鋭い分析であるが、オウム真理教事件に関連して、麻原のこのような側面、動機を指摘する論考はほかにもある。この事件を六年間追い続けたジャーナリスト江川紹子は麻原の「支配欲と歪んだ被害者意識と小心さに裏打ちされた攻撃性」(注32)を指摘するし、哲学者梅原猛もまた、盲目に近く、豊かではない家庭に育った麻原の内心に巣くう「ルサンチマンすなわち怨恨《えんこん》」について次のようにいう。「彼は、日本の非常に貧しい階層の、身体の不自由な子として生まれ育ち、あらゆる形の屈辱を受けた。その屈辱が彼の中に巨大な憎悪を生み、その憎悪は政治家になり、日本を支配しようとする野望となるが、その野望が挫折するときに、彼はこの世とは別の聖なる世界を創出し、その聖なる世界の支配者となり、この世そのものに復讐することを希求したのである。」(注33)これらのほか高山(注34)、宗教学者島薗《しまぞの》進(注35)、なども事件の主要な原因を麻原のルサンチマン、社会や権力に対する憎悪、権力欲などに見ようとする。

これらの解釈は、オウム真理教事件の一側面を鋭く突いていると思われるが、島田裕巳《ひろみ》はこの「憎悪説」に疑問を発する。「一般のテロリストであるならば、自分たちに敵対する社会の破壊を公言するはずである。……ところがオウムの場合には、社会の破壊を公言しているわけでもなければ、それを公然の目標に掲げてもいない。/信者のなかに社会に対して憎悪を抱いていたと明言している者もほとんど見あたらない。私はそこに不可解なものを感じざるをえない。」(注36)島田の指摘するこの事実は、確かにオウム真理教事件における大きな疑問点の一つであり、それについては第四章で触れる。しかし宗教（政治）リーダーの隠された意図と、その宗教（政治）リーダーにつき従ったフォロワー（follower）の意図とは区別して考えるべきである。宗教（政治）リーダーが表向き「人類の救済」を唱え、その実、憎悪から来る自己の権力欲を満たそうとするのに対し、フォロワー＝信徒たちは心底から「人類の救済」、社会と人間の「善」を願っていたということはあり得ることだ。林郁夫《いくお》は、麻原の活動は人の幸福のための救済活動であり、彼を「善の体現者」とみなしたし（注37）、早川紀代《きよ》秀《ひで》は「ぜひ私もハルマゲドン（聖書の中で、悪の勢力の終局的壊滅の戦場として記されている象徴的地名。転じてオウムでは、最終戦争）を防止するのに協力しよう」と強く思った。（注38）オウム真理教事件の構図の興味深い点の一つは、まさにこのリーダーとフォロワーとの認識のギャップにあるのである。

社会や権力に対する麻原のいわば病的な憎悪に注目する解釈に近いものとして、彼の精神障害に注目する研究がある。その代表は精神医学・心理学者リフトン（Robert J. Lifton）である。リフトンによれば、彼が機能的誇大妄想（Functional Megalomania）と名づけるグルの場合は、弟子との相互影響があり、双方が魅惑的な報酬を得るという。すなわち麻原のようなグルの場合には、「彼の誇大妄想的自己と相互作用し合う弟子たちがいて、彼らはその誇大妄想的自己をかえって強化し、機能させてしまう。しかもその取り合わせは双方にとって魅惑的な報酬―相互的なエクスタシーと絶対的真理を共有しているという感覚―を提供する。ひるがえってそれらの報酬は、弟子たちがますますグルの誇大妄想にハマり込み、双方がそれを支持し合い、彼等自身の誇大妄想的な可能性を実感するようになるにつれて、一層その関係を長期にわたって維持できるようにしてしまう。言い換えれば極端なカルト過程は一種の集合的誇大妄想となる。」(注39) 弟子がグルの予言の正確さを崇《あが》め、グルが弟子の修行進度や毒ガス製造などの科学的達成を褒《ほ》めれば、そこには相互に無上の喜び(＝報酬)も生まれるであろう。さらに精神医学事典をひきながらリフトンは次のようにいう。「誇大妄想の人は、自分が『偉大さを持っている』と考えて、『自分がキリストや神やナポレオン』、『万人であり万物である』と信じることがある。麻原は、あらゆる点で、このような全能感の縮図となっている。」(注40) 早川が反省をこめて「グル麻原が自分は人類のカルマ〔善悪の行為は因果の道理により後に必ずそれに相応する結果を生むという仏教の教え〕を清算する地球規模の救世主であるという救世主幻想とでもいうべきグル幻想(グルのグル幻想)をいだき、それを私たちも共有してしまったこと(弟子のグル幻想)、これがオウムの間違いの根本ではなかったか」(傍点、大石)(注41) と振り返るのを聞けば、リフトンの指摘はオウム真理教事件のある側面を正確に捉えている。

ところで、社会や権力に対する麻原のルサンチマンや憎悪、そして彼の病的な側面、すなわち林郁《いく》夫《お》のいう自己愛的人格障害やリフトンのいう機能的誇大妄想は確かに麻原にあったであろう。そしてそれが事件のある側面を説明することも事実である。しかし麻原自身がそうであるとして、その麻原に、知的エリートと同時にその何十倍もの普通の人々がつき従い、彼の作り上げた教義をやすやすと信じ、多額のお金を布施《ふせ》＝献金し、殺人まで犯したのである。つまりこれらの論考によっては、ではなぜ多くの普通の人々が、麻原の狂気の世界に誘い込まれ、犯罪者にまでなってしまったのか、この点が必ずしも明らかではない。麻原だけでなく、私たちの側にも何か問題はなかったのだろうか。

さらに、病的な人格が作り上げたとはいえ、オウム真理教の教義体系自体にも問題があるのではないか。島田（注42）や島薗《しまぞの》（注43）は、オウム真理教の教義体系や信仰世界は、麻原によって形成されたものであるとはいえ、ある程度の自律性をもっているとし、教義体系自体に内在する教えやロジックを詳細に検討する。島田の研究のすぐれている点は、宗教学者という背景からも、むしろこの分野にある。この点には私自身も注目し、第三章で検討する。しかしここにも問題がある。すなわち教義体系といっても、よく読んでみれば相当に荒唐《こうとう》無稽《むけい》な話であり、その教義自体に危険な論理が内在していたとして、なぜ多くの人たちがそのことに気づかず、そのまま信じて凶悪な事件を起こしてしまったのか、という点である。この点にも留意しておこう。

外国人によるオウム真理教事件の研究では、イギリスの宗教学者Ｉ・リーダー（注44）がいち早く事件に注目した。彼は、麻原が初期に説いていた理想郷シャンバラ王国とキリスト教の千年王国論（終末思想の一つで、キリストが再臨して地上を支配する千年王国（至福千年期）が間近になったと説く）を重ね合わせ、さらに麻原にあった現世拒否と終末論が結合され、現実の社会と対決したことにより、オウム真理教教団は暴力的破滅に突き進んだとした。先のリフトンは、『ノストラダムスの大予言』（注45）や「ヨハネの黙示録《もくしろく》」に触発されて人類滅亡やハルマゲドンを広言する麻原に、「聖書的な『世の終わり』を語る今日の多くのキリスト教予言者とも共通性がある」るとして、その思考に「黙示録的暴力」のサブカルチャーをみる。「黙示録的暴力」とは「地球の全面的破壊やそれに近い破壊による人類の浄化や刷新と考えられる暴力」（注46）のことであり、オウムは確かに自らハルマゲドンを招き起こそうとした。リフトンの研究は、「オウムがいかにして決定的な限界を超え、単にハルマゲドンを期待する段階から、ハルマゲドンを引き起こす積極的な行動に踏み出す段階にいたることになったのか」という問題意識に貫かれている。（注47）現あるいは元信者に対する多くのインタビューを交えたこの研究は、詳細ですぐれた分析ではあるが、しかしなお、多くの人々がなぜ、そのような教義と幻想を信じ、善意で殺人にまで手を染めるようになったのか、という点がもう一つ明らかでない。

その他、麻原のような人物を生み出した現代日本社会、そのような人物にひかれる現代若者が置かれた状況に注目するもの（注48）、経済的要因と権威主義的パーソナリティという視点からオウム真理教教団とアルカイダに相似性を見ようとするもの（注49）小説家による仕事（注50）、（注51）など、多くの研究書、論考が提出されていながら、あの誇大妄想の麻原に、あの荒唐無稽な教義になぜ人々は惹かれていったのか、普通の人々がどうして殺人を犯すようなことになるのか、これらの点はなお完全には明らかになっていないのではないか。オウム真理教事件を根底から理解しようとするならば、そもそも人間存在のあり方、そしてそこに機能する言語を介した人間一般の認識の態様にまで遡って、原理的に考えてみる必要があるのではなかろうか。そうしてはじめて、オウム真理教事件が持つ深い含意を見透すことができるであろう。このような問題を、とくには政治学とウィトゲンシュタインの言語理論という視点から分析し、その意味するところをくみ取りたいというのが本書の基本的な立場である。

第二章　理論的諸前提 ― 人間と状況

「偽りの宗教は存在するものではない。あらゆる宗教はそのまま真実である。すべては様式こそ異なれ、人間生存の一定の条件に応じているのである。」（注1）

一　価値体系

オウム真理教事件を考える上での前提として、政治学者岡義達《よしさと》の理論的枠組みを参考にしよう。人間はおのおの、さまざまなものやことに対する価値関心をもち、その価値の実現を意図し、期待する。ここで価値というのは、手に入れたいもの、希望される状態または事実であり、価値の獲得または保持を、価値実現と呼ぶ。生きていく限り、人間は価値実現に関心をもつ。（注2）

人間主体の生存を確保し維持することは、私たちが生物的存在である限り、通常は何ものにも優先されるべき価値である。「命あっての物種（ものだね）」という俗諺《ぞくげん》が示すように、生命の安全確保は人間にとって第一義的であるが、その観点から考えられる一切のモノを、安全価値体系と呼ぶ。（注3）生存が確保されたとして次に、その維持にはさまざまな手段、リソースが必要である。この観点から考えられる一切のモノは、利益価値体系と呼ばれる。さらに、芥川の「河童」と違い、みずから意図することなくこの世に生まれてくる人間は、その生存の理由ないし目的を事後に、自己自身で創り上げ続けねばならない。自己の存在と生存の意義を何らかの形で意識化できなければ、われわれは生き続けることはできないであろう。この観点から創り上げられる一切のモノを信条価値体系と呼ぶ。岡はこれら三つの規準を併せて、価値体系とする。（注4）右にいう価値関心は、この価値体系に由来するとしてよい。

こうして、人間存在の理由はつねに追認という形をとらざるを得ないゆえに、それは自己自身で創り上げるか、または他者が創った信条体系〔信条価値体系などを、以下このように価値という言葉を略して使用する〕を借用することになる。ことさらに意識されるとも限らない信条体系であるが、それがいったん問題として意識されたとたん、その妥当性について、人間はつねに確信をもてるとは限らず、そのもっとも不幸な結果は、「人生不可解」を叫んで華厳の滝上から投身した藤村操《みさお》のように、自殺として現れるかもしれない。

自己の存在から、さらにはこの宇宙にあるすべてのモノのありように、時間軸にも沿って妥当な存在理由と説明を提示する革命家や宗教家や預言者は、人間にとってしばしば切実に必要な信条体系を供与してくれる人たちである。「しかし入党にも転向があり、回心にも棄教がある。信条体系が人間の存在を完全に原因づけていくことができないためである。」（注5）そして岡によるこの表現では、政治的イデオロギーと宗教は、両者ともが信条体系という共通の次元で捉えられていることに留意しておきたい。オウム真理教の信者たちにとっては、説得性の感じられた麻原彰晃《あさはらしょうこう》の教義体系は、まず第一義的には人間存在に不可欠なこの信条体系だったのである。

　安全体系、利益体系、信条体系を統合する価値体系は、まわりのすべてのモノについての人間の考え方を決めるから、それはすなわち私たちの行動の仕方を決めることになる。オウム真理教の信者たちは、「オウム独特の価値観」についてしばしば言及する。そしてこの場合、信者たちがいう価値観とは、ここでいう岡の価値体系とほぼ等しいと考えてよいだろう。したがって以下では、それらは同じ意味を表すものとみなしていく。（注6）オウム真理教教団においては、そのような価値観を人為的に、薬物（ＬＳＤ）を用いるなどして信者たちに植えつけることが試みられ、しかもその効果は法皇官房の幹部たちによってチェックされた。

　九四年一〇月ころから、薬物を使用して教団内で実施されるようになったルドラチャクリンのイニシエーションについて、林郁夫《いくお》は次のように説明している。「それは短期に、確実に麻原の時代観、社会観、人間観をサマナのなかに刷りこみ、結果を出すためには手段を選ばないという価値観を、サマナの内に確定してしまうシステムでした。価値観の支配、コントロールは、その人のすべてを支配、コントロールすることと同義です。『布施《ふせ》しろ』といわれれば布施し、『出家しろ』といわれれば出家し、さらにそれが『殺せ、盗め、奪え』であったとしても、それを実行してしまう、麻原のためなら命まで捨てて実行する、という人間ができあがるというわけなのです。」(傍点、大石)(注7)客観的現実は同一であったとしても、そのような人々が見て、感じて行動する現実は、普通の私たちが見て感じて行動する現実とは異なっている。「私も含めたサマナ全体が、結果として麻原が『人』というときその『人』の見方、麻原が『社会』というときその『社会』の見方で、人と現代社会を観ている。……それが『日々の現実』であると認識し、いってみれば、麻原の『心象風景』のなかで暮らしていたのでした。」(注8)

しかし、安全体系、利益体系、信条体系を混然と統合するオウム真理教独特の価値観のもとでは、それらの行為がつねに苦痛であったというわけではない。「教えに深く傾倒する中で布施《ふせ》を行い、出家によってそれまでの人生を放棄するとなると周りからは」麻原は「奪う人」と映って当然だが、信者たちはそうは考えない。信者たちには「『教団が生活を保障してくれる』という全幅の信頼感」があり、また安心感があったのである。(注9)このように、私たちそれぞれがもつ価値観が異なれば、人々のものの見方はそれに応じて変化し、行動もまったく異なったものになる。

二　ネーミング

人は環境の中にいる。人間主体の価値関心に媒介されて構成される環境を、状況という。したがって状況は真実とは限らない。好きな人のあばたはえくぼとも見える。特定の信条体系がある期間、実際に通用したとしても、それが即《そく》その体系の正しさの客観的証明というわけではない。状況は変化し、また状況を把握する人間の側の精神状態も変化する。それゆえに信条体系は、不断に定義され直す必要がある。（注10）そもそも構成された状況が真実とは限らないわけであるから、状況の現実性についても人の確信は揺らぐであろう。そしてこの信条体系は価値体系の一部であり、実際には他の安全体系や利益体系と分かちがたく一体である。

　普通、状況はまず、周りのモノすべてに名前（＝シンボル）をつけ、それらを組み合わせることから始まる。それらのもっとも単純な組み合わせは、L・ウィトゲンシュタインの表現を借りれば、「要素命題」といえよう。「要素命題は名前（Name）からなる。それは名前の連関・連鎖である。」（注11）そしてその「最も単純な命題、即ち要素命題は一つの事態（Sachverhaltes）の存立を主張する。」（注12）事態は名前をつけられて（ネーミング）後に理解されるから、それはすなわち岡のいう状況の成立であろう。そこに構成される状況には、主体の価値関心が付随するゆえに、名前のつけかた自体、恣意的、政治的になる。（注13）人をある一定の方向にコントロールしたいとき―それがまさに政治であるが（注14）―、あるモノや事象に対し、人は自己に都合のいいように名前をつけるであろう。「名ざすということは、一つの語と一つの対象との奇妙な結合であるように見える。」（注15）仏教のタブーにより、四つ足の動物を食べてはいけないとき、人はイノシシを山クジラと呼んで食した。二〇〇四年一一月、イラク戦争での自衛隊派遣をめぐって論争が生じたとき、ある場所が戦闘地域であるか否か、そこをそのように名付けるか否かは、重大な政治問題であった。（注16）

人間の存在理由にしても、それはむろん言葉（＝シンボル）によって与えられ、したがってその信条体系のいわば単位は、あらゆるモノ、ウィトゲンシュタインの言葉を使えば対象（Gegenstand）、につけられた名前である。「命題において適用されている単純記号は名前と呼ばれる。名前は対象を意味する。対象が名前の意味である。」（注17）赤ん坊に対する命名は、それまでの非存在を存在に変える儀式であり、以後、成長を続ける赤ん坊は、親たちが共有する既存の名前のシステムに組み込まれる。赤ん坊本人は、自己の名前とともに、周りのすべてのモノにつけられた名前のシステムを学習し、やがてはそれらをあやつることにより、自己の存在理由と世界のありようを体系化する。不幸にして子供の生存が途切れた場合でも、引照される対象を欠いたまま、人の名前は、それが呼び起こすさまざまな思い出とともに、親たちや周りの人たちの記憶に残りつづける。つまり名前のシステムは、究極的には牢固とした観念の世界なのである。

つけられた名前は、何かのきっかけで変更されることもある。縁起を担ぐ相撲取りにしろ、スターダムを夢みる芸能タレントにしろ、人間の場合にはそれは、新しい名前を得ての新しい出発である。人の名前ばかりでなく、自己の肉体の組成、そのメカニズム、周りの事物に観察される因果的関連、遠い過去から未来に生じるであろう出来事とそこに至るまでのプロセス、それらすべてにかかわる名前がつけ替えられるとすれば、それは新しい名前のシステムを組み込んだ世界秩序、新しい観念世界、新しい世界像の始まりである。ウィトゲンシュタインの表現を使えば、名前をつけられた「諸対象の配置が事態を形づくる。事態において諸対象は、特定の様式で相互に関わりあっている。諸対象が事

態において連関する様式が、事態の構造である。」（注18）
　こうして人間は、生物的存在であると同時に、周りの状況を構造的に把握する観念的存在でもある。周りのすべてのモノに付けられた名前が呼び起こすイメージの世界に生きるからである。シンボルによって引き起こされるイメージは確かに観念であるが、にもかかわらずそれは、われわれにとって現実的である。「彼女はすてきだ！」はすでにイメージであるが、われわれはそのイメージに基づいて行動する。（注19）島田裕巳《ひろみ》はかってオウムの世界をディズニーランドと見立てたことがあった。その虚構の世界では、客であるゲストもスタッフも、それがあたかも真実のお伽の国であるかのようにふるまう必要がある。オウムの信者たちは、「子供じみた宗教世界に生きていることを知りながら、あたかも本物の宗教世界に生きているかのように演じてみせている」（傍点、大石）（注20）と思ったという。オウム真理教の信者たちは、虚構を虚構と知りつつ、そこで振り当てられた役割を演じていたのだろうか。そのような役割で人が殺せるものだろうか。（注21）事実はそうではなかったのではないか。少数のさめた信者はいたとしても、大多数のオウム真理教の信者たちは、彼らが生活する世界を現実と思い、真剣に生きていたのではないか。
　われわれが行動するとき、身の回りのすべてのモノにはすでに名前がつけられている。名前とともにそれらの実在を確認し、それらについて語り、他の多くの実在との（因果）関連を理解した上で、通常は確信をもって ― 確信が抱けない場合もあるが ― 行動する。『われわれはものごとに名前をつけ、いまやそれらのものごとについて語ることができる。語る際に自分自身をそれらのものごとに関与させることができる。』──あたかも名づけるという行為によって、われわれがそれ以後行なうことがすでに与えられてしまっているかのように。」(注22) 本と名づけられたモノを踏みつけることに、私たちは躊躇《ちゅうちょ》を感ずるであろう。私たちは名前にふさわしい行動をとるのである。

実在についての確信は、ときに間違っている場合もある。うっかり、記憶間違い、過誤は人の常である。そもそも実在がない言葉もある。幽霊や神はたぶん存在しない。しかし「幽霊」や「神」という言葉は実在し、われわれはそれらの言葉を用いて実在しない幽霊あるいは神について語ることもでき、それらはしばしばわれわれの行動を大きく支配する。前期ウィトゲンシュタインの、世界の構成要素は、同じ論理形式によって、言語のうちに反映されているという、いわゆる写像理論を進展させた後期のウィトゲンシュタイン理論は、実在しないモノについての記号＝言葉の存在と機能をも考察した。(注23) たとえ［N］という道具が壊れてしまっても、(Nを使って仕事せよという)「命令は、かかる道具がもはや存在しない場合でも、言語ゲームの中へ取り入れられたことになり、したがって、記号［N］は、その担い手が存在しなくなった場合でさえ、意味をもつ。」(注24) サティアン外の世界に住む私たちには聞き慣れない無数の名前、そしておそらくは経験的にそれらの実在を確かめることもできない名前（＝言葉）のシステムの中で、しかしオウム真理教の信者たちは、彼らの世界を、彼らなりに確信をもって生きていたのではないか。とすると、ウィトゲンシュタインが考察を加えたイギリスの哲学者G・E・ムーアがいう「常識の世界」(注25) で、この現実世界の実在を確信し、何の問題もありようがないと安心して行動している私たちの場合と、オウム真理教の信者たちの行動との違いはどこにあるのだろうか。

オウム真理教信者たちの修行が進んで、信仰過程で最も重視されたクンダリニー・ヨーガ（後述）を成就したと麻原に認定されると、彼らは古代仏教の弟子などに由来するサンスクリット語やチベット語のホーリーネームをもらった。林郁夫《いくお》に対して麻原は、「ホーリーネームはクリシュナナンダだ。いい名だろう。もうホーリーネームを使ってもいいぞ」と言い、成就者に与えられる竹刀を授けた。（注26）以後、林は教団内でクリシュナナンダと呼ばれることになる。「何かに名前を見つけてやる、という言語ゲームがあり、そのために『これを……という』と言って、その時からその新しい名前を使うことがある。」（注27）かくしてすでに営まれていた言語ゲームの網目の中に、林郁夫や信者たちは、新たな自覚をもって組み込まれていくのである。

三　言語ゲーム（Sprachspiel）

「第一章 三」のところでも触れたウィトゲンシュタインのいう言語ゲームとは一体何であろうか。言語ゲームに関する定義の代表的なものは、ウィトゲンシュタインの『哲学探究』のはじめの方にある。建築家Aがその助手Bに対して、四種の石材、「台石」「柱石」「石板」「梁石」を運ぶように命じ、助手がその叫びに応じて正しく石材を持っていくという相互行為が行われるとき、それは言語ゲームだという。（注28）それはまた「子供がそれを介して自分の母国語を学びとるゲームの一つだ」とも説明される。さらにウィトゲンシュタインは「言語と言語の織りこまれた諸活動との総体をも言語ゲームと呼ぶ」という。(注29)言語ゲームについての考察は『確実性の問題』などのなかにも散在し、その意味を確定することはなかなか難しく、また専門家の間でもさまざまな議論がある。ここではウィトゲンシュタイン研究者E・スペヒトの議論を参考に、言語ゲームとは①子供が自己の属する社会システムの言語を学ぶプロセス、②パフォーマンス(行動)をともなう日常の言語活動(＝言葉の操作)の総体、③包括的な言語システムの一部を構成する、ある特定の個別的で部分的な言語システムとそのプレイ(使用)、といった意味を表すとしよう。(注30)「オウム真理教の信者たちは、彼ら独自の言語ゲームを営んでいた」と表現する場合、それはとくには②と③の意味であり、③における包括的な言語システムとは日本語である。

言語ゲームは、言語のなかにおけるゲームではなく、典型的には言語によって営まれるゲームである。人々が楽しくおしゃべりしながらトランプゲームをしているとき、そのトランプゲームが言語ゲームなのではない。おしゃべりは言語を手段としてなされている、などということを人々はまったく意識することなく、お互いおしゃべりをしながらトランプゲームを進行させているだろう。そのこと自体が、言語ゲームなのである。

ウィトゲンシュタインにとって言語ゲームの第一の機能は、言語と現実とを結びつけることである。(注31)人間は言語を介して現実に向かい、それを前提に言葉による会話が行われる。会話はスムーズに流れねばならない。したがってその際、私たちはそこで用いられるいちいちの言葉の意味を考えたり、疑いを抱いたりはしない。たとえば私が私の手に関して、「これは私の手である」ということを疑うだろうか。『手』という言葉や、ほかの言葉をその文のなかで用いるとき、私はいささかもためらうことがない。試みに疑ってみようと思うだけで、もう途方に暮れてしまう。このことは、疑いの欠如がその言語ゲームの本質に属し、『どうやって私は……知るのか』という問いかけが言語ゲームを遅滞させ、あるいは中絶させるものだということを示している。」（注32）しかし実際には「これがわたしの手である」ということの証明は難しい。だから「それ〔＝言語ゲーム……大石〕には根拠がない。それは理性的ではない。（また非理性的でもない）。／それはそこにある。―われわれの生活と同様に。」（注33）

私にとってともかく、私に二つの手があり、また私の名前が「大石紘一郎」であるということは確実であり、逆に「大石紘一郎」という名前が私を指すことも確実である。しかし、右で触れた幽霊や神という言葉のように、言葉が代表する意味や対象が明確でない場合もある。（注34）たとえばキリスト教についてみた場合「すこぶる明敏で教養の深い人びとが聖書の世界創造の物語を信じている一方で、別の人びとはそれを歴然たる虚偽と見なしている。しかも後者が根拠とするのは、前者もよく知っていることなのだ。」（注35）ここにおいて両者が使う言葉は、相当程度に重複している。それゆえに議論は白熱するであろうし、決着はつかないまでも、ともかく会話は成立するであろう。

言葉が引照するものがまったく確認できなくとも、壮大な理論体系は作られうる。次章に見るように、麻原は麻原流に緻密なオウム真理教の教義体系を作り上げ、高学歴の弟子たちを含め、信者たちは皆それを真理であると信じた。ウィトゲンシュタインの次の言葉は、あたかも麻原について言及しているかのごとくである。『しかし私は、どれひとつとして現実と一致しないような関連を無数に作り上げてしまう人間を想像することができる。いまの私が同じ事情にあるのではないと、どうして言えるか。』私がその人間を想像するときには、彼をとりまいている世界ないし現実も一緒に想像する。そしてこの世界とまったく一致しないように思考するもの（また語るもの）として、彼のことを想像するはずである。」（注36）こうなった場合、つまり彼が私たちと異なる言語ゲームをプレイしていたとしたら、私たちはそれをほとんど理解できないということもあり得る。

一九九七年一〇月七日、東京地裁で行われた林郁夫《いくお》被告公判では、大崎署で林の取り調べにあたった警視庁警部補は「被告が言いたいことはどういうことだと感じたか」と問われ、次のように証言した。「ちょっと表現が難しいが、何か真剣に訴えようとしている、という感じだった。宗教用語を使い始めると宇宙人みたいだが、救済とか人類に善意をもっている、という感覚はあった。」（傍点、大石）（注37）さらに「人類に対して善意はもっていたと感ずるか」と問われると「そのようなものだ。ただなかなか理解できない。一つひとつのボキャブラリーが理解できない状態が続いた」という。（注38）警部補は、あるいは圧倒的多数の日本人もまた、これまでオウム真理教の言語ゲームに触れたことがなく、したがってそこにおける言語の意味を理解できなかったのである。つまり「ある範囲の対象を確実に認識しない者は、その言語ゲームを学んでいないか、間違った仕方で行っていた」ということになる。（注39）

これらの考察を、オウム真理教事件に適用して抽象的にまとめれば、次のようになるだろう。ある言語体系Aを人びとが信じ、それに基づいて行動した、すなわち言語ゲームをプレイしたとして、その結果は現実に生じる。その結果の解釈も言語体系Aのボキャブラリーによっておこなわれるゆえ、言語体系Aに疑問を感じていない人びとにとっては、何ら奇異とは感じられないであろう。しかしその同じ現実を、異なる言語体系Bによって構成する人びとは、Aを常用する人が起こした現実の事象（事件）を当然ながら言語体系Bのボキャブラリーによって解釈するゆえに、それは言語体系Aによる解釈とはまったく異なったものとなり、事件は、Bを使用する人びとにとっては驚愕すべきものであろう。こうして、オウム真理教事件は、A（オウムの言語体系）とB（私たちの言語体系）とによって、同じように現実感を伴いながらも、まったく異なって解釈されたのである。

オウム真理教の信者たちは、何の疑いもなく彼ら自身の言語ゲームを営んでいた。他方で私たちも、さまざまなことを語る際、いちいちそれらの言葉と現実との対応を確認することなどしないで、しかし確信をもって生きている。私たちは私たちの言語ゲームをプレイしているのである。ウィトゲンシュタインが「原始人」の行動に関して次のようにいうとき、そこにおける「神託」を「麻原の指示」と入れ替えれば、それはそのままオウム真理教と私たちとの関係にもあてはまるのだろうか。「彼らが神託を仰ぎ、それに従って行動することは誤りなのか。……これを『誤り』と呼ぶとき、われわれは自分たちの言語ゲームを拠点として、そこから彼らのゲームを攻撃しているのではないか。」（注40）そうであるとすれば「ではわれわれが彼らの言語ゲームを攻撃することは正しいか、それとも誤りか。……」（注41）ともかく「ふたつの相容れない原理がぶつかり合う場合は、どちらも相手を蒙昧《もうまい》と断じ、異端と謗《そし》る。」（注42）ここには、異なる文化それぞれでプレイされるそれぞれの言語ゲームのうち、どちらが正しいのかという相対主義の問題がひそんでいる。これについては、最後の章で考えてみよう。

　宗教哲学を専攻する星川啓慈は、ウィトゲンシュタインの哲学的知見を踏まえ、宗教を端的に言語ゲームとして捉える。「一つの宗教とは、それ独自の一組の諸規則にのっとって営まれていて、一つの体系を構成しており、さらにその生活形式と一体となった、言語ゲームである。」（注43）しかしゲームであるからといって、そしてオウム真理教の信者たちが、彼ら自身の言語ゲームをプレイしているからといって、彼らにリアリティが欠けているということではない。異なる言語体系によってそれぞれゲームをプレイしている人々には、それぞれ異なったリアリティがある。薬物を使うバルドー〔生と死の中間状態〕のイニシエーションを受けた緒方《おがた》（偽名）はいう。「麻原がこのイニシエーションを生みだしたんです。私は彼が説いていた輪廻転生《りんねてんしょう》〔生あるものが異なる世界に生死をくり返すこと〕が正しいと確信しました。私には、死後、物事がまさしくそのようになる、それが絶対的なリアリティだと思われました。／そのイニシエーションとグルの教えのいずれも『上からきた』『絶対的リアリティ』だったので、『何かが黒くても、麻原が白といえば、それは白でした』」（傍点、大石）（注44）すなわち、因果応報〔善い行いにはよい結果が、悪い行いには悪い結果が生じるということ〕を信じるものとそれを信じないもの、輪廻転生を信じるものと信じないもの、ハルマゲドン〔世界最終戦争〕の到来を信じるものと信じないもの、彼らはそれぞれ「異なった言語ゲームをプレイしていると同時に、異なったリアリティを生きているのである。」（注45）どうしてこんなことになるのか。

サティアン内で、グルによって与えられるさまざまな説明は、信者にとって科学的で論理的で確実と感じられた。「彼らには科学的アプローチがありました。私たちはいつも、科学的証明があるといわれていました。私たちはそのことを疑いませんでした。」（注46）私たちが何でもなく普段の会話を交わしているように、オウム真理教の信者たちも、周りの世界の実在について何ら疑問を抱くことなく、その生活の中で日常の会話を交わしていたのである。かくして死者も生者も、生者の行為も、そして世界のできごとも、独特の言語（＝シンボル）体系によって作り上げられた一つのコスモロジーの中で、それぞれ確とした位置と意味を獲得する。サティアンの中でオウム真理教の言語を話すということは、オウム真理教という生活様式を受け入れることである。「一つの言語を想像するということは、一つの生活様式を想像することにほかならない。」（注47）そこでは独特の言語ゲームが、独特の生活様式とともに、営まれるのである。「『言語ゲーム』という言葉は、ここでは、言語を話すということが、一つの活動ないし生活様式の一部であることを、はっきりさせるのでなくてはならない。」（注48）とくにはキリスト教を分析対象として、ウィトゲンシュタインの議論を適用しようとする星川啓慈は、D・Z・フィリップスの次のような表現を紹介するが、そこにおけるキリスト教という言葉は、そっくりオウム真理教という言葉に置き換えることができよう。「キリスト教の言語を話すということは、キリスト教という生活形式を受け入れることである。キリスト教はそれ独自の言語使用をともなった自律した生活形式だから、外部からの批判は批判となりえない。」（注49）オウム真理教の信者たちは、それ独自の言語体系をもつて、あらゆるできごとを解釈しており、したがって外部からなされる批判は、その内部にいるものにとって批判とは感じられないのである。

もっとも信者たちも、はじめからすぐにオウム真理教の教義体系にはまったわけではない。彼らもある何らかの経験を通して、麻原の魅力に惹かれ、教義の科学性、説得性に納得したのである。地下鉄サリン事件実行犯のひとりで、早大理工学部の応用物理学科を首席で卒業し、修士課程に進んでですでに大手電機メーカーの研究所に就職が内定していた広瀬健一は、教団への出家に際して担当教授とこんな会話を交わしたという。「空中浮揚《ふよう》は慣性の法則に反する。学問を積んだ者が、ばかなことをなぜ」と詰め寄る教授に、広瀬は「私は見た」と強く主張し、修士課程終了後、ついに出家した。（注50）彼はまざまざと麻原の、あるいは弟子たちの空中浮揚を経験的に見たのである。そしてそれを支点として、麻原そしてその教義体系を信じたのである。「君がある命令に服従できるからには、君が決して疑わない経験的命題が一つはなければならない。」（注51）「麻原たちは空中に浮揚した」という経験的命題に依拠して、広瀬の信条体系は構築されたに違いない。

星川は、ウィトゲンシュタインの言語ゲーム概念を使って、日常あるいは現実世界の言語ゲームと、宗教さらには他の言語ゲーム（数学、小説など）との優位関係を論ずるR・カルナップやV・ブリュンマーの議論を参考にしながら次のようにいう。たとえば「キリスト教を一つの信念体系をもった言語ゲームと見なすことができるが、われわれはキリスト教という言語ゲームに参加するか否かをめぐってその必要性・有用性などを斟酌《しんしゃく》しながら、この言語ゲームに参加するにしろしないにしろ、主体的に態度を決定することができる。言いかえれば、キリスト教という言語ゲームは、これをめぐって外的問題〔宗教というある一つの言語的枠組みに関与するか否かという問題〕が生じる可能性のある言語ゲームである。これに対して、現実世界の言語ゲームをめぐっては外的問題が生じる可能性はないのである。現実世界の言語ゲームを『選択する』とか、この言語ゲームに参加するか否かを自分の意思で決定する、といったことはありえない。」（注52）したがって現実世界の言語ゲームは、キリスト教など他の言語ゲームに対して圧倒的に優位な関係にあるという。確かにオウム真理教の信者たちも、オウム真理教に入会または入信して、さらに全財産を布施《ふせ》して出家するまでには、早川や林郁《いく》夫《お》の場合で一年以上と、決断に相当の時間がかかっている。これがまさに「外的な問題」(external questions) だったのであろう。

しかしいったん出家してサティアンで生活するようになれば、すべての活動が宗教を志向したものとなるだろう。そこで次のようなプロセスが生じる。「ある宗教を信奉するようになり（もともと信奉していてもよい）、すべてを宗教的観点から判断するようになれば、次のような現象が起こると考えられる。①宗教的信念が日常生活の規範となる。②カルナップのいう「外的問題」……が消滅する。③ブリュンマーのいう『現実世界の言語ゲームの宗教の言語ゲームに対する優位性』〔primacy of the real-world language〕が消失する。」（注53）外の世界から孤立したサティアンに住むオウム真理教信者たちに生じたのは、まさにこのことではなかったか。オウム真理教教団の場合、少なくとも麻原が逮捕される以前のその内部では、宗教すなわちオウム真理教の言語ゲームが現実世界の言語ゲームを完全に圧倒していたのである。

ただ宗教的言説も、現実を語る言葉と全く無関係というわけではない。「宗教的言説はこれ以外の言葉と切り離されているのではなく、それ自身で自足的でもない。〈聖なる言説〉は〈俗なる言説〉と諸カテゴリーを共有し、〈俗なる言説〉の諸概念を利用し、〈俗なる言説〉の構文論的構造を含んでいるのである。」(注54) また、言語体系がわれわれの世界を作るといっても、言語それ自身がわれわれの世界を物理的につくるわけではない。たとえばウィトゲンシュタインの「言語ゲームの可能性が一群の事実によって制約されている、というのはまさに自明のことではないか」(注55) といった言明の解釈として、D・L・フィリップスは次のようにいう。「存在は、全面的に諸概念や言語によって創造されたものではない。またわれわれの言語は自然の諸事実によってユニークに決定されたものではない。言語はそれ自体のリアリティを創造するための法外なほどの自由をもっているけれども、それにもかかわらず、言語は人間的・物理的自然の諸事実の上に構築されているのである。」(注56) 言語ゲームが物理的自然の事実とまったくかかわりがないとすれば、それは言語を介しての私たちの認識そのものを疑う懐疑論になってしまうだろう。この点については第五章で再度少しだけ触れる。

私たちは、D・L・フィリップスのいう人間的・物理的自然の諸事実を前提として、その上で言語ゲームをプレイしている。ところで、われわれが何らの疑問を抱くことなくプレイしている言語ゲームの確かさが、あるとき崩れてしまう場合もある。「ある種の出来事は、私をこれまでのゲームをもう継続できないような境遇に落し込むであろう。私はゲームの確かさからひき離されてしまうわけだ。」（注57）麻原と決別し、自分たち自身の行動を悔いて長い自己分析と謝罪の手記を書いた林や早川たちは、もはやオウム真理教が提供していた言語ゲームを、確信をもってプレイすることはできなくなった。どうしてそのようなことが起こりえたのだろうか。どちらかの言語ゲームはどちらかの言語ゲームより強いのか。

麻原の野望がいかに遠大なものであったとしても、第三章でみるように、それはつまるところ幻想であり、それが物理的諸事実の上に構築されている度合いは極小であった。世界は自分とともに始まったと信じる王様に対し、常識の擁護を主張するG・E・ムーアは、彼自身の見方に王様を転向させ、世界を異なるしかたで見るようにさせることはできるであろう。（注58）「その人にわれわれが、地球ははるか昔から云々〔存在していた〕、と教えることも想像できる。―それはつまり、彼にわれわれの世界像を与えようとする試みである。／これは一種の説得によって行なわれることであろう。」（注59）しかし、もともと生活の基盤と長期間にわたって培われてきた考え方の枠組みが違うわけであるから、この説得は容易ではなかろう。「われわれはその時彼の意見の誤りを正すべきなのではなく、彼の世界像と戦っているのである」（注60）ということなのかもしれない。しかし、黙秘を決め込む麻原には、説得のしようもない。

ともかく日本という現実社会にあって、オウム真理教教団は、比較にならないほど小さな共同体にすぎなかった。現実世界の私たちの言語ゲームはあくまで強く、それはオウム真理教の言語ゲームに対して圧倒的に優位な関係にあったから、後者は前者によって、ついには壊滅させられたのである。そして「一つの言語ゲームは別の言語ゲームよりももっと包括的であり、それゆえそれは後者を説明するために用いることができる。」（注61）オウム語とはいっても、それは所詮日本語であった。本書は、オウム真理教の信者たちの間で営まれていた言語ゲーム―言語活動の総体と彼らのパフォーマンス―を、普通の日本語、つまり私たちの言語ゲームで説明しようとする試みということになるのであろう。

以上のような理論的枠組みを念頭に、第三章では、さらに詳しくオウム真理教の教義体系そのもの、そして第四章では、その教義体系を前提として麻原が駆使した政治的テクニック、あるいはそこに機能した政治のメカニズムについて考察してみよう。まずは、彼らは一体どのような言語ゲームを営んでいたのか、という点から調べてみよう。実は精緻な教義体系のそこここに、信者たちをあのような行動に導く、驚くべき論理的しかけがあったのである。

第三章　教義に内在する論理的しかけ

一　教義内容とその受容

オウム真理教の教義体系を形作る基礎は、原始仏教とヨーガの理論である。したがって本来そこには、人格的にして超世界的、かつ倫理的な神は欠如している。ウェーバーがいうように、仏陀《ぶっだ》はただ「模範的な人間であって、……みずからの範例を通じて他の人びとに宗教的な救いへの道を指し示す。彼の説教は、神の委託によるものでもなければ、倫理的な服従の義務を課すものでもなく、ただ彼自身と同じ救済の道を歩まんと希求する人びとと自身の関心にのみ向けられる」（注1）からである。にもかかわらず麻原彰晃《あさはらしょうこう》の説くオウム真理教は、しばしばグル〔サンスクリット語で、ヒンズー教における教説家、神と人間との仲介者、またときには神の化身とみなされ尊敬を受けた〕としてのシヴァ神に言及し、グルとしての麻原への服従を強要した。この一事からしても、たとえいかに麻原が原始仏教やヨーガの理論に通じていたとしても、基本的にはオウム真理教の教義は、さまざまな宗教の恣意的な寄せ集めと組み合わせであることが推測される。オウム真理教に関しての際だった特徴は、宗教（学）に疎《うと》い多くの人にとって、次々と繰り出される奇妙な言葉の氾濫だった。しかし、原始仏教とヨーガの理論さらにはヒンズー教やキリスト教にも依拠したとはいえ、そこにおける無数の耳慣れない名前、カテゴリー、命題の群から作り上げられる壮大な教義体系のうちには、麻原自身による仏教、ヨーガそしてヒンズー教、キリスト教教義の恣意的な解釈、意図的なねじ曲げが混在し、信者＝弟子たちを殺人へと駆り立てるいくつもの論理的しかけが内在していた。以下では、麻原の著書などに拠りながら、彼の詳細な説明を紹介するが、その内容の科学的実証性や論理性はともかく、私たちは彼の博覧、言葉＝名称の駆使、語りの雄弁さ、そして理論化の巧緻《こうち》をそこに感じとることができるであろう。

（一）〝解脱《げだつ》〟

宗教をいかに定義するにせよ、人々がまずそれに求めるのは、変転きわまりない現実世界にあって、何らかの超越的な存在に対する信仰が穏やかな安心を与えてくれるだろうという期待、自己の存在理由と同時に、経験するさまざまな矛盾や苦悩を説明し、少なくともそれへの精神的対処法が得られるかもしれないという期待などであろう。オウム真理教教祖の麻原彰晃《あさはらしょうこう》自身、そして彼に惹きつけられ、従った信者たちの多くに共通してみられるのは、まずはそのような切実な期待であった。（注2）オウム真理教教義を体系化する途上の、麻原自身の歩みを少し辿ってみる。

視力障害のある目、裕福ではなかった生活環境、大学入試や職業上におけるさまざまな挫折、人生途上におけるこれらの経験は、麻原に自らの生の意味を考えさせ、前途への憂慮を抱かせるに十分であったろう。熊本から上京後、鍼灸院《しんきゅういん》を開業したり、漢方薬店を開いたりしたが、自信とコンプレックスの葛藤にさいなまれ、彼の関心は、精神的な安心を求めて、宗教的なるものに向かった。「……わたしは立ち止まって考えてみたのである。自分は何をするために生きているのだろうか、と。この〝無常感〟を乗り越えるためには、何が必要なのだろうか、と……。／絶対のもの、動じないものを求めようという気持ちが芽生え、模索が始まったのである。」（注3）

苦悩する麻原はどうしたか。彼はまず、自分の運命をはっきり知りたいと願い、さまざまな運命学を研究する。気学《きがく》〔九つの星の動きを利用して、運を変えていこうというもの〕に始まり、四柱推命《しちゅうすいめい》〔干支《えと》一二支で生まれた年月日を表し、その組み合わせによって運命の流れをみるもの〕、奇門遁甲《きもんとんこう》〔中国の三国時代の軍師諸葛孔明《しょかつこうめい》が用いたまじない。現世的な利欲を求める人に好都合な運命学〕を修め、さらに仙道《せんどう》〔さまざまな修行を通じて不老不死や仙術＝超能力を得ようとするもの〕の修行も行なった。この仙道の修行中に、麻原はクンダリニーの覚醒（後述）に成功し、そこですでに幽体離脱《ゆうたいりだつ》〔魂が肉体から抜け出して異次元へと飛び出していく現象〕などの超能力を獲得したという。（一九八一年頃？）仙道の修行をきっかけに、麻原は宗教的なものに惹かれるようになり、ついに原始仏教に出会う。（注4）

ゴッド・ライト・アソシエーション（GLA）の創始者高橋信次の著書、中村元《はじめ》『原始仏典』、増谷文雄『阿含経典《あごんきょうてん》』などに巡り会った麻原は、ここで一種の回心を経験する。「わたしは、仏典を読み、瞑想《めいそう》した。そして、この世のすべてが罪だと悟った。自分自身が汚い人間だと知ったとき、涙があふれて止まらなくなってしまった。自己犠牲の精神も学んだ。そして、価値観が一八〇度転換したような気がした。生まれて初めて知った心、そしてその世界の素晴らしさ―、この感動はとても言葉としては言い表すことができない。しいて言えば、目の前が白銀の輝きに満ちたとでもいえようか。ごくありふれた生活の一シーンを見ても、今までと全く違った印象を持つのである。」（注5）

こうして彼は、自分自身が最終的に求めていたものが、解脱《げだつ》であったことを悟る。「ようやくわかったのである。わたしは解脱を求めていたのだと。今まで『何か』を求めていた。絶対のもの、動じないものとまではわかっても、わたし自身それが何か知ることができなかった。しかし、今は違う。わたしは確信したのだ。わたしの魂が解脱を求め、苦悩していたのだと。……／解脱とは、すべての束縛や苦悩から離脱して絶対自由の境地に達することである。原始仏教の『原始仏典』と『阿含教典』を修すれば、出家して修すれば、解脱できる！」（注6）宗教上の回心の経験として、これは比較的正直な記述であろう。麻原の精神上の転機は何度かあると思われるが、最初の著書にあるこのあたりの記述については、まだ比較的誠実さが感じられる。

しかし仕事や妻子を捨てることはできなかったので、出家を断念した麻原は、在家のまま解脱し、絶対自由の境地に至る方法はないかと模索する。ここで出会ったのが、ヨーガであった。彼は、「水を得た魚のように」ヨーガ修行に没頭すると同時に、『ヨーガ・スートラ』を手始めとして、『ハタ・ヨーガ・プラディーピカー』、『ゲーランダ・サンヒター』、『シヴァ・サンヒター』（四冊とも佐保田鶴《さほたつる》

治《じ》訳）などの経典を独学で学んでいった。（注７）

　麻原が自己の目標を見つけ、その教義を体系づける上でもっとも影響を受けたのは、原始仏教とヨーガとの出会いであるが、それらのきっかけは桐山靖雄《きりやまやすお》が創始した阿含宗《あごんしゅう》（一九五四年に設立した観音慈恵会《かんのんじけいかい》を、一九七八年に改称）への入会である。しかし、すでに『阿含経典《あごんきょうてん》』を読んだ彼にとっては、現実の阿含宗の教えは、彼の理解する阿含経とはかけ離れていた。入会して千座行《せんざぎょう》などの修行を積んだものの、約三年で脱会する。もっとも、新興宗教を創立・組織するということに関して、彼が阿含宗から学んだいわば実務上の知識と経験は、高額の供養金《くようきん》を勧める方法など、実は思いのほか彼にとって役だっている。阿含経から学んだ二つの要素、すなわちヨーガの理論と実践、そして原始仏教（とくにはチベット密教）の独習こそは、このあとに続く彼の著作や多弁な説法の中核部分を構成することになる。そもそも教団名のオウム（サンスクリット語）とは、「ヒンズー教や密教において深い智恵を象徴する語として重視され、祈りやマントラ（真言《しんごん》）〔神聖な呪句〕の冒頭に唱えられる」言葉である。（注８）千座行を続けている間、八二年一一月、麻原は、弟子入りしていた自念信行会《じねんしんこうかい》代表の西山祥雲《しょううん》から「彰晃《しょうこう》」という名をもらい、松本彰晃と改名した。そして八三年、東京・渋谷区にヨーガの塾「鳳凰慶林館《ほうおうけいりんかん》」を開業した頃から、「麻原彰晃」と名乗り始めた。麻原は、阿含宗での「千座行がすべてをぶちこわした」とはいいつつも多くを学び取って、八四年には阿含宗を離脱し、その年に「オウムの会」という名前で渋谷区にヨーガ道場を開き、麻原彰晃としての本格的な活動を開始した。

すでに一九八五年二月頃、空中浮揚《ふよう》を体験していた麻原が、その春、三浦海岸で「すべての生き物の苦を味わうため」の頭陀《ずだ》の行《ぎょう》〔煩悩《ぼんのう》の塵垢《じんく》をふるい落とし、衣食住についての貪《むさぼ》り・欲望を払い捨てて清浄に仏道修行に励むこと〕に取り組み、五体投地《ごたいとうち》〔身体を大地に投げ出して祈る〕の行をしていると、突然、天から神が降り「アビラケツノミコトを任じる」と宣したという。この神とはシヴァ神であり、神言の意味は「神軍を率いるひかりの命《みこと》」として、超能力を得た民による理想世界、すなわちシャンバラ王国を築くことを命じたものだという。（注9）このような卓越した体験から麻原は、カリスマ的指導者としての自負を抱き、それはその後の救世主としての自覚にもつながっていったであろう。（注10）

麻原が曲がりなりにも体系化したオウム真理教の教義は、前述の原始仏教やヨーガの文献資料に依拠しながら、私たち自身の身体の構造とその機能に関して、耳慣れない名前を紹介することから始まる。原始仏教やヨーガのボキャブラリーに不案内なほとんどの日本人にとっては、それらは奇矯で目新しく、それらの名前を駆使して説明される人間の身体と心理のメカニズムは、私たちを異様で未知の世界へと導く。

まず、人間の脊椎《せきつい》基底部から頭頂にかけては、七つないし九つのチァクラ〔輪を意味するサンスクリット語に由来し、ヨーガの体系で身体の中心部にあるといわれる霊的エネルギーセンター〕といわれるものが存在する。（注11）（図3―1参照）麻原の説明によれば、「チァクラは目に見えないが、わたしたちの体に存在している霊的なセンターで、肉体のホルモン、神経系統にも影響を与えている。霊視に

よって見ることが可能である。」（傍点、大石）（注12）

そのチァクラにはどのような種類があるのか。「主なものは七種である。ただ普通の人はそれが眠った状態で働いていない。修行によって開発されて初めてそのチァクラが司る超能力を発揮するというわけである。」（注13）それら七つのチァクラとは、体の下の方からムーラダーラ・チァクラ（尾てい骨）、スヴァディスターナ・チァクラ（性器の根本）、マニプーラ・チァクラ（へそ）、アナハタ・チァクラ（胸）、ヴィシュッダ・チァクラ（喉）、アージュニアー・チァクラ（眉間《みけん》）、サハスラーラ・チァクラ（大脳中央）であり、それぞれ形と色が異なり、またそれぞれごとに司る超能力が異なる。（注14）たとえば、ムーラダーラ・チァクラが完全に開発されると、①ダルドリー・シッディ（カエルのごとく高く飛び上がる超能力で、空中浮揚の前段階）ができるようになり、②過去、現在、未来の出来事を、その原因も含めて知り尽くせるようになり、③望むことがすべて実現する（!?）、という。（注15）

この説明は、麻原が自己の教義を説明する際の典型的な方法上の特徴を示しており、注目しておく必要がある。まず第一に、主なもので七つあるとされるチァクラとは、目に見えないものである。つまりそれは、普通の人にとって経験的には観察できないということである。さらに霊的なセンターといわれても、これが具体的に何を指すのか、あるいは意味するのか、まったく不明である。チァクラは霊視《れいし》によってのみ見ることができるとされるが、その霊視ができるのは、修行を積んで超能力を獲得した人だけであろう。したがってこの霊視なるものも超経験的で、具体的にどういう方法あるいは

図3−1　チァクラおよび気道図（図16）

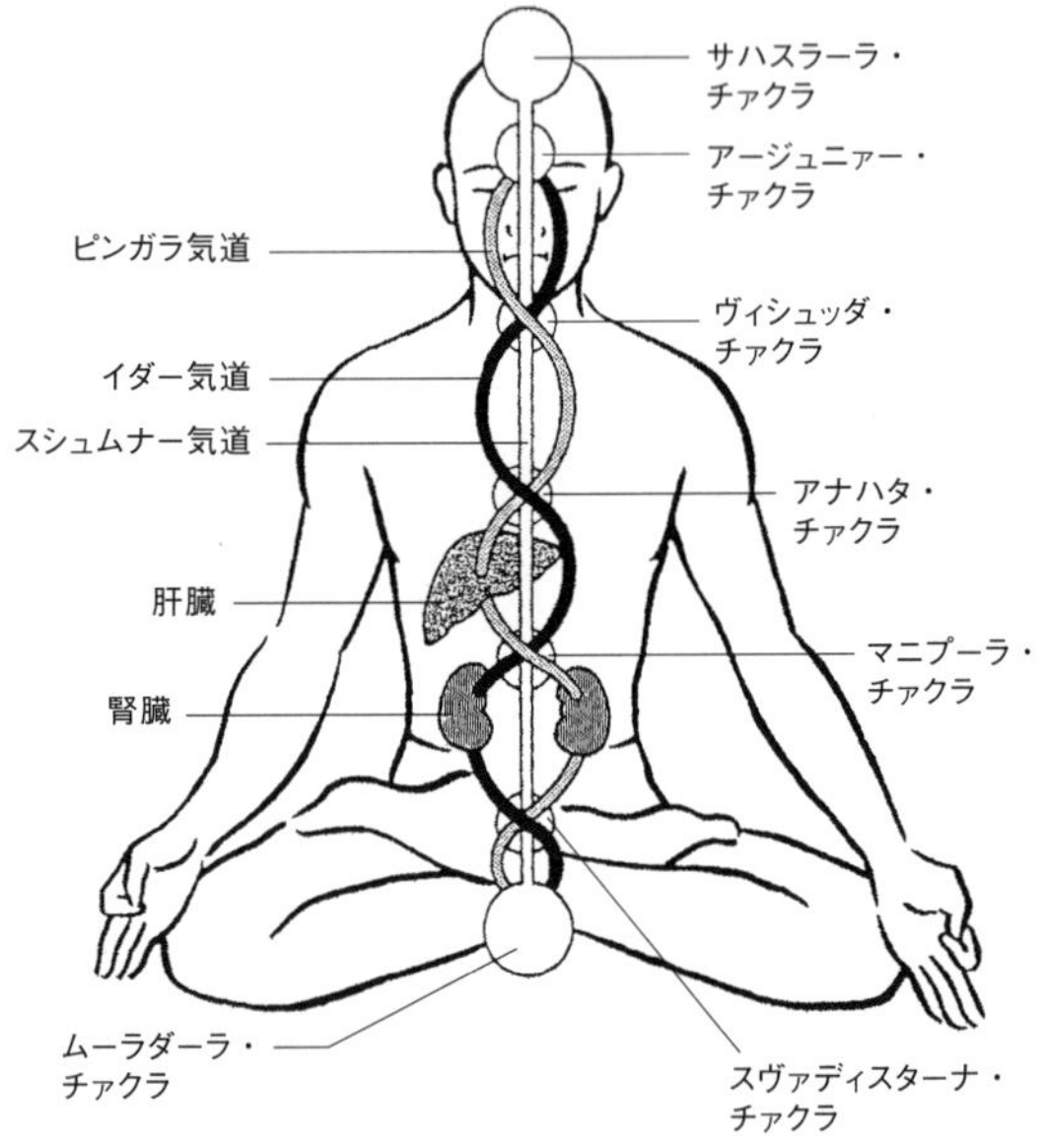

ピンガラ＝スーリヤ：熱、太陽、男
イダー＝チャンドラ：寒、月、女

状態なのか、普通の人にとっては見当もつかず、しかもそれについての説明はない。

しかし第二に、上の説明では、チャクラは肉体のホルモン、神経系統にも影響を与えているとあり、これらの用語は科学的であり、観察可能な物質としてその機能とともに私たちにも周知である。つまり麻原の説明の仕方は、非科学的、超経験的で確認のしようがない物質や機能の説明の枠組みに、私たちにとって観察可能で科学的に確認されている物質や機能についての説明を巧みに織り込んでいるのである。私たちにとってなじみ深い用語と、それと対照的に耳慣れない用語とが、あたかも論理的に矛盾がないかのごとく組み合わされ、しかもよどみなく説明されるので、一見もっともらしく、科学に素養のある人でも何となく納得させられてしまうわけである。以下の説明もすべてこのパターンで行われるので、このような説明の仕方を仮に〈科学と疑似科学の混淆《こんこう》説明〉とでも呼んでおこう。

さて麻原でなくとも、私たちもまた悩みはつきない。すべての苦悩から離脱できて絶対自由の解脱《げだつ》に至り、その上さまざまな超能力を身につけることができれば、それにまさるものはない。上述のチァクラの理論をふまえて、解脱にいたるさまざまな修行ステージを踏む複雑なプロセスは、原始仏教やヨーガ体系などからの耳慣れない名前とともに詳細に説明される。以下の長い引用からは、麻原による独特な語りの雰囲気をも感じとることができよう。

阿含教典に「四向四果《しこうしか》」というのがあるんですね。これは、四つの向から生まれる四つの結果という意味です。この四果は四段階のステージを表していますが、預流向《よるこう》による預流《よる》の果《か》が一番最初に来ます。

①預流向《よるこう》―預流《よる》の果《か》
②一来向《いちらいこう》―一来《いちらい》の果《か》
③不還向《ふげんこう》―不還《ふげん》の果
④阿羅漢向《あらはんこう》―阿羅漢《あらはん》の果《か》

の順になります。この四段階の最後のステージである阿羅漢果の上にも、まだまだたくさんのステージがあります。順次挙げておきますよ。いいですか?

阿羅漢果の次には、「ラージャ・ヨーガ」のプロセスがきます。ラージャ・ヨーガの次には「クンダリニー・ヨーガ」のプロセス、その次には「ジュニアーナ・ヨーガ」のプロセスがきます。それから大乗の仏陀《ぶつだ》の入り口のステージ(「大乗のヨーガ」)そして「アストラル・ヨーガ」の成就、次に「コーザル・ヨーガ」の成就、そして最後がマハーヤーナです。

以上が、四向四果《しこうしか》の預流の果から始まる修行の全ステージなのです。マハーヤーナ以上のステージはありません。つまり預流向というのは、全ステージの入口に位置するわけですね。

では、この預流向というのはいったい何か、というとね、聖なる流れに身を委ねて次のステージへ向かう、ということなんです。聖なる流れとはね、仏陀とね、法―つまり真理、そしてそれを実践する人達を指す。この法を実践する人達は僧です。それで「仏法僧《ぶっぽうそう》」といいます。

だから、言い換えれば、成就者と成就者の説く法とね、その法を実践している人達に帰依《きえ》をす

る——これが預流向なんだよ。一番最初の段階なんだね。（注17）

こうして麻原による修行ステージについての説法は、むろん不自由な目でノートを読むなどということはなく、聴衆を惹きつけつつなめらかに続けられる。それらのすべてがでたらめ、あるいは麻原の独創というわけではなく、それらの用語は確かに原始仏教経典に基づいたものであり、さらにそれらは、ヨーガの理論と接合されている。しかしここでは、その説法の雰囲気と語りかけの巧みさを感じ取るだけにとどめ、その詳細を一切省略して、厳しい各種の修行の後、阿羅漢の果を経て首尾よくラージャ・ヨーガの成就を完成したとしよう。そして、麻原自身がもっとも重視するステージに注目する。まず初期段階のラージャ・ヨーガを成就したあとに来るのが、クンダリニー・ヨーガの達成である。これはクンダリニー覚醒あるいはクンダリニー・ヨーガの成就などとも表現され、それらはほぼ同じ意味と解してよい。ともかく麻原の現実の能弁さと同じく、彼の著作も目くるめくように能弁であり、要点を矛盾なく説明するのがそもそも難しい。しかし、図を見ながら麻原の説明をさらに聞いてみる。

超能力を実際に使えるようになるまでには、二つの段階がある。その第一段階は、超能力者となるための素質をつくっていく時期であり、それは〈火と水の洗礼〉ともいわれる。ではこの〈火と水の洗礼〉とは何か？「人間の霊体《れいたい》（エーテル体）の中には、エネルギーが流れる七万二千本もの管がある。そのエネルギーによって霊体が動いているのである。その中に今回関係のあるピンガラ気道《きどう》、イダー気道《きどう》、スシュムナー気道の三本も含まれている。ピンガラ気道は『火』や『陽』を象徴し、イダー気道は『水』『寒』『甘露』を象徴している。まず〈火と水の洗礼〉を受けて、人体の右側に位置するピンガラ気道が通る。次ぎに左側にあるイダー気道が〈火と水の洗礼〉を受けて通るのだ。（今述べたのは、男性の場合で、女性は左右が対称になっている。ただし例外もある）。」（注18）図3―1に見るように、ピンガラ気道とイダー気道の二本は、お互いがあたかも7つのチァクラを縫うように、体の中心部を螺旋《らせん》状に通っている。スシュムナー気道だけは、脊椎《せきつい》基底下部から頭頂にかけて、まっすぐに貫通している。

これらの気道をクンダリニー（螺旋状のエネルギーを意味するサンスクリット語に由来）（注19）と呼ばれる赤いエネルギーが上昇したとき、霊的覚醒が生じる。「さて、ピンガラ気道とイダー気道が通るようになった後に、尾てい骨から背骨に沿って真っ赤なエネルギーが上昇してゆき、頭頂にあるサハスラーラ・チァクラに入る。それから会陰《えいん》からそのサハスラーラ・チァクラへ向かってスシュムナー気道が通り、その中をクンダリニーが上がっていく。このクンダリニーが、四つ（五つ？）のチァクラを貫いたときに、霊的覚醒が終了するのである。／この霊的覚醒とは、すなわち第一段階終了を意味するもので、ここまで来ると好きな超能力を身につけていくことのできる身体ができあがっているということになる。」（注20）これは解脱《げだつ》への第一歩でもある。（注21）ここまで来るためには、〈火と水の洗礼〉を受けるための過酷な苦しい修行を経ねばならないが、そのための修行法は四つの修行プログラムから成りたっている。それらは、①アーサナ（対位法：調気体操《ちょうき》）、②基本呼吸法、③スクハ・

プールヴァカ（調気法）、④マントラと瞑想《めいそう》、である。これらのすべてに耐え抜くことができた人間だけが、つぎの修行段階に進むことができる。

しかし奇妙なトリックもある。この苦しい〈火と水の洗礼〉の修行をスキップすることもできるのである。曰く「ただしわたしのようにこの段階を終えている者が、シャクティパットを施せば、相手は〈火と水の洗礼〉を受けずに、クンダリニーの覚醒に向かえる。」（注22）シャクティーパットとは、麻原がもつ「霊的エネルギーを相手に直接注入することによって、その人の霊的進化を助けてクンダリニーを覚醒させたり、心を成熟させたりするというものであり」（注23）、イニシエーションの儀式の一つである。ただしこれを受けるためには一回五万円の費用がかかる。このイニシエーションは、後には上祐史浩《じょうゆうふみひろ》、マハー・ケイマ、アーチャリー（麻原の三女）等、正悟師《せいごし》（後述）以上の人物でも行えることになった。

クンダリニー覚醒は、実は二回ある。〈火と水の洗礼〉後に起こるクンダリニー覚醒に続いて、二〇〇日（？）くらい経ってから本格的なクンダリニーの覚醒が一気に始まるという。

〈火と水の洗礼〉後に起こるクンダリニーの覚醒と違う点は、この覚醒が高次元のチァクラの活性化を誘発するということである。つまり、私たちが普通に生活しているのは三次元の世界であり、最初のクンダリニーの覚醒で活性化するのは四次元のチァクラ、そして今回活性化するのは、それ以上の次元のチァクラというわけだ。このチァクラの活性化によって、あらゆる超能力を身につける確約ができたようなものである。／二回目のクンダリニーは、大きく強いエネルギーを持っているので、各チァクラを貫くときは爆発音とともに、白銀色の閃光がきらめく。そして背骨を揺さぶる。この背骨は、縦揺れ↓横揺れ↓回転へと揺れ方が変わっていく。また、丹田《たんでん》（ヘソした数センチのところ）に快感が走る。これは性交時よりも強い快感である。それとともに心地よいゾクッとした感覚が尾てい骨から頭頂に向かって、次第に広がっていく。／精神的な変化では、自分一人が異次元に放り出されたような恐怖感にさいなまれる。また愛着していたものから離れなければならないような悲しみも覚える。こういう状態が一ヶ月半くらい続くが、そのころに空中浮揚《ふよう》をするようになる。それればかりでなく、強力な超能力を相次いで獲得するのも、このころである。／ここまで来ると解脱《げだつ》が近い。……解脱のキーポイントは〝離欲《りよく》〟ただそれだけである。離欲していないと、これまで身につけた素晴らしい超能力さえも、解脱のじゃまとなる。だから、超能力に対して喜びや執着を持たないことが肝心である。この離欲の状態になったとき、必ずやあなたは解脱するであろう。（注24）

この本格的クンダリニー覚醒は、別の著書では悦《えつ》の段階とも表現され、それは最高のエクスタシーである。第一回目のクンダリニー覚醒後、すでにヨーガに転向していた麻原は、アーサナ、プラーナーヤーマ（調気法《ちょうきほう》）、ムドラー（霊的覚醒の技法）の修行をおこなった。そして「ムドラーを行じているとき、クンダリニーが突然上昇して私は〈悦〉に入った。……それが起こるときには、必ずムーラ・パンダ（肛門の締め付け）と性器の締め付けが自動的に始まり、体を震わせながらクンダリニーが駆け昇る。その感覚たるや、この世で味わうことのできる、最高のエクスタシーだと言えるのではないかと思う。どう表現したらいいだろうか。セックスの快感とは全く違う。とても優しく柔らかく、溶けてしまいそうな感じである。」（注25）

以上のような第一段階を終えたあとの第二段階については、「一つ一つ好きな超能力を身につけていく時期」という簡単な説明があるだけである。ここでは、自分の好きな超能力を選択して身につけていくという、選択の余地があり、各自は「未来を見通せる能力」（!?）……など、さらなる修行とともにそれらの超能力を身につけてゆくことになる。（注26）

グル麻原が自分自身のグルとあがめ、オウム真理教の主神ともされるシヴァ神と、上に説明したクンダリニー覚醒との関係について、島薗《しまぞの》は次のようにいう。もともと「象徴的な男女和合を意味するクンダリニー覚醒は、創造・生殖と破壊の神として知られるシヴァ神に関わりが深い。この体験に深い意味を認めた麻原氏が、シヴァ神を主神としたのは自然である。」（注27）

安心立命を約束する麻原の以上のような説明は、私たちの身体の各部に新しい名前をつけ（あるいは紹介し）、それらの各部にかかわる機能にも新しい名前をつけ、修行法にも新しい名前をつけ、……というように、解脱に至るプロセスのすべてにかかわるモノに、新しい名前をつけることから始まっている。それらの新しい名前は原始仏教、チベット密教、ヨーガなどの文献に依拠しており、新しい名前がすべて麻原の創造というわけではない。その点で、片目の視力がないといわれつつも、麻原の読書と理解力と記憶力、そしてそれらを応用し、あやつる能力は並大抵のものではない。一九八七年一一月、両親と一緒に住んでいた家を売り、妻とともに出家した早川紀代秀《きよひで》は、家を売るようにという「鬼のような言葉」を発した「グル麻原は、ブッダであり、その指示は絶対的なものと感じた」という。（注28）自然科学系大学院修了者を、それほどまでに酔わせるカリスマが、麻原にはあったということである。しかし麻原の説明の仕方は、上に述べたように、わずかの科学的な部分と圧倒的分量の疑似科学的な部分とがない交ぜになった、そして科学的な説明のスタイルをまとった、〈科学と疑似科学の混淆《こんこう》説明〉であり、したがって全体としては、全くの荒唐無稽《こうとうむけい》な非科学的な教義体系といってよい。

しかもそこには、人間の生命観に関わる不気味な価値観（＝価値体系）もあった。新しい名前のシステムからなる教義の内面化は、新しい価値観の内面化でもある。新しい価値観の内面化は、第二章のところで説明したように、世俗の私たちが作り上げる状況とはまったく異なる状況を作り上げる契機となる。仏教経典の学習に加えてヨーガ修行の最終目的は解脱《げだつ》であり、その「解脱とは、釈迦牟尼《しゃかむに》仏《ぶつ》が得た〈悟り〉のこと」であるが、それはまた「人間が人間でなくなり、生も死も超えた存在、絶対自由な存在になること」である。（注29）ここでは人間の死はさほど重大視されず、「死ぬこと」は「単にこの世からあの世へ『トランスフォーム』するだけのことであり、誰しも絶対に避けることのできないものだから、それについては、つねに準備をして、高い世界へ生まれ変わるチャンスにすればよい」とされる。（注30）「死ぬこと」を英語の「トランスフォーム」と言い換えたレトリックの効果は絶妙である。早川の公判で証人に立った新実《にいみ》智光《ともみつ》と中川智正《ともまさ》は、「死ぬこと」「地獄に落ちること」「真理との縁を切ること」の中で最も良くないものはと、早川に聞かれたとき、「彼らは二人とも迷わず、最も良くないものは、『真理と縁を切ること』、次に良くないことは、『地獄に落ちること』と答えました。」（注31）そして早川もまた、彼らの考えと同じであったという。つまり、オウム真理教の教義を内面化した信徒たちにとって、すでに、生は最上の価値ではないのである。この価値観は、自己に対してと同じく、他人に対しても適用される。他人の生も最重要の価値ではないのである。

さてクンダリニー・ヨーガの成就は、むろん第一には信者自身が体験する。麻原の著書の中には、クンダリニー・ヨーガを達成した信者たちの体験談が、多く掲載されている。その中で一番長い体験談が載っているI・H（マハー・ケイマ）のそれを紹介しよう。これは、自己の体験を語る信者のボキャブラリーが、完全にオウム真理教のそれになっており、彼らが彼ら特有の言語世界に生きていたことを示す典型的な一例である。またマハー・ケイマの体験は、後続してクンダリニー・ヨーガの達成を目指す信者たちのいわば模範にもなっていたようである。

◎X月X日、ツアンダリー〔オウムの秘儀とされる高度な瞑想《めいそう》法〕のプラーナーヤーマの途中、大きな変化があった。一息する度に気が上昇するとイメージすると、黄金色の光が眼前、そして頭上に現れるのだ。一昨日から現れ始め、昨日その光は強くなったのだが、今日の光はその比ではない。それに伴い、その光が現れている間中、全身に快感が走る。そして、光が強まれば強まるほど快感状態は長くなり、頭頂から腕、足、指先に至るまでが強烈にしびれるようになっていく。

ふっとその光に意識を集中していたら、意識が途切れた。数秒後、意識は戻っていたのだが、自分がどこに行っていたのかすぐにはわからなかった。体は前を向いていたのだが、横向き（右）になっており、細かく振動していた。

いったいわたしはどこに行っていたのか。このショックはわたしがいつもアストラル界〔後述〕へ飛んでいくときのものとは全く違っていた。（アストラル・トリップするときはこんなにも強い光は射さない。そう、白く鈍い光の中にすっと入ってしまって、軽い震動とともに大した違和感もなく、身体に戻ってくるのである。そしてその間の記憶が、身体に戻った後、脳裏に焼きついており、ああ、わたしはどこどこへ行ってこういう行動をしてきたのだな、ということを自覚できるのだ）。

そして肉体を抜け出すときのショック、戻ってくるときのショックは、いまだかって、わたしが経験したことのないものであった。いうなれば、黄金色の光に吸い込まれたというべきであろうか。光に向かって飛んでいったというべきであろうか。

（……中略……）

そのときも黄金色の光が頭上にあり、クンダリニーが上昇し、全身が光の身体になったような感覚になり、思考が停止する。そしてまたゆっくりと思考が働き始めて、身体のしびれが解けていく。意識の中間状態は、こんなプロセスで入って醒めていく。

何回、いや何十回か、わたしはこの状態に入った。

そして、この後、前述の失神状態、光に飛び込んだ状態も二度体験した。三度とも同じプロセスである。

尊師《そんし》がいらっしゃった。

「今日必ず解脱《げだつ》するぞ。」／とおっしゃった。そして最後のイニシエーションを与えてくださった。強烈なエネルギーだ。頭に気が集まっている。

修行を開始する。／快感が走る。震動する。しびれる。そして太陽の光のようにまぶしく、ものすごく強い、明るい黄金色の光が頭上から眼前にかけて昇った。

金色の光が、雨のように降り注いでいる。その光の中で、わたしは至福感に浸っていた。この太陽は、その後何回も昇り、そして最後に黄金色の渦が下降し、わたしの身体を取り巻いた。

このとき、わたしは光の中に存在していた。いや、真実のわたしは光そのものだったのだ。その空間の中に、ただ一人わたしはいた。ただ一人だが、すべてを含んでいた。真の幸福、真の自由はわたしの中にあることを悟った。

＊

この体験の後は、至福感に満ちたすばらしい空間に行こう、安住しようと思えばいつでも行くことができるようになりました。それは、光の壁を突き破ったことによって、その世界への筋道ができたからでしょう。この状態をヨーガの言葉では「サマディ」といいます。

サマディの状態にはいると、肉体的には呼吸が停止し、心もピタッと静止します。そして、全く苦というものが存在しない世界を経験するのです。これがクンダリニー・ヨーガの成就なのです。

（……後略……）（注32）

模範的なクンダリニー・ヨーガの達成がこのようなものだとしても、その成就の体験内容は、各信者によって異なり、時にはそれが真実の成就なのかどうか確信がもてない場合もある。その場合は、麻原ないし修行経験が長く、高いレベルの修行を成就している高弟たちが、信者の体験を聞いて判定する。林郁夫《いくお》の経験を聞いてみよう。そこでは、上に引用したマハー・ケイマの「光の体験」とは異なる林特有の幻視体験が、これまた完全にオウム真理教のボキャブラリーで語られる。それと同時にそこでは、教団内での上位者と下位者の関係、下位者が感じる上位者へのカリスマ的権威と怖れ、麻原の磊落《らいらく》で人なつこく、人を引きつけながらしかし権威ある振る舞い、軍刀あるいは勲章を彷彿《ほうふつ》させる報償、麻原に心酔していながら意外に醒めているマハー・ケイマの態度、林による自分自身の納得のさせ方など、教団組織内での政治・社会生活が生き生きと描写されていて興味深い。

修行が再開されて一ヶ月が経つと、私は呼吸法も瞑想《めいそう》もスケジュール通りこなせるようになり、瞑想中には幽体離脱《ゆうたいりだつ》も経験するようになってきました。自分が、座っているもう一人の自分の側に浮いていたり、清らかな山間の谷川の川面に睡蓮《すいれん》のような白い花が一面に咲いていて、そこを空中から眺め、さらに谷の奥をのぞこうと意識すると、自分の身体に戻ったりするという、なんともいえない幻視の体験でした。

そんなある日、マハー・ムドラーの成就者である上祐史浩《じょうゆうふみひろ》、村井秀夫、ウッパラバンナー〔M・K〕、サクラー〔I・E〕らが、修行者の「体験」を聞いて、それが成就の条件を満たしているかどうかを判定することになりました。私はウッパラバンナーに体験を話しました。

「ツアンダリーの瞑想」の中に、地獄・餓鬼《がき》・動物・人間・阿修羅《あしゅら》・天界という欲六界《よくろっかい》（後出）のエネルギーを、それぞれの色として感じ、地獄から天界に昇華していくプロセスがあるのですが、私は三悪趣《さんあくしゅ》という地獄・餓鬼・動物の世界の住民をすべて連れて、天界以上の世界へ導いていく自分を観想しているとき、真っ暗な洞窟のようなところへ入っていって、そこを上昇していくと、急に明るく美しい海岸を見わたす空中へと抜けて飛んでいるという体験をしていました。それをウッパラバンナーに話すと、「一挙にクンダリニー・ヨーガの成就ですね」と彼女はニッコリしていいました。

その翌日だったか、成就者の名前が発表され、クンダリニー・ヨーガの成就者の中に、私も入っていました。

私は、これが成就の体験なのだろうか、と不確かな思いもありましたが、空中浮揚《ふよう》の前段階であるというダルドリー・シッディ、光の体験、意識の連続など、クンダリニー・ヨーガの成就の条件があって、認定されたのだろうと思いました。ウッパラバンナーも、当然麻原も、人のエネルギー状態を見ることのできる存在なのだから、確かに私は成就したのだろうと思ったのです。

さらに三日間連続して立位礼拝《りついらいはい》をおこなう「仕上げの修行」を経て、私たちは正式に成就者として認定されることになりました。……

ＡＨＩ〔アストラル・ホスピタル・インスティテュートの略でオウム真理教付属医院のこと〕へ戻るときに、東京へ行く用事があるというマハー・ケイマの車に乗せてもらえることになりました。私にとってマハー・ケイマは麻原に次ぐ超「雲の上の人」でしたので、とても緊張しました。私の極厳《きょくげん》修行《しゅぎょう》での「光の体験」はマハー・ケイマの成就記事のそれと比べると貧弱に思われ、ついマハー・ケイマに、「私は成就したのですか」と尋ねてしまいました。するとマハー・ケイマは、「尊師《そんし》が成就したとおっしゃったのだから、それでいいのよ」と、当時の私にとっては単純明快な返事をしてくれました。初期の成就者たち、マハー・ケイマ、岡崎、ソーナー〔Ｏ・Ｓ〕とは、体験の内容でも、成就後の超常的能力の点でも開きがあるような後ろめたさは残しつつも、成就と完成とは違う、成就から完成まではさらなる精進がいるという麻原の話を耳にして、ひとまず成就を納得することにしました。（注33）

クンダリニー・ヨーガの成就に際して、マハー・ケイマや林が語るこのような幻視体験はしかし、帯広畜産大大学院、京都大学大学院出身で第一厚生省の大臣として生物・化学兵器の生産にかかわった獣医師遠藤誠一によれば、「だいたい薬物によって誘導されたものだ」という。（注34）少量で貧弱なオウム食のみをとり続け、睡眠時間を極度に削った長期間にわたる過酷な修行と訓練は、それでなくとも体力を消耗させ、幻覚症状を引き起こす下地となっていたに違いない。
　信者がスワミ以上のステージに達すると、グルによってマンジュシェリー・ミトラ（故・村井秀夫）、マハー・ケイマ（I・H）、マイトレーヤ（上祐史浩《じょうゆうふみひろ》）、クリシュナナンダ（林郁夫《いくお》）、ウッパラヴァンナー（M・K）、ティローパ（早川紀代秀《きよひで》）といったホーリーネームが与えられる。それらは「仏教の経典に登場する弟子の名前や、ヒンズー教の神々、ヨーガの修行者の名前」などから採られたものである。一九九四年頃から大量にホーリーネームが授けられるようになり、命名はさらに、サンスクリット語やパーリ語、チベット語の単語などを組み合わせておこなったようである。（注35）信徒たちは、彼らの生活する自己完結したサティアンの中では、お互いをホーリーネームで呼び合っていた。彼らは、何となく神聖に聞こえるホーリーネームを得て自己変容を自覚し、オウム真理教の世界に新しく生まれ変わる。ウェーバーの次のような叙述は、オウム真理教幹部たちの再生＝カリスマ獲得のプロセスを予示していたかのようで興味深い。「呪術的カリスマの所有は、ほとんどつねに再生を前提としている。……それは、忘我《ぼうが》の形をとった『恍惚《こうこつ》状態』と新たな『魂』の獲得という手段を通じて行われる。こうして獲得された新たな魂は、たいていの場合、姓名変更（改名）という結果を伴って」いる。『再生』は……最も徹底された『救済宗教』の諸類型においては、宗教的救いにとって欠くことのできない一つの心情的特質となる。そして今や各人がそれを自得し、その生活の中でこれを証ししていかねばならないのである。」（注36）
　新しい名前となった彼らたちは、もとのままではありえない。人間の生死について、そして世界についての彼らの見方は大きく変容し、そのことは彼らの新しい行動を導くことになる。とりわけ、超能力を得た弟子たちが、私たちが生きている現実のいわばカッコ悪い生活から幽体離脱《ゆうたいりだつ》（＝トリップ）して幻視の世界に自由に出入りできるとすれば、必然的に生と死の境目は不鮮明になるだろう。

こうして生を最重要な価値とはみなさない生命観は、他者の生命をも軽くみなすことにつながりかねない不気味な考え方であった。後続する殺人事件へのいわば第一の伏線であったろう。

（二）〝宇宙論〟

人間の思考の原点をたどれば、宗教は哲学や科学の産みの親であった。宗教現象の社会的起源とその機能を考察したデュルケムはいう。「神性に対する思索であると同時に、宇宙論でない宗教は存在しない。哲学や諸科学が宗教から生まれたということは、宗教が最初は自ら科学と哲学を代行していたということである。」（注37）そして「宗教とは、単なる行事の体系ではない。それは、世界を説明することを目的とする観念の体系でもある。……もっともささやかな宗教でさえ、宇宙観をもっている……。」（注38）現代の新興宗教であるオウム真理教も、もちろん科学的説明のスタイルをとりながら、独自の宇宙論を真正面から展開する。

麻原の説明によると、私たちが現在住んでいる宇宙は、はるか昔に発生した大爆発（現代科学でいう「ビッグ・バン」に該当する）によって形成されたという。そして説明は続く。

さて、まず最初に、宇宙がどういう構造になっているか、お話ししよう。これが頭に入っていないと、説法の内容が、ちょっと理解しにくいからだ。この宇宙は、言うまでもなく、仏教やヨーガに共通している宇宙観に基づくものだ。一見、現実とかけ離れているようでありながら、実はこちらの方が真実なのである。それは、修行のステージがある程度のところまで行ったら、誰もが自分で確認することができよう。……

問題の宇宙の構造であるが、これは三つの世界から成り立っている。三つの世界とは、現象界《げんしょうかい》、アストラル世界、コーザル世界のことである。これはヨーガの言葉であるが、仏教用語で言えば、それぞれ欲六界《よくろっかい》、色界《しきかい》、無色界《むしきかい》となる。（傍点、大石）（注39）

のっけから耳慣れない言葉の連続である。しかしそれらのボキャブラリーこそは、上で見たように、マハー・ケイマや林郁夫《いくお》たち信者のボキャブラリーとなっていたことが分かる。そして「こちらの方が真実なのである」といわれても、修行をしていない私たちなので、これらは見ることも、したがって自分で確認することもできないであろう。しかしともかく、それぞれはどういう構造であり、またそれぞれはどういう関係になっているのか、少し長いが、図3―2を見ながら麻原の説明を聞くしかない。

最初に挙げた現象界とは、今現在わたしたちが生きているこの世も含まれ、粗雑な物質でできて

図3−2　宇宙の構造図（注40）

予言の謎を解く宇宙の構造

仏教・ヨーガ理論によると、わたしたちが現在住んでいる宇宙は、始まりとてないはるか昔に発生した大爆発（現代科学でいう「ビック・バン」に該当する）によって形成された。そして、爆発後の宇宙は、コーザル界、アストラル界、現象界という三つの世界から成り立っている（下図参照）。それぞれの世界の特徴は次のとおりである。

・コーザル界……光優位のデータの世界。上へ行くほど透明な光が強くなり、光が情報として存在している。無始の過去からはるかな未来に至るまでのデータが存在している。想念の世界。

・アストラル界……音（ヴァイヴレーション）優位の微細な物質でできた世界。イメージの世界。

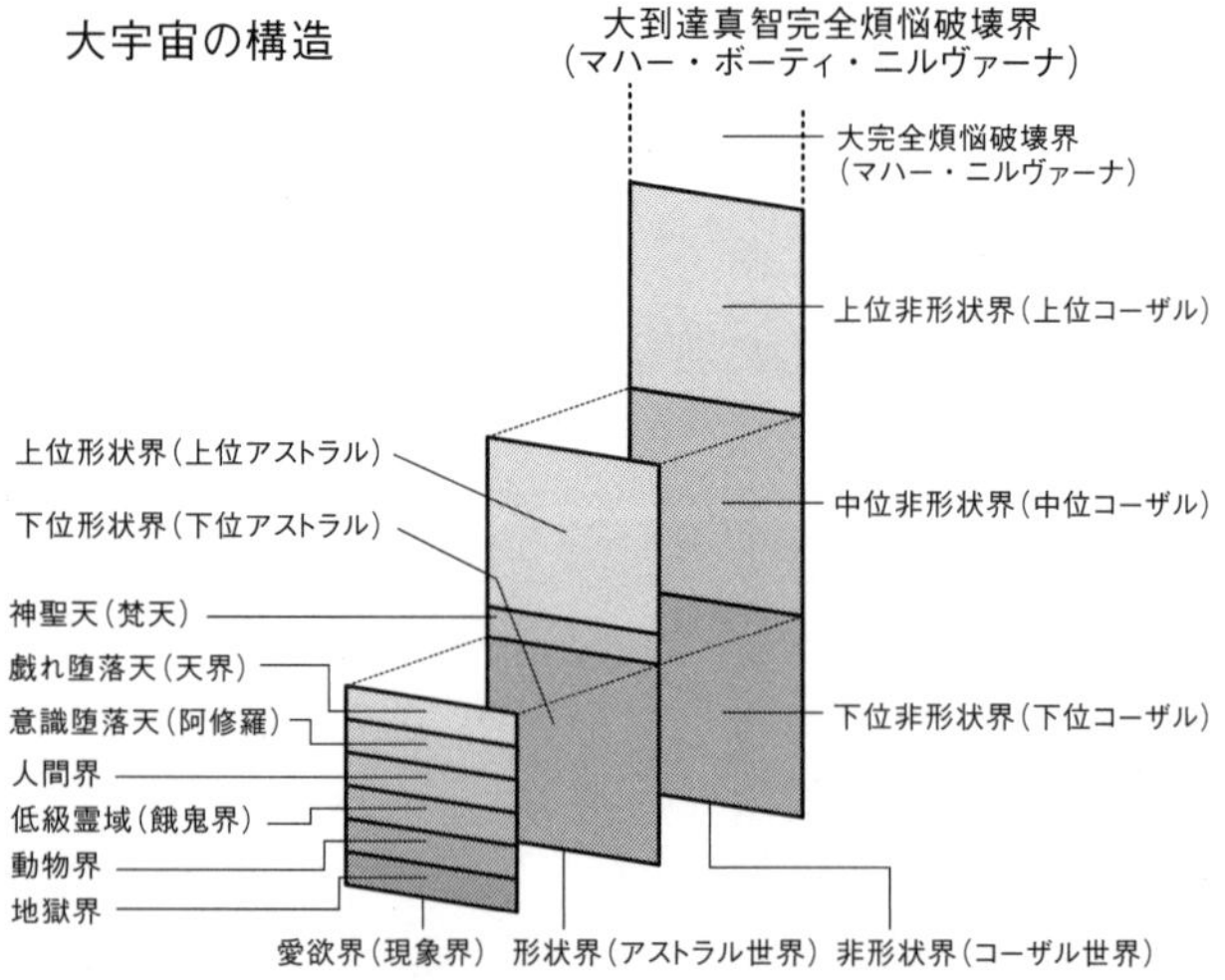

・現象界……熱優位の粗雑な物質でできている世界。今現在わたしたちが住んでいる人間界が含まれる。

この三つの世界は相互に連動している。つまり、光でできたコーザル界のデータが、原子や素粒子よりももっと微細な物質でできたイメージの世界であるアストラル界に降りてくると、そこでそのデータに対応するイメージが現われ、それが現象界に投影されて事象が生じるのである（下図参照）

つまり、わたしたちの目前で起きる出来事は、すべて、コーザル世界のデータとアストラル世界のイメージが投影されたものにすぎない。よって、未来に起きる出来事を見ようと思えば、コーザル世界のデータとアストラル世界のヴィジョンをあらかじめ見ればわかるのである。

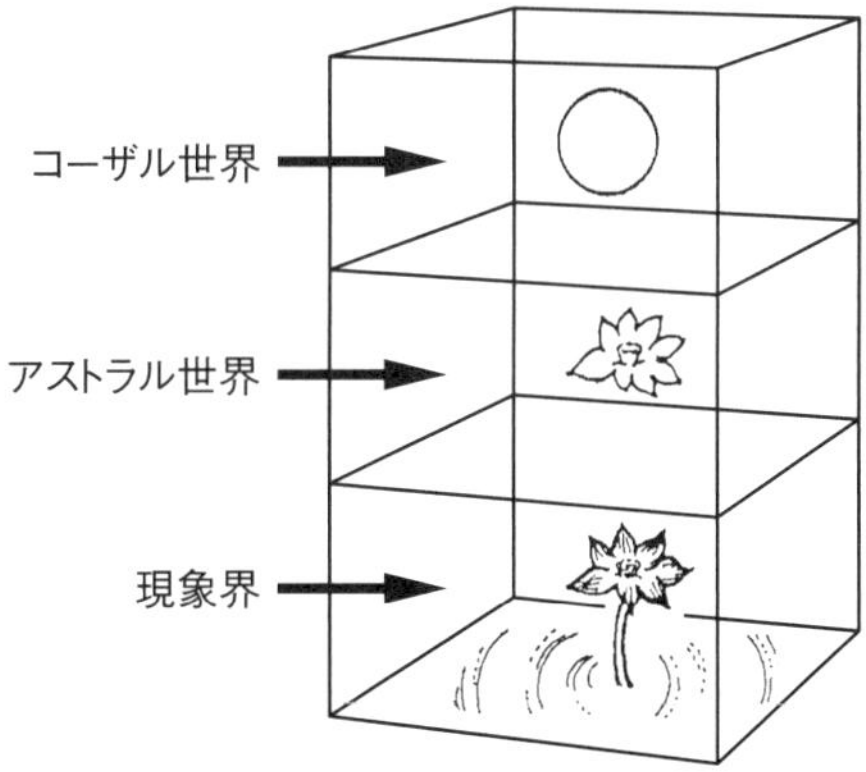

この世界の現象は、「データの世界」コーザル世界からアストラル世界へ降りたデータが、この世で現象化したものである。

いることから、粗雑な世界と呼ぶこともある。現象界《げんしょうかい》は、更に六つに分けられ、下から言うと、地獄界・餓鬼界《がきかい》・動物界・人間界・阿修羅界《あしゅらかい》・天界となっている。〔欲六界《よくろっかい》〕

次のアストラル世界は、微細な物質でできた世界で、上位アストラル世界と下位アストラル世界に分かれ、両方ともさらに六つに分かれている。そのうちの下位アストラルの六つのパートが、現象界の地獄界・餓鬼界・動物界・人間界・阿修羅界・天界と重なっている。重なっているとは、通じ合っているという意味である。

さて最後のコーザル世界であるが、ここは光と想念だけの世界である。上位・中位・下位と三つに分けられ、それぞれが更に六つに分かれている。下位コーザル世界が現象界、下位アストラル世界と重なっており、中位コーザル世界が上位アストラル世界と重なっている。上位コーザル世界となると他のどの世界とも重なっておらず、わたしはこれを純粋コーザル世界とも呼んでいる。上へ行くほど、透明な光が強くなり、光が情報として存在している。コーザル世界の上にマハーヤーナがある。

これらの世界は、どこも下から上に行くにしたがって、そこに存在する魂の密度が低くなっている。（注41）

先に触れた（七一ページ）早川紀代秀《きよひで》や新実智光《にいみともみつ》、中川智正《ともまさ》などがもっとも忌み嫌った地獄は、確かに最底辺に位置している。

マハーヤーナについては麻原彰晃《あさはらしょうこう》『マハーヤーナ・スートラ』に次のような説明がある。マハーヤーナとは「現象界、アストラル世界、コーザル世界を超えた絶対自由、絶対幸福、絶対歓喜の世界。もともとこの世界に安住していたすべての魂は、三グナと呼ばれるエネルギーに干渉され、この苦界に迷い込んだのである。一般に、『涅槃《ねはん》』の意味の言葉としては、ニルヴェーナが有名であるが、その最高位の意味として使われる。」(注42)

このような説明を受けても、私たちにはまったく確かめようはないが、ともかく宇宙の構造はこのようになっているとして、たとえば幽霊の存在は、この宇宙論からはちゃんと説明できる。「よく、幽霊を見たとかいうのは、私達のいる現象界から、下位アストラル世界を透かして見たということなんだ。」(注43)さらに、仏教における「無」と「空《くう》」の概念についても、この宇宙の構造論を用いて簡単に説明できる。「日本の仏教など、無と空を混同しているようなところがあるが、それらは全く違う状態である。無というのは、下位コーザル世界に入ってしまったときの状態で、功徳《くどく》を積まずに行《ぎょう》のみを一所懸命やった場合などに起こる。そこは真っ暗で何もないところだ。それに対して、空の方は上位コーザル世界に入った状態である。まさに光の海。こちらは、無などと比べものにならないほど、修行ステージが高い。」(注44)仏教哲学における無と空の概念について、あっさりと、しかも図を用いて自信満々に説明されると、あたかもそういうものかと納得してしまいそうである。

ところでこれらの宇宙の構造論は、上の(一)〝解脱《げだつ》〟のところで見た〝チァクラの理論〟と整合的に接合される。私たちは誰でも七つのチァクラをもっていることは、すでに麻原から学んだが、これらのチァクラの部分に七つの「身体」が存在している。「七つのチァクラの部分に存在している身体は、この現象界《げんしょうかい》だけでなく、アストラル世界、コーザル世界へと行くためのものである。意識をこれら身体に移して、動かすのである。」（注45）チァクラの存在自体がそもそも信じられない私たちにとっては、これらの行動や動作が何のためであり、実際にどのように行われるのか、皆目見当がつかない。しかし続いて、どういう身体が、どういう働きをしているかが述べられる。これは「基礎的な知識」ということなので、ここでも図3―3を見ながら麻原の説明を聞くとしよう。

◎ムーラダーラ・チァクラ＝下位の幽体《ゆうたい》
幽体とは意識体のようなものだ。アストラルの地獄界へ行って地獄界の体験をしたりするのがこれ。その他にアストラルの餓鬼界《がきかい》へも行く。
◎スヴァディスターナ・チァクラ＝上位の幽体
アストラル世界の人間界と動物界へ行く。
◎マニプーラ・チァクラ＝変化身《へんげ》
アストラル世界の天界から地獄界までを体験することができる。また、現象界にも姿を現すことができる。修行がすすんでいる人が使える身体なので、感情もあまり動かない。（プラティヤハラの修行をすると感情が停止する）。救済者が人間界へ降りるときもこの身体を使う。
◎アナハタ・チァクラ＝法身《ほっしん》

図3−3　三つの世界と五法身の位置関係（注46）

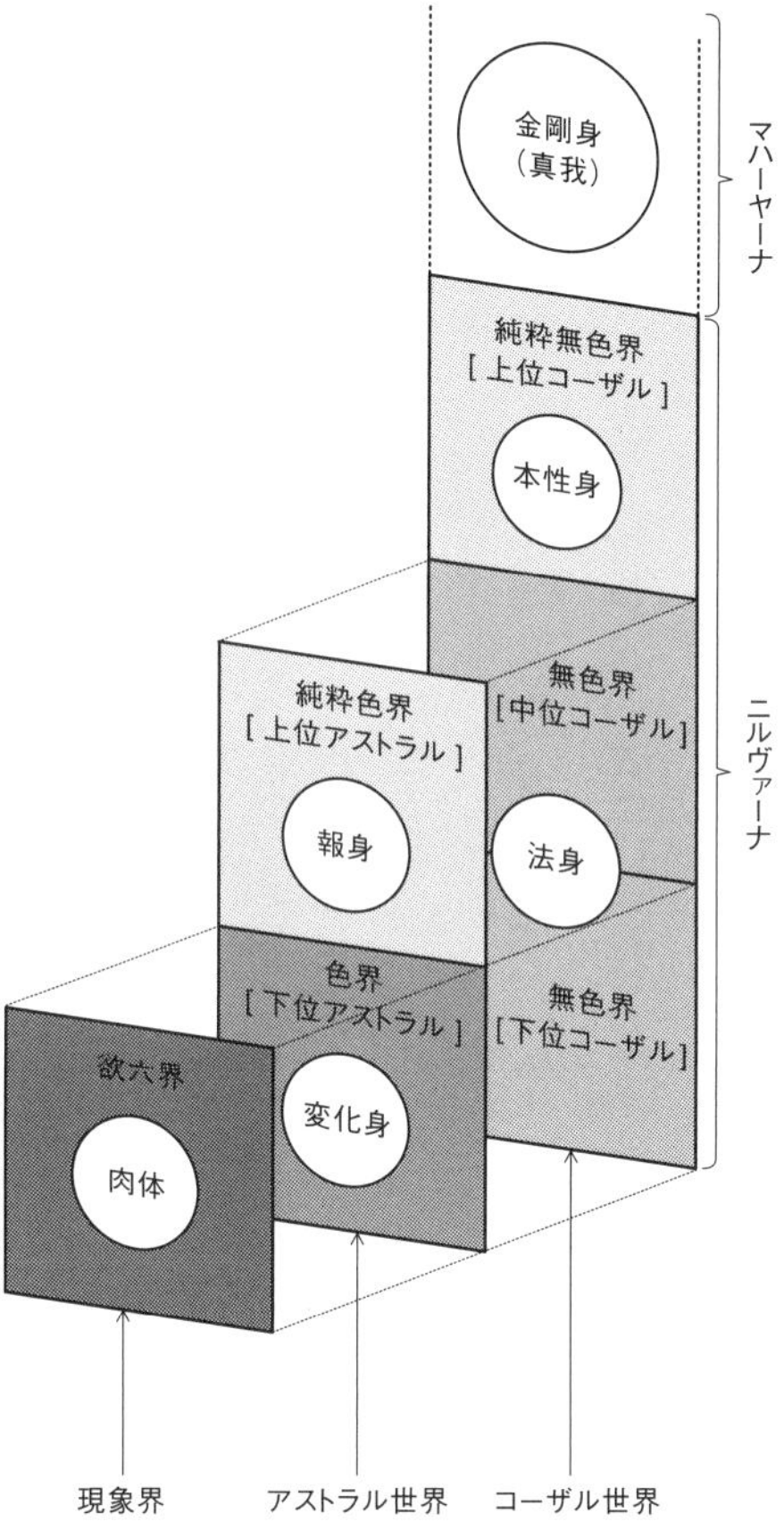

中位コーザル世界と下位コーザル世界で活動する。下位コーザルで無の体験をするのもこの身体
◎ヴィシュッダ・チァクラ＝報身《ほうしん》
上位アストラル世界で活動する。「アストラル・ヨーガ」の修行では、この報身を使う。
◎アージュニアー・チァクラ＝本性身《ほんしょうしん》
上位コーザル世界で活動する。光の海へ没入していくのはこの身体。「コーザル・ヨーガ」のときも使う。
◎サハスラーラ・チァクラ＝金剛身《こんごうしん》
金剛身イコール創造主といってよいだろう。すべてが思いのまま、自由自在なのである。純粋真我の状態。あとは表現不能。（注47）

説法の形をとって話された宇宙の生成、その構造と機能、そしてチァクラから発する私たちの七つの身体がこのような宇宙でいかに活発に活動しているかについての説明であるが、ここで紹介したのは、説法のごくごくわずかな部分である。これらの「基礎知識」をもとに、説法は無限とも思えるほど増幅され、さらにさまざまなヨーガの成就と完成についても、微に入り細にうがって説明は雄弁に果てしない。ここでも、仏教やヨーガからとられた無数の（私たちには）新奇な言葉が登場し、それらは華麗によどみなくあやつられる。これもまた、ほんの少しの科学と疑似科学が入り交じった、そしてあたかも科学的であるかのごときスタイルをとった、〈科学と疑似科学の混淆《こんこう》説明〉である。し

かしそうであるがゆえに、科学の素養のある人たちにとっては、説得力があったのであろうか。なお、アストラル界、コーザル界といった用語も、全くでたらめというわけではない。これらはもともとastral, causalという英語からきており、島薗《しまぞの》によれば、「近代オカルティズムやスピリチュアリズムで用いられる用語」であり、戦後まもなくから、一部の人には知られていたらしい。（注48）

ところで『マハーヤーナ・スートラ』にある説法の「第六話」には、いささかぶっそうな説明がある。この日はアストラル・ヨーガの話である。「アストラル・ヨーガでは、『報身』といわれている身体に、意識を移し、報身となってアストラル世界に行くんだね。……報身は普通人間の喉のヴィシュッダ・チァクラの部分にいる。それは微細な物質でできている。どんな感じのものかというと、そうだなあ―磨《す》りガラスみたいな感じだなあ、ちょうど。そしてアストラル世界も磨りガラスでできているような感じだ。」（注49）

「講釈師、見てきたようなうそを言い」という川柳そのままであるが、このアストラル世界で成就者は一体何をやるのか。

一言で言うとデータの入れ替えだ。例えば、過去世《かこせい》で人殺しをしたという悪いカルマがあったとしよう。そのカルマはコーザル世界から、アストラル世界に投影されて、ヴィジョンとして見える。もしアストラル世界にこのカルマを残したまま、その人が死ぬようなことがあったら、その人は報身レベルで傷つき苦しむことになる。だから、この投影されたものを消しておかなきゃならないんだね。……さて問題の消し方だが、例えば人殺しのヴィジョンが見えたならば、自分の意志でさっともとに戻して殺生《せっしょう》のヴィジョンを消すんだよ。その上で、「人を殺さなかった」というデータをインプットするんだ。そうすれば、人殺しのデータも消えて、カルマもなくなる、とこういう具合だ。意志によってヴィジョンを変えられるのは、ここが潜在意識と意志の世界だからなんだね。そして、すべては幻影なんだ。為したこと、為さなかったこと、これはすべて幻影なんだ。カルマさえも幻影なんだ。だからこそ、アストラル・ヨーガではアストラル世界のデータを簡単に入れ替えてしまえるんだね、意志によって。（傍点、大石）（注50）

幻影、ヴィジョン、データ、インプット、データを消す、データを入れ替える、……携帯やパソコンはじめ各種の情報機器が好きな現代の若者の耳に入りやすいこれらの言葉を織り交ぜて、話は巧みに進められる。しかし、自分が人殺しをしても、そのデータを簡単に消すことができ、すべてを幻影として処理できるとすれば、罪の意識にいつまでも苦しめられることはないだろう。オウム真理教教団で、一九八八年後半頃から死亡、殺害事件が相次ぐようになったことを考えると、これは、実行にかかわる弟子たちの罪意識を軽減しつつ、九四年の松本サリン事件、九五年の地下鉄サリン事件を引き起こし、それらを正当化することにつながる、第二の不気味な伏線であった。

右のような説明の背景に、次に見る（三）歴史哲学とも関連した、インド思想および仏教にある業（カルマ）・霊魂輪廻《れいこんりんね》の理論があることはむろんである。この考え方は、麻原の説く教義のもっとも基礎的な背景としてあり、「カルマの法則」（注51）などとして多くの著作で触れられるが、とくにまとまった説明はない。すべて生あるものは生死を繰り返し、死んでも別の世界、例えば動物の世界などに生まれ変わる。（転生《てんしょう》）善い行いにはよい結果が、悪い行いには悪い結果が跳ね返ってくるのであり、偶然というものはない。弟子たちの間では、この考えはいわば常識であり、ごく自然に内面化されている。（注52）キリスト教のような一神教においては、一方で卓越し全能である超世界的な統一神と、それにもかかわらず他方で彼が創造し支配する世界の不完全性とを、いかにして和合させるかという神義論《しんぎろん》の問題が生じる。この問題はしかし、インド思想および仏教においては完全に解決されている。ウェーバーによる的確な説明を聞いてみる。そこにおける「世界とは、倫理的な応報関係がくまなく張りめぐらされた一つの秩序界《コスモス》である。罪業と功徳《くどく》とはかかる世界のうちにあって、来るべき生における運命によって必ずやそれぞれの報いを受けるのであり、そのため霊魂は、あるいは動物の姿、あるいは別の人間の姿あるいは神的な存在ともなって、新たな世界へと生まれ変わりつつ、限りなく多くの運命を引き受けていかねばならない。この世の生における倫理的功徳は、天上への再生をもたらすことができる。……各人は、最も厳密な意味において彼自身の運命をどこまでもみずからの手で作り出すのである。」宇宙は一つの普遍的な応報の機構《メヒャニスムス》であり、神は不要である。「というのも、そういった神が果たすべき倫理的課題を、不滅の世界過程がそれ自体の自律性によって解決するからである。」（注53）

しかし麻原による教義の説明の中には、カルマの法則、すなわちウェーバーのいう宇宙の応報のメカニズムを支配するのはシヴァ神である、あるいはそれはほとんど麻原自身であるとする主張もある。林は麻原について「すべてのカルマを見切ることのできるグル」(注54)としばしば表現した。そして他の弟子たちも麻原のその能力(=カリスマ)を疑うことはなかった。これもまたオウム真理教教義そして事件全体にかかわる不可思議な点であるが、それについては次節また次章で検討しよう。ともかく弟子たちは、オウム真理教教義を内面化し、そして麻原が指示し、彼らが倫理的と考えた行為を、つぎつぎに引き受け遂行していったのである。

(三)〝歴史哲学〟

私たち個人の生はたかだか八〇年くらいに限られるとしても、私たちの想念は、無限の過去から無限の未来にまで及びうる。したがって人間の信条体系は、何らかの程度、時間の次元を含まざるをえない。「一九九九年七の月、何らかの破局が起こる」と示唆した一六世紀フランスの医師であり、占星学者であったノストラダムスの「大預言」に興奮し、恐怖あるいは期待した若者は多いだろう。早川紀代秀《きよひで》や林郁夫《いくお》もそうであったし、村井秀夫直属の部下であり、神戸における大地震の可能性を予言した高橋英利もその一人であった。(注55)高橋はいう。「ハルマゲドン……(を)、信じる信じないということではなく、すでに『気分』として僕たちの世代は『終末』というものを刷り込まれてしまっていたと思う。……すでに子どものころに『ノストラダムスの大予言』が世に出ていたし、僕たちの大好きだったアニメーションは、『宇宙戦艦ヤマト』にせよ『風の谷のナウシカ』や『AKIR

A』にせよ、巨大な破局のあとの世界をテーマにしたものばかりだった。……いつか必ず終わりが来るはずだ。来ないはずがない、とさえ思っていた。……実際米ソ冷戦時代にはいつ核による最終戦争が起こるかわからなかったし、戦争が起こらなくても予想以上に進行の早い環境破壊は、やはり深刻な事態の到来を予感させていた。」（注56）

本章（一）で触れた「シャンバラ王国」は、一九八五年の時点で、麻原が将来築くとした理想社会のイメージであったが、最終戦争の考えはすでにそこにあった。それは、島薗《しまぞの》によれば「イスラム勢力の圧迫下でヒンズー教から仏教に取り込まれたものとされ」、後期密教経典『時輪《じりん》タントラ』に由来するという。その「伝承では、シャンバラはアジア東北のどこかに存在する『隠れた谷』と想像されている。やがて理想の帝王（転輪王）であるシャンバラ王、ル（ラウ）ドラ・チャクリンが救世主として出現し、最終戦争で異教徒を打ち破り、仏教の支配を確立するという。」（注57）

一九八八年ころに説かれていた「シャンバラ化構想」では、歴史の進行、それとかかわる麻原およびオウム真理教の役割は次のようなものであった。

伝説の理想郷である「シャンバラ」。シヴァ神が統治するこの王国は、宇宙の全真理を極めた魂のみが行くことのできる世界です。

ここではすべての魂を救済して解脱《げだつ》へ導かんとする、救済者としての修行が進められているのですが、麻原彰晃尊師《あさはらしょうこうそんし》も実はここから救済者としての使命を帯びて人間界に降誕《こうたん》してこられました。

したがって、この人間界にあまねく真理を体現しようとする尊師《そんし》の活動は、シヴァ神の大いなる意思によるものなのです。

ところで、現在の日本や世界の情勢に目を向けてみましょう。エゴの急速な拡大のために、非常に危険な状態にあるとは言えないでしょうか。麻原尊師が予言されていた「日米経済摩擦の悪化」、「防衛費の増大」、「富士火山帯や太平洋プレートの異常」などもすでに現実のものとなってきています。

このまま魔のエネルギーの増大を許すならば、世紀末の核戦争へと通じている流れを阻止することが、非常に難しいものとなってしまうでしょう。

そこで、このたび、オウム真理教の「日本シャンバラ化計画」が打ち出されたわけです。この計画は、日本全体にオウムの聖なる空間を広げ、多くの聖なる人々をはぐくむことによって、日本を世界救済の拠点としようという比類なき遠大なものです。……

まず、真理に基づいた社会を建設し、より多くの魂が真理の生活をし、解脱《げだつ》し、高い世界に行けるようにしようではありませんか。そして危機を回避し、幸福な未来を築こうではありませんか。皆で力を合わせて、私たちのグルであられる尊師とシヴァ神の大いなる意思を実践していきましょう。

「日本シャンバラ化計画」は世界シャンバラ化に向けての第一歩です。そしてこの計画への参加は、偉大なる功徳《くどく》を生み、あなたを高い世界へと導くでしょう。（注58）

世相を解説し、「世紀末の核戦争」を予示する麻原は、すでに人間ではない。世界は確実に破滅に向かっている。その進行プロセスにおいて彼は、シヴァ神が統治するシャンバラ王国から降誕してきた救済者である。そして彼に帰依《きえ》し、オウム真理教の活動に協力する信者のみが、危機を回避し、幸福な未来を享受することができる。その「幸福な未来」のヨリ具体的なイメージは、シャンバラ化計画の一部である「ロータス・ヴィレッジ（蓮華の村）構想」として次のように描写されている

すべてが真理に基づいた生活をすることができる、オウムの村の建設です。衣、食、住から、修行、医療、教育、冠婚葬祭、雇用機関まで必要なものをすべて備えた、完全に独立した空間を作ります。さらに医学、科学、農業などの研究施設が設置され、真理の文化を創造する場となることでしょう。まずは富士（静岡）、和歌山、阿蘇（熊本）、岩手、北海道に建設の予定です。（注59）

これは、一般社会から隔絶し、内閉的で、しかも医療施設や冠婚葬祭システムまで備えた完全に自足的なコミュニティの構想である。島薗《しまぞの》によれば、このユートピアの展望は、そのころの信徒の間に広く浸透していたといい、林郁夫《いくお》もその希望に夢を託した一人であった。（注60）土地、家、車はむろん、テレフォンカードまで寄進してサティアンに住んだ信者たちにとって、サティアンはすでに理想の村、あるいは少なくともそれへの過渡的な施設であったに違いない。この幻想は、オウム壊滅の日

まで、グルと同様、信者たちによって共有され続けたであろう。

三浦海岸でシヴァ神からのお告げを得たと同じ一九八五年、麻原は岩手県の五葉山《ごようさん》へ行った。そこで彼は、戦前の超古代史家、酒井勝軍《かついさ》が神から授かったというハルマゲドン説に関心をもち、終末論を触発された。それは、「今世紀末、ハルマゲドンが起こる。生き残るのは、慈悲深い神仙《しんせん》民族だ。指導者は日本から出現する。その王は日本から出るが、現在の天皇とは違う」というものであった。（注61）麻原が影響されたこれらの書物や体験に共通するのは、遠からずこの地上に「最終戦争」が起き、それはほぼ「世界の破滅」をもたらすが、そこに一人の救済者が現れ、成就者、信者そしてオウム真理教に協力的な人々のみが、その破滅を回避することができる、という考え方である。そしてその救済者には、麻原はむろん自己をなぞらえていた。

次章で触れる田口修二事件の少し前、八八年秋のある日、麻原は弟子の編集者がもたらした「ヨハネの黙示録《もくしろく》」に出会う。その出会いはほとんど偶然である。しかしその夜麻原は、彼のグルであるシヴァ神から「今や、『ヨハネの黙示録』の封印を解くべき時が来た。その示唆を受け取り、オウム真理教の救済計画を固めよ」と告げられたという。（注62）ヨハネは預言者であったが、麻原自身も予言者を自負している。「ヨハネはアストラル世界という異次元の空間でヴィジョンを見たのである。……そして、この私もアストラル世界で見たヴィジョンを予言として発表しているのだ。……（予言を）適中させるためにはアストラル世界と現実世界との一致とズレを常に意識していることが必要なのである。ヨハネがアストラル世界で見たヴィジョンを同じくアストラル世界をよく知っている私が解く―これほどの解読適任者はいないだろう。」（注63）麻原の誇大妄想はふくらみ始めた。

ウェーバーによれば、預言者とは「みずからの使命によってある宗教的な教説ないしは神命を告知するところの、もっぱら個人的なカリスマの所有者」である。（注64）預言者による啓示と彼の行動に関するウェーバーの次のような叙述は、その後の麻原の行動と教団の行動を予言していたかのようで興味深い。ウェーバーの叙述を、オウム真理教についてのそれとして読んでみよう。すなわち麻原によって、オウム真理教信者たちの間では「一つの統一的な生の視点《アスペクト》が、意識的に統一され意味づけられた生への態度を通して獲得される……。生と世界、社会的事象と宇宙的事象、これらは預言者にとって体系的に統一された一定の『意味《ジン》』をもつのである。したがって人間に救いがもたらされるためには、彼の行動はこの『意味』に定位されねばならず、またこの『意味』への関係を通じて統一的かつ有意義になされねばならない。……この構想全体が常に意味するのは、……あらゆる生の表現の体系化の試み、つまり実践的な行動を一つの生活態度へと統括する試みであって、その際この生活態度がそれぞれの場合に応じてどのような外観を示すかには関わりがないのである。」（注65）サティアン外に現れたオウム真理教教団の行動は、たとえ内部でその善意の意味が合意されていたとしても、世俗的には殺人をも含む、不気味で不可解なものであった。

弟子たちとともに解読を始めた麻原によれば、「ヨハネの黙示録」には、驚くべきことにオウムのことが何回も出てくるという。（注66）ヨハネは、アストラル世界で出会った〝人の子のような者〟について語る。（注67）ヨハネは、語りかける声の主を見ようとしてふり向いた。「ふりむくと、七つの金の燭台《しょくだい》が目についた。それらの燭台の間に、足までたれた上着を着、胸に金の帯をしめている人の子のような者がいた。そのかしらと髪の毛とは、雲のように白い羊毛に似て真っ白であり、目は燃える炎のようであった。その足は、炉で精錬されて光り輝くしんちゅうのようであり、声は大水のとどろきのようであった。その右手に七つの星を持ち、口からは鋭いもろ刃のつるぎがつき出ており、顔は強く照り輝く太陽のようであった。」（第一章、一二〜一六節）（注68）

　麻原は仰天する。「この〝人の子のような者〟はシヴァ神じゃないか！」そしてさらに麻原は、次々と奇想天外な解釈をほどこしていく。「ヨハネに未来ヴィジョンを見せて記録させたのはシヴァ神だったんだね。だって、この〝人の子のような者〟の姿は、私がアストラル界でお会いするシヴァ神と同じだね。シヴァ神は、本当にこういう姿をしているんだよ。」（注69）麻原がグルと仰ぐヒンズー教のシヴァ神は、キリスト教のヨハネをも助けていた。「シヴァ神がヨハネの後ろにいらした、というのもどうしてなのか私にはわかるよ。私がアストラル世界に飛ぶときは、いつもシヴァ神が後ろについて助けてくださるんだよ。それと同じように、シヴァ神がヨハネの後ろについてアストラル世界に連れて行ったんだね。」（注70）麻原の魂は、遠い過去から見通しうる未来の世界まで、縦横無尽に飛翔する。そしてその想像力も、聖書の解釈をヨーガやヒンズー教の教義と結びつけて、融通無碍《ゆうずうむげ》である。

「ヨハネの黙示録《もくしろく》」には、さらにこうある。「あなたはわたしの右の手に七つの星と、七つの燭台とを見たが、それらの秘められた意味はこうだ。七つの星は七つの教会の御使《みつかい》であり、七つの燭台は七つの教会である。」（二〇節）麻原はこれをどう読み解いたか。「まず〝七つの燭台は七つの教会〟という方からいこう。それはチァクラ（霊的センター）のことを言っているんだ。……そしてローソクが辺りを照らすようにサットヴァの光（善性のエネルギー）に照らされることによってチァクラが開くんだ。だからその象徴として燭台が見えたんだろうね。おまけにその色はクンダリニーの色である金色となっている。本当に見事な象徴だと言えるね。」（注71）こうして七つの燭台は、オウムの教義体系にいう七つのチァクラに読み替えられる。そして七つの教会は、七つのチァクラの機能に関連づけられる。「チァクラは高い世界とつながっているところだよね。そしてそのチァクラの一つ一つに教えと秘儀がある。例えば胸のアナハタ・チァクラが開いたときに、どういうステージに至ることができ、どういう超能力を獲得できる、というようなことだ。それと同じだろう、教会も。神々の高い世界につながっていて教えが存在している。」麻原のこのような恣意的な、そして奇想天外な解釈に対する弟子たちの反応は、一様に「うーん、すごいですね」というものであり、彼らは麻原の幻想に完全に絡《から》め取られているといってよい。麻原の解読はさらに続く。「じゃあ、もう一つの〝七つの星は七つの教会の御使《みつかい》〟は何のことだと思うか？　星の照らす範囲は狭いよね、光りが小さいから。そういった意味で各チァクラだけを担当している七人の守護者を表しているんだよ。だから教会、つまりチァクラの御使いとね、こうなるんだ。」（注72）

続いて「ヨハネの黙示録」第二章二七節には、次のような表現がある。「勝利を得る者、わたしのわざを最後まで持ち続ける者には、諸国民を支配する権威を授ける。彼は鉄の杖をもって、ちょうど土の器を砕くように、彼らを治めるであろう。」（注73）この文章を麻原は、今後のオウムの行動指針と解釈していく。『鉄の杖をもって、ちょうど土の器を砕くように』というのだから、これが武力で支配するというのはだれにでもわかるだろう。力でよい世界をつくる。これこそ、タントラ・ヴァジラヤーナの世界だ。シヴァ神は、シヴァ神への強い信仰を持ち続けたタントラ修行者が、諸国民を支配することを望んでいらっしゃるんだ。これはもうそう断定してしまって差し支えない。」世界史の進行を読み替えるこの麻原の幻想を、弟子たちも同様に共有する。「そうなると、オウムのこれからの動きへの示唆ではないですか?!オウムの主宰神はシヴァ神。シッシャ（弟子）は全員タントラ・ヴァジラヤーナの修行者。」（注74）

すでに一九八五年頃、麻原が「アビラケツノミコト」として神軍を率いるという宗教的使命感を得ていたということは前に触れた。「黙示録《もくしろく》」を解読し始めた八八年一二月といえば、九月末の真島事件のすぐ後であり、その時麻原は「これ〔事件〕はヴァジラヤーナに入れというシヴァ神からの示唆だな」とつぶやいたという。（注75）ということは、このころからすでに暴力・武力による救済という構想が麻原に生まれつつあったと考えられる。その構想は、「黙示録」の解読で確信に変わった。リフトンのいう「黙示録的暴力」はここに芽生えたのである。（注76）早川の説明はこうである。「『ヨハネの黙示録』の解読を通じて、『武力による救済』がシヴァ神の意思であり、自らを『人類のカルマを清算する地球規模の救世主』と解釈したことにより」（注77）、麻原の幻想はますます確固たるものになる。しかしそのような思いこみにはまり込んでいったのは、教祖だけではない。「自分のグルは、世界で一番偉大なグルなのだ、なぜなら自分のグルだから」という弟子たちの思いこみは、彼らをもグルの幻想に巻き込んだ。「こうしてグルも弟子たちも、世間一般の現実が見えなくなって、一種の宗教的幻想の中に生きるようになり犯罪を犯罪とも思えなくなっていった……。」（傍点、大石）（注78）そしてこの弟子たちとの相互作用による共同幻想は、まさにリフトンのいう機能的誇大妄想の様相である。（注79）

ハルマゲドン自体について麻原はさらにこういう。「まさに現代は、恐怖の神々による救済の時代なんだろう。あまりにも煩悩《ぼんのう》的になったこの地球人類は、やさしい顔をして法を説くだけでは救済されないだろうしね。この地球の出来事というものはすべてカルマの法則に則っている。……もし人間の悪業《あくごう》が積もってしまったら、恐怖の神は、カルマの法則をもってそれを具現化させることによって、悟らせようとするんだね。したがって、神の激しい怒りの裁きといわれるものも、実は神の愛の現れなんだよ。」（注80）

右で触れたウェーバー理論のロジック（本章八九ページ）とは矛盾して、ここでは神がカルマの法則をつかさどる。そして自己をほとんど神と同一視する麻原は、神の裁きであるカルマの法則を支配できることになる。こうしてすでにここにも、サリン事件の第三の伏線がある。

一九八九年一〇月、『サンデー毎日』誌がオウム批判のキャンペーンを開始し、日本社会との軋轢はますます大きくなり、それに伴ってオウム真理教自体は、ますます内閉的、防御的、攻撃的となっていった。その突出した現れが、同年一一月四日の坂本堤《つつみ》弁護士一家行方不明（殺害）事件である。

この事件は、一般信徒にしてみれば「何でオウムが？」という心境で、彼らにとっては全くのねつ造、言いがかりだと思われた。「オウムでは、アメリカをも自由に動かしている強大な陰の権力が、日本の国家権力を動かして、『オウムをつぶそうとしている』ということが常識となっていました。オウムのサマナにとっては、決してこれは『世迷いごと』などではありませんでした。」（傍点、大石）（注81）入信してまもなく、未だオウムの内部事情あるいは暗部を知らない林郁夫《いくお》にとっても事情は同じであり、彼は、自ら学んでいた仏教思想のロジックからもそのことを否定する。「釈迦の根本仏教を世に広めようとしている教団が、どうしてそんな事件と結びつけられなければならないのか、この事件を含めて、一連のオウム・バッシングは裏で誰かがマスコミを操作しているのではないかと思いました。」（注82）

オウムの活動を妨害するこのような動きに対して麻原は、それに抗してロータス・ヴィレッジなどの構想を実現するためには政治力が必要である、八九年の参議院議員選挙における野党の大勝から考えると、翌年の衆議院議員選挙では自分も当選する可能性があり、「このチャンスを活かせば九九年までに政権を取り、オウム真理教を国教にすることによって三万人の成就者を出すことも可能」であると考えた。そして「もしそれが可能となれば、ハルマゲドンを回避できる」と信じたようだ。（注83）こうして九〇年一月、序章でも触れたように麻原ら幹部二五人は「真理党」を結成し、衆議院選挙に立候補する。しかし「当選する自信はあります。できればトップ当選したいですね」（注84）というほどの楽観で臨んだ二月の選挙では、全員落選した。この惨敗を「麻原は、はじめは選管の票のすり替えによる結果だといい、やがて選挙に出たこと自体、救済が大乗でまっとうできるかどうかをみる実験だったと説明し」た。(注85) 麻原の巧みな言いくるめは、リフトンの表現を使えば、まさに詐欺師のスタイルであり、むろん意図的なウソであると同時に、しかし誇大妄想症からくる自己欺瞞でもあったろう。(注86)

まわりの状況を思い通りにコントロールできなかったとき、麻原はそのことが、自分の権威に関して、弟子に与える影響を危惧したのかもしれない。その年四月の石垣島セミナーは突然であった。自己の超能力によって、天変地異が起こり、核爆弾も落とされるヴィジョンを見たという麻原は、一二七〇〇人の信者を急きたて、「ノアの箱船」よろしく、教団施設で飼っていた馬、犬などの動物も連れ、石垣島に渡った。麻原とマハー・ケイマが浜辺で「アストラル空間がこれまでになく乱れている、オースチン彗星《すいせい》が全天を覆って……」などという恐ろしげな説法をしたが、結局、予言されたようことは何ごとも起こらず、全員は空しく東京へ引き戻された。(注87)

常識的に見ればあきれるほどのこれらの失敗が、弟子たちの側に麻原の権威失墜をもたらしたかというと、それはそうでもない。早川は教祖の予知能力に少しばかり疑念を抱きながらも、結局はその権威を否定できなかったし(注88)、林も石垣島セミナーが「なんのためのもので、いったいなにだったのかもわからないまま、しかし麻原を疑うこともせずに……出家の準備を再開した……。麻原とマハー・ケイマが、嘘をつくとは考えられなかった当時の私は、なにか変だ、おかしいとは思ってはいるものの、麻原とオウムから離れることができ」なかった。(注89)

しかし麻原自身には焦りがあったと思われる。九六年五月二三日に開かれた、麻原の第3回法廷における検察側冒頭陳述は、衆議院選挙の決定的な敗北は、一部の出家信者に教団離脱の気持ちを起こさせ、また在家信者の麻原に対する帰依《きえ》心を動揺させたといい、そのことが松本サリン事件、地下鉄サリン事件など、オウムによる一般人に対しての無差別大量殺人につながった、と解釈する。(注90)江川も同様の解釈を示しており、妥当なところであろう。(注91)

九〇年一〇月、麻原の郷里である熊本県波野村《なみのそん》(当時)での土地売買をめぐって、オウムに初めて警察の手が入った。それは国土法違反としては異例の大規模な強制捜査であり、波野村、富士、上九《かみく》等オウムの主要施設が捜索され、グルから逃亡の指示がなかった教団弁護士青山吉伸が逮捕された。(注92)これらを背景に九一年、麻原は「オウム真理教は、……マスコミのでっち上げ・ねつ造記事が社会に植え付けた悪質なイメージが発端となり、国家そして社会から不当なバッシングを受けてきた。しかし『新約聖書』を見ると、これはキリストとしてこの世に登場する者の宿命でもあったということがわかる」と述べ、キリストが受けた迫害(試練)をオウム真理教が受けている迫害に重ね合わせていく。(注93)そしてついには「わたしはここにキリストであることを宣言する」といい、『新約聖書』は、「まさにわたしが救世主であることを予言した書であることを確信した」と宣言する。(注94)

「ヨハネの黙示録《もくしろく》」を解読した麻原は、「次はノストラダムスだ!」とひらめき、「ノストラダムスの予言の封印を解くべき時が来たのではないだろうか!?—そうなのだ。封印を解くことのできるのは、この私しかいないのだ！　……わたしを導き守護してくださっているシヴァ大神もそれを望まれている」（注95）と確信する。続行される聖書の解読と並行し、フランスでの資料探しを経て、「ノストラダムスの大予言」がオウム真理教翻訳チームとともに解読される。そしてそれらの内容は、キリスト教に加えて仏教やヒンズー教とも混ぜ合わされる。人類を壊滅させるほどの規模になるであろう第三次世界大戦は、「ヨハネの黙示録」にある「ハルマゲドン」と同一視され、ノストラダムスはそれが一九九七年に起こると予言していたと麻原はいう。（注96）しかも世界は「明らかに神がカルマの法則によって支配している」（注97）のであるから、ハルマゲドンは、神による「カルマの清算」であると解釈されるのである。（注98）自由奔放な驚くべき解釈である。

教団の武装化を裏で着々とすすめながら、一九九三年頃から、ハルマゲドンは教団機関誌やロシアからのラジオ番組「エウアンゲリオン・テス・バシレイアス」などで、「ノストラダムスの大予言」の解読といった形で強調され、それと同義である第三次世界大戦は一九九七年に必ず起こるという麻原の予言は、「宗教生命をかけて」繰り返された。（注99）そのとき、核兵器、生物兵器、レーザー光線、化学兵器のみならず、それらを遥かに超える強力なプラズマ兵器が使用されるという説明は、リスナーや信者の危機感をあおっただろう。しかし「必死に修行し、そして必死に瞑想《めいそう》」するオウム真理教の信者は、それを克服できるとも主張された。（注100）この年の四月、説教の中で初めてサリンという言葉が使われ、それは「それ以後のオウムの説法で――そしてもちろん実践においても――、繰り返し言及されるテーマとなった。」（注101）

一九九四年になると、それ以前の一九九八年八月から一九九四年四月まで、全国各地の支部や大学で行われた麻原の説法を集めた『ヴァジラヤーナ・コース・教学システム教本』が作成され、ゼロックス版で出家者たちに配布された。(注102)それは、殺人を肯定する〝後期〟オウム真理教教義の中核的教説を含み、信者たちはその内容を熟読することを要求された。(注103)その中には「ヴァジラヤーナ五仏《ごぶつ》の教え」(後述)というのがあり、その内容の中核部分は、以後におけるオウムの裏のワークを基礎づける行動原理として浸透していく。(注104)さらに続いて、この「ヴァジラヤーナ五仏の教え」を凝縮して箇条書きにした「決意I〜Ⅳ」(「ヴァジラヤーナ決意」)という文書が配られた。それはサルヴァニーヴァラナヴィシュカンビン〔I・K〕と青山吉伸らによって作られた、いわば「マインドコントロール文書」であり、信者は「マントラに続いて、『さあ、タントラ・ヴァジラヤーナに帰依《きえ》するぞ』という文章」から初めて、三〇〇回も「はっきりと声を出して」読み上げさせられた。その結果信者たちは「内容をすべて暗唱してしまうばかりではなく、意識の中に刷りこまれてしまう」ことになった。(注105)

暗唱を実践させられる背景には、むろん次のような知識がすでに信者に植え付けられていた。すなわちグルによると、「ハルマゲドン」(世界最終戦争)は間近である。「核兵器や地域紛争、あるいは社会倫理の退廃など」を考えれば、「誰だって世界が危機的状況にあることを認めざるをえない。……もはやヒナヤーナ〔小乗の教え〕やマハーヤーナ〔大乗の教え〕などといっている場合ではない。」「ヴァジラヤーナ〔秘密金剛乗《こんごうじょう》の教え〕でしか人は救えない。」「カルマ」(悪業《あくごう》)を積んでしまった人は、ヴァジラヤーナを背景に成就者が「ポア」（後述）することにより、はじめて救済される。ポアとは「魂を引き上げる」ことであり、成就者に命令されてポアを実践するものも功徳《くどく》を積むことになる。

高橋英利たちが高唱させられた文書の内容は以下のようなものであった。


徹底的に悪趣《あくしゅ》〔悪業をおこなう魂（人間）〕をポワするぞ。徹底的に悪趣をポワするぞ。悪趣をポワするぞ。

救済を成し遂げるためには手段を選ばないぞ。

救済を成し遂げるためには手段を選ばないぞ。

秘密の戒律をしっかり守るぞ。秘密の戒律をしっかり守るぞ。

これこそが、最も早く最高の境地へ到達する道である。……

さあ、私は完全なるヴァジラヤーナの実践を行うぞ。

完全なるヴァジラヤーナの実践を行うぞ。……

そしてたとえ命を捨てたとしてもヴァジラヤーナの実践を止めないぞ。

安心してヴァジラヤーナの実践を行うぞ。……

さあ、いよいよ聖書に説かれているハルマゲドンは近い。

さあ、その最終戦争において、必ずや聖なる軍隊に属し、悪趣をポワするぞ。

悪趣《あくしゅ》を一人でも二人でもポワするぞ。悪趣を一人でも二人でもポワするぞ。ポワすることこそが救済である。ポワすることこそが最高の功徳《くどく》である。そして、ポワすることこそが自分自身をもっと高い世界へ至らせる道である……。（注106）

このような信条が弟子たちの間で内面化すれば、次のようにロジックが展開するのも自然であろう。すなわち、「グルの教えは絶対」であり、「予言は必ず成就される。」否、「成就されねばならない。……」グルの予言が成就しないのは「世間が予言の到来を邪魔しているのだ。……」グルの「予言を確実にしなくては！」……「予言は私たちによって、成就されねばならない。……」（!?）ここには明らかな倒錯があり、そしてここまで来れば、ハルマゲドンは必至であるという予言を、弟子たちが実行するようになるまでは、あと一歩である。

実際、諜報省トップであり、さまざまな犯罪にかかわった井上嘉浩《よしひろ》は、犯罪行為へと向かったロジックについて次のように説明する。自身の法廷でなされた意見陳述は本節のいわばまとめのようなものでもあるので、少し長いけれども引用しておこう。麻原の説く解脱《げだつ》や悟りそして救済のための教えには、大きな三つの特徴があったと井上はいう。

一つめは、私たちの本質からすれば、現実世界は不自然な幻影の世界であるという教えです。この現実世界は、私たちの心の内側に存在する貪《むさぼ》り、怒り、無智といったさまざまな煩悩《ぼんのう》のデータによって生じた幻影の世界であり、……私たちが、自らの煩悩のデータを滅することが出来れば、私たちの本質である絶対自由、幸福、歓喜の状態になり、それこそが解脱であると教えられました。……／二つめは、グルに対する絶対的帰依《きえ》によるグルとの合一こそが解脱への方法であるという教えです。この現実世界が、私たちの煩悩のデータによって生じる以上、解脱へ至るデータが存在しない。だから解脱したグルによって、解脱に至るデータをコピーしてもらう方法によってのみグルと合一し、私たちは解脱に至ることが出来る。……この解脱の方法論は、……出家教団内においては、現実におけるすべての価値観が、松本智津夫《ちづお》氏の意思により形成されていくことになりました。……／三つ目は、救済は松本智津夫氏の予言の成就によって成し遂げられるという教えです。松本智津夫氏の予言に基づくオウム真理教の活動方針は、現在、世界に蔓延する物質主義こそが、ハルマゲドンを生じさせる原因であり、物質主義における価値観によって生きる限り私たちは永遠に輪《りん》廻転生《ねてんしょう》をして苦しみ続けることになる。／そして物質主義は、世界的規模、すなわちフリーメーソンのプログラムによって形成されていき、戦後日本においてはアメリカの媒体を通して形成されてきたと捉え、救済とは、この物質主義文明に対して、解脱に至る真理の文明を形成することをヴァジラヤーナの救済として教義づけるに至りました。……／松本智津夫氏は、この三つの教えを統合し、この物質文明を破壊し、自らを法皇とする国家を形成することをヴァジラヤーナの救済による予言の成就と定め、私たちの解脱に至るための修行がグルの意思の実践である以上、予言の成就こそが私たちの修行となり、その予言の成就の手段として、松本智津夫氏の指示により、教団が武装

化へと向かっていくこととなりました。（傍点、大石）（注107）

もっともらしい説明と体裁をとった〈科学と疑似科学の混淆《こんこう》理論〉であり、世俗の私たちには意味をなさないが、予言の成就が弟子たちの義務になっているという、倒錯は明らかであろう。社会学者R・K・マートンは、「銀行は倒産するのでは？」という人びとのイメージ＝予言が、実際にその銀行を倒産させてしまう場合を自己成就的予言（self-fulfilling prophecy）と呼んだが（注108）、麻原の場合は弟子にやらせた、予言の成就であった。そして多くの弟子たちは、事件後に逮捕されて教団組織から引き離されるまで、倒錯を倒錯と気づくことはなかったのである。

弟子たちにとってはしかし、無差別大量殺人にほかならない九四年六月の松本サリン事件、九五年三月の地下鉄サリン事件などは、あくまで宗教的な行為であり、善行《ぜんぎょう》（業）と信じた彼らによって、それらは真面目に遂行されることになったのである。林の「実行犯にとっての地下鉄サリン事件は、……純粋に宗教的意味合いをもつものだったわけです。だからできたのです」という言葉は、悲痛でさえある。（注109）

以上、長い引用も含めて、壮大なオウム真理教の教義体系を縮約してみた。それにしても若き知的エリートたちは、麻原の作り上げた荒唐無稽《こうとうむけい》かつ倒錯したオウム真理教の教義体系に、一体どのようにして取り込まれていったのか。麻原が重用した教団幹部の中には確かに理科系のエリートが多かったが、しかし、法律家は理科系ではないし、教義を信じた一般信徒の中には、高等な理科教育とは無縁の人たちも多かったろう。つまりは私たち誰でもに、オウム真理教のような教義を信じるようになる可能性があるのではないか。とすれば、そこにはどんなプロセスが作用したのだろうか。第二章の理論的枠組みを念頭に、本節をまとめてみよう。

まず第一に、麻原そしてオウム真理教は、原始仏教やヨーガの理論に拠りながら、ほとんどの日本人にとって未知で新奇な用語を用いて、人間の身体の諸器官とそれらの機能およびメカニズム、人間社会のさまざまな事象などの名前をつけ替えた。そして第二には、宇宙の構造およびそこにおけるメカニズムについても、多くの新しい名前とともに説明がなされた。さらに第三に、人間社会の歴史についても、輪廻転生《りんねてんしょう》を基礎に個人のみならず人類の歴史全体がカルマの法則に則っており、その清算がハルマゲドンという形でいずれ顕現すると説明された。このような教義体系を説明する際に麻原は、チァクラ、クンダリニー、輪廻転生、トランスフォーム、カルマ、ハルマゲドンなど、さまざまな宗教からの用語だけでなく、英語も多用した。ワーク、ホーリーネーム、トランスフォーム、コスモクリーナー、……などなど。同じモノやプロセスが英語で言い換えられただけでも、それらについて私たちが抱くイメージは、しばしばまったく異なったものとなる。さらに第四として、一と二と三は論理整合的に統合され、したがってエリートたちにとっても納得しうるものとなり、その結果それらによって構成される状況は、オウム真理教独特の言語体系と解釈をもった世界となった。

オウム真理教の信者たち自身が自己についてもつイメージ、そしてさまざまな事件を解釈するその仕方は、外の日本社会がオウムを見る見方、事件を解釈するその仕方とはまったく異なるものとなったのである。同一の現実に対して、いわば正反対の解釈が対峙していたのである。そしてそのことは、オウム真理教教団内で使われる言葉と、外の社会で使われる言葉とが大いに異なることからきていた。独特の言語体系を使ったのは麻原だけではない。先に見たマハー・ケイマや林郁夫《いくお》の記述からもわかるように、犯罪にかかわった弟子たちのみならず、その他の信者たちも、麻原の作り上げた言語体系を使用し、その中にどっぷりつかって生活していたのである。そしてその結果、サリン事件を頂点とする、弟子たちが犯した数々の殺人事件は、オウム真理教の言語体系の中で解釈され、オウム内でのみ通用する意味と意義をもったのである。彼らは私たちとは異なる言語ゲームをプレイしていたのである。

いわば麻原による予言の「自作自演」(注110)であったさまざまな事件は、数多くの新しい名前のシステムからなるオウムの教義体系を、修行と説法を通じて弟子たちに教え込み、暗唱＝内面化させることによって可能となった。その決定的条件となったのは、他の多くの新興宗教と異なり、オウム真理教が制度化した出家制度であった。(注111)出家制度が確立していくのは、一九八八年八月、富士山総本部道場が開設されて以降のことであるが、それを契機に、在家での修行よりも、出家した上での修行の方が重視されていく。(注112)麻原自身が生活する富士山総本部道場で、教祖の優しくしかし厳しい、そして時には残酷な指導のもとに、弟子たちは最終解脱《げだつ》を目指すのである。「預言の日常化」として宗教教団をとらえたウェーバーの叙述は、出家者を中核とするオウム真理教教団にも当てはまる。「預言者自身あるいは彼の弟子たちが、宣教と恩寵《おんちょう》授与の状態を継続的に確立し、そのことによって恩寵授与とその管理者の経済的存立をも持続的に確保し、さらにこれによって義務を負わされた人びとに対してもろもろの権利を独占的に主張するにいたるとき、かかる教団は成立するのである。」(注113)

オウム真理教では、解脱を目指して一定の修行レベル以上に進むためには、自分の全財産を布施《ふせ》(それは功徳《くどく》でもある)して、上九一色村《かみくいしきむら》にあるサティアンで共同生活をし(＝出家し)、そこで修行やワーク(これも修行の一部とされた)に専念する必要があるとされた。こうしてそこには、外からの情報が遮断され、それゆえ外の社会とは大いに異なる言語体系が流通するオウム独自の社会ができあがっていた。それは、人間に対する見方、社会に対する見方、時代(＝歴史)についての見方など、それらすべてが、世俗の日本社会に住む私たちがもつそれらとは、全く異なる社会であった。一言でいえば、それは私たちとは全く異なる価値観をもった社会であった。林郁夫はいう。「オウムは一つの社会でした。一つの社会には固有の価値観が存在し、それによって他の社会と区別されます。オウムには、麻原流に規定された時代観、社会観、人間観がありました。」(注114)第二章の二で見たように、価値観が異なれば、その結果として構成される状況は異なる。「オウムは、麻原が真理だと説くヴァジラヤーナの理論を固有の価値観としてもった、一つの社会であった」(注115)がゆえに、そこでは、たとえ外の世界と同じ言葉が使用されていたとしても、その意味は正反対ということもありえた。プレイされている言語ゲームが異なれば、オウム真理教教団外の住人には、第二章の三で見たように、サティアンからきた人が宇宙人と見えたのも当然であった。

二 〝ポア〟の論理

弟子たちを殺人へと向かわせる、オウム真理教の壮大な教義体系に内在する論理的しかけを、解脱の理論、宇宙論および歴史哲学のなかに伏線として見いだしたが、さらに、より直接的、積極的に殺人を肯定し、弟子たちを殺人へと促し、殺人という事態に対してそれを無感覚にさせる論理的しかけが教義体系のなかには含まれていた。その第一の、殺人を肯定し正当化するしかけが、よく知られたポアの論理である。

言葉本来の意味としては「ポワ（'pho-ba）は、たとえいつ死が訪れても動ずることなく、確実に心（意識）を身体からぬきだして、より高い状態へと移し変えるための身体技法」ということであり、チベットでは密教行者ばかりではなく、一般の人々にも広く学ばれてきたものという。（注116）しかしオウム真理教ではそれは実質的に人を殺害することを意味し、事件後その言葉は、揶揄《やゆ》されつつ巷間《こうかん》でも広く流布した。ではそのポアとは、正確には一体何であろうか。そしてそれは麻原とオウム真理教の信者たちの間で、どのように機能したのだろうか。

ポアという言葉がもっとも早く使われたのは、まだ「オウム神仙《しんせん》の会」と称していたころの一九八七年一月、会が開いた神奈川県丹沢《たんざわ》山中での集中セミナーにおいてであった。九六年四月二五日に開かれた法廷での、麻原に関する検察側冒頭陳述では、この時の説法は次のようなものだったという。

「チベット密教というのはねえ、非常に荒っぽい宗教で、例えばミラレパが教えを乞うた先生の一人にね、『お前はあの盗賊を殺してこい』と。やっぱり殺しているからね。そして、このミラレパは、その功徳《くどく》によって修行を進めているんだよ。私も過去世《かこせ》において、グルの命令によって人を殺しているからね。グルがそれを殺せというときは、例えば相手はもう死ぬ時期にきている。そして、弟子に殺させることによって、その相手を『ポア』させるというね、一番いい時期に殺させるわけだね。」(注117)テープでも押収したのか、麻原に特有の語り口を伝えており、彼の暴力志向を示す物騒な内容である。しかしこの時点では、まだ真島事件は起こっておらず、参加者たちは単なるたとえ話として説教を聞いたはずである。他人の死期を勝手に差配《さはい》するロジックの乱暴さと傲慢さに、人々を気づかせないほど麻原の説法は能弁だったのだろうか。しかしそこで語られていることは、真島事件そしてその後に続く数々の殺害事件を予知しているかのごとくである。

八七年七月、オウム神仙の会はオウム真理教と改称し、麻原は尊師《そんし》として教祖の地位についた。組織は本格的に宗教教団としての性格を強めていく。翌八八年九月末、真島照之《まじまてるゆき》が修行中に死亡する。その時「ヴァジラヤーナに入れというシヴァ神からの示唆だな」とつぶやいたという麻原には、武力による救済という構想は早くも芽生えていたのかもしれない。真島の死は秘密裏に処理されたが、そこで秘密が共有されたことの効果は、教団の幹部メンバーにとって、決して小さくはなかったろう。ポアについての予備知識は、信者たち全員にすでに充分浸透済みである。

年が明けてまもなくの八九年二月、グルに対する帰依《きえ》の心がなくなったとして、下向《げこう》（教団を出て俗世に帰ること）の決心を変えない田口修二について麻原は、「田口君は、真島事件を知っているからな。彼は真島事件では何も積極的なことはしていないし、このまま下向させると真島事件のことをしゃべるぞ。そうなると救済は大打撃だ。これは大悪業《あくごう》になる。ポアしかないだろう」といった。（注118）教団への影響を考えた冷静な判断を含む巧妙な主張であるが、ここで悪業とはむろん、田口にとっての悪業であり、田口を殺害することは悪業ではなく、下向は田口自身のためにならない、というのである。早川紀代秀《きよひで》の説明はこうである。「この殺害は、救済を妨害させないということもさることながら、救済を妨害するという悪業や、グルを冒瀆するという悪業を犯させないためという、グルの慈悲によるポア（殺害）という、以後多く実行されることになる慈悲殺人の最初のものでした。」（傍点、大石）（注119）次章でみるように、田口の殺害はきわめて残虐であった。しかし殺人は慈悲の心からなされるという。ここには明らかな倒錯がある。にもかかわらず麻原の教義に染め上げられた弟子たちは、それをすでに倒錯とは感じていなかった。

しかしともかく、ポアの考えは信者たちに徹底しておかねばならない。田口殺害事件の直後、八九年四月七日には、麻原は富士山総本部でサマナ全員に対し、「悪業をなした人間を殺すことは、善業になるという考え方がタントラ・ヴァジラヤーナの教えである」と説法した。「例えば、ここに悪業をなしてる人がいたとしよう。そうするとこの人は生きつづけることによって、どうだ善業をなすと思うか、悪業をなすと思うか。そして、この人がもし悪業をなし続けるとしたら、この人の転生《てんしょう》はいい転生をすると思うか悪い転生をすると思うか。だとしたらここで、彼の生命をトランスフォームさせてあげることで、それによって彼はいったん苦しみの世界に生まれ変わるかもしれないけど、その苦しみの世界が彼にとってはプラスになるかマイナスになるか。プラスになるよね、当然。これがタントラの教えなんだよ。」（注120）麻原によれば、その人のカルマを、ケースバイケース解脱者が判断してポアするというのがヴァジラヤーナの考え方であり、トランスフォームとはポアのさらなる巧妙な言い換えであった。殺害を英語でトランスフォームと言い換えれば、そのイメージはぐっと柔らかくなり、本来の殺害の意味は消えてなくなるかのごとくである。

その同じ年の九月、今度は世田谷道場で、麻原は同趣旨の説法を行い、信者の考えをさらに統制する。今度は、殺害の実行者がもつであろう罪の意識を軽減させることも意図される。ある人の「すべてを知っていて、生かしておくと悪業を積み、地獄へ落ちてしまうと。ここで例えば生命を絶たせた方がいいんだと考え、ポワさせたと。この人（殺した成就者）はいったい何のカルマを積んだことになりますか。殺生《せっしょう》ですか。それとも高い世界へ生まれ変わらせるために善行《ぜんぎょう》を積んだことになりますかと。……客観的に見るならばこれは殺生です。客観というのは人間的な見方をするならば。しかしヴァジラヤーナの考え方が背景にあるならば、これは立派なポワです。……そして智慧《ちえ》ある人がこの現象を見るならば、この殺された人、殺した人、ともに利益を得たと見ます。ＯＫかな、これは。」（傍点、大石）（注121）一歳の幼児を含む坂本堤《つつみ》弁護士一家を殺害するまで、あとひと月ちょっとであった。

このように説かれたポアの理論は、もともと「ヴァジラヤーナ五仏《ごぶつ》」の一つであるアクショーブヤの「戒律」であり、それを、麻原よりも阿含宗《あごんしゅう》にいた期間が長く、仏典にも詳しい林郁夫《いくお》は以下のように理解していた。内容的にはこれまでの記述と重複するが、几帳面な彼の整理を参考までに記しておこう。ポアの論理は、典拠とともに見事に理論化されている。

アクショウーブヤの法則は、「殺生《せっしょう》」を正当化する教えで、不殺生《ふせっしょう》の戒と対立するものですが、麻原によれば、アクショウーブヤの法則は、その生命体にとってどの時期に死ぬのが一番輪廻《りんね》にとってプラスになるのかという実践である……。たとえば、毎日悪業《あくごう》を積んでいる魂がいるとすれば、この魂は一〇年生きることによって地獄では一〇億年生きなければならない……。とすれば、一年、二年、三年と長くなればなるほど、その次の「生」の苦しみは大きくなります。したがって早く寿命を絶つべきである、と説くのです。／この法則は麻原が殺人行為を「ポア」の名のもとに指示し、実行させ、それを正当化した根拠となる考え方で、すべてのカルマを見切ることのできるグル、麻原の意思によって人を殺した弟子は、功徳《くどく》を積むことになるのです。殺された対象もそれによって、それ以外の悪業を積むことはなくなり、また「グル」と逆縁ができるので、グルの転生《てんしょう》先に生まれることが可能で、真理の実践ができるのです。したがって、殺す側、殺される側双方にとって利益となります。身の行為としては汚れるが、成就は心の問題だから、成就はより早くなります。身体は乗り物であり、肉体の苦痛よりも輪廻を重視するというのがアクショウーブヤの戒律の本質

である、と麻原は説明しています。（注122）

林は麻原のいうポアをこのような理論的文脈の中で解釈していたが、サリン事件実行犯たちの行動を理解するためには、むろん林たち弟子によるこのような解釈こそが重要である。そしてこのような考え方は、説法によって繰り返し雄弁に説かれ、かつその説法は学習すべき必須のテキストとして編集され、弟子たちに配られていたのである。こうして殺人は理論的に正当化され、その結果オウム真理教には、「殺人の習慣」（habit of killing）（注123）が身につくこととなったのである。

個人のレベルでの愛他的殺人（注124）が正当化され、殺人の実行に強い抵抗感が失われたとき、世界中で普通の人々が絶え間なく悪業を積み重ねていると認識されれば、「万人にポアを」という考え方までロジックが進むのは容易である。そして「すべてのオウム信者は、人類をますます支配してきている悪いカルマを克服するためには戦争とハルマゲドンが必要であるという理解を強いられていた。」（注125）強いられていたというより、麻原が世界の救済者であると確信する信者たちは、ハルマゲドンをむしろ心待ちにしていたのである。弟子の一人は、地下鉄サリン事件が起こったとき、喜びで興奮せんばかりであった。「私は思ったんです。ついにハルマゲドンが来た！　それは来たんだ！　私の周りの人びとは、みなそのことを喜んでいました。われわれは救済者なんだ！　ついにわれわれの番がやってきた！　私は、それをだれがやったとしてもかまいませんでした。」（注126）

オウム真理教教団内で共有されたこのようなロジックは、Ｇ・オーウェルが『一九八四年』で描いた極端な全体主義国家オセアニア国の状況を思い出させる。オセアニア国を独裁的に支配する党のスローガンは「戦争は平和である」「自由は屈従である」「無知は力である」というものであった。この小説はもちろんスターリン治下の旧ソヴィエト連邦を念頭においた痛烈な風刺小説であるが、教祖がすべてのリーダーシップを握るオウム真理教は、この近未来SFを地でいっていた。麻原はまさしく「殺人は慈悲である」、「世界の破壊は救済である」と主張したのである。そしてオウム真理教の行為は慈悲からくるのであり、世界の救済を意図していると信じるがゆえに、信者たちは、ときに躊躇《ちゅうちょ》はあったとしても、善意で真剣にポアしたのである。

ここにおける巧妙な名前のつけ替え（ネーミング）は、まぎれもなくシンボル（＝言葉）の操作であり、それはすなわちシンボルが引き起こすイメージのコントロールであった。ボウルディングがいうように、「行動はイメージに基づく。」（注127）救済という言葉が引き起こすイメージに導かれたからこそオウム真理教の信者たちは、殺人を犯すことができたのである。人びとの行動をコントロールする上で、名前の操作（ネーミング）がいかに効果的であり、したがって重大な政治的意味をもち、それゆえにときに危険であるか、ということの典型的な事例であった。（注128）

三 〝マハー・ムドラー〟の論理

オウム真理教の教義体系に内在し、弟子たちを殺人へと促した第二の論理的しかけは、マハー・ムドラーとよばれるものであった。それは本来は「心の浄化」と「心の統御《とうぎょ》」にかかわり、精神的な安定を求める実践である。しかし教団内では、サマナたちの間で「教祖にマハー・ムドラーをかけられたね」という会話がよく交わされていた。上祐史浩《じょうゆうふみひろ》はいう。「マハー・ムドラーを完璧にかけることができるグルは、麻原尊師《そんし》以外おそらくいないだろう。」(注129)マハー・ムドラーは、オウム真理教における複雑な修行階梯《かいてい》において、「ラージャ・ヨーガ」、「クンダリニー・ヨーガ」に続く段階の「ジュニアナ・ヨーガ(智慧《ちえ》のヨーガ)」のさらに上位に相当するものとされ、重要な位置を占める。そして九二年段階で、ラージャ・ヨーガの成就者が約一五〇名、クンダリニー・ヨーガの成就者が約一〇〇名、マハー・ムドラーの成就者が八名、大乗のヨーガの成就者が三名いた。さらにその上の段階には「アストラル・ヨーガ」と「コーザル・ヨーガ」があるのだが、これらのレベルを体験したのは麻原彰晃のみとされていた。(注130)

「マハー・ムドラーをかける」という表現は、教義的には次のことを意味していた。すなわち禅の修行で老師が弟子を試み、指導するためにその弟子たちに公案=問題を示すのと同様に、オウムの場合は、ある人に対するグルのあらゆる言動とくには命令が公案のようなもので、それはその人を煩悩《ぼんのう》とカルマから脱却させるための導きと解釈される。その課題を達成する過程で、「当事者は自らの悩みや疑いや怒りや恨み、性欲や食欲や誇りや屈辱など、心を波立たせるもろもろのものを煩悩やカルマの現れと見て、その消滅を願って心の統御にはげむとともに、消滅が困難であるための苦しみそのものをグルの配慮によるものと受け止め」る。(注131)そして困難な課題を与えてくれたグルに感謝するとともに帰依《きえ》を強め、いっそうその達成に努力するわけである。「その結果グルへの感謝に満ちて、どんな心の波立ちからも自由になり、自己滅却的に現在の課題遂行に没頭できるようになった段階がマハー・ムドラーの成就ということになる。」（注132）

麻原のもとでは、マハー・ムドラーはグルへの絶対的で躊躇《ちゅうちょ》のない献身を要求されたとき、それに対するすべての抵抗を克服する用意が、弟子たちにできているかどうかを試すテストのようなものとなった。「麻原は……マハー・ムドラーをヴァジラヤーナの修行法に位置づけた。そして富士山総本部道場の開設にともなって各種のワークが必要とされるようになると、ワークをマハー・ムドラーとしてとらえるとともにグルは弟子のわからないうちに巧妙にマハー・ムドラーを仕掛けていくという考え方を打ち出していった。／そのためオウムの信者たち、とくにクンダリニー・ヨーガを成就したと認められた人間たちは、マハー・ムドラーの修行としていつグルからマハー・ムドラーを仕掛けられるかわからなかった。マハー・ムドラーの成就を求めるならば、絶えずグルの意図を推測しなければならない。マハー・ムドラーは、クンダリニー・ヨーガを成就した信者たちに『グルの意思』を絶えず察していくことを強いることになった。」（注133）

ときに不可解なワークが与えられても、尊師《そんし》の意図をいぶかりつつ、弟子たちはその遂行に懸命となる。「そしてそれは尊師麻原によって課せられた高度の修行なのだからとして、高い誇りとともにどんな疑いをも排除する方向で受容されていく。苦を甘受しつつその消滅を願って、ひたすら麻原とオウム教団の意志に服従し、冷静沈着に修行やワークに没頭していく」（注134）ことになる。最終解脱者である麻原の前で、弟子たちはつねに自分自身の修行の不十分さを意識させられている。「グルがとりわけ異様で不可能な要求をした場合には、彼らは何かそれ（そしてグル）にはおかしなところがあると感じたが、しかし、まさしく、それがたいそう不条理か異様か不可能であるからこそ、これがマハー・ムドラー、グルの挑戦であり、また、その要求に対する否定的な見方は、グルに対する彼らの不完全な霊的従属の反映以外の何ものでもないとすぐに判断を下した。」（注135）すなわちマハー・ムドラーは、欠点や失敗をつねに自分のせいにし、理不尽な要求をまさに理不尽であるからこそグルのしかけと理解し、課題の達成に励もうとする心理的機制を、弟子たちに起こさせるように機能したのである。

マハー・ムドラーは、ときに暴力的な形をとることもあったが、ともかく何が教祖のマハー・ムドラーかは推測するしかなく、それゆえ命令には従うほかなかった。それは、川村邦光が用いた言葉を使えばまさに麻原による「支配の狡知」であった。（注136）「マハー・ムドラーの仕掛けは、それを仕掛けられた人間にそもそも理不尽なものに映ると考えられている。逆に理不尽な命令であればあるほど、信者たちはそれをマハー・ムドラーとして考え、そこに修行の意味を見出そうとする。そうした状況では下からの反発は起こらない。」（注137）いつどんな形でマハー・ムドラーをかけられるか見当がつかず、しかもつらければつらいほど、むしろそれをありがたがるという後退的な心理傾向では、確かに命令への反抗はあり得ない。卓抜な心理コントロールであった。

坂本弁護士事件の実行犯である端本悟《はしもとさとる》は、麻原の第五〇回公判に出廷し、さまざまな犯行は常識からずれた感覚で行われたが、一番ズレたところは、弟子たちが「麻原さんがすべてを見通しているから、(犯行は)帰依《きえ》を確かめるためにやらせているのだと、考えてしまうことだ」と証言した。(注138)地下鉄サリン事件の実行犯となった林郁夫《いくお》も、サリンを散布することはマハー・ムドラーの試練と理解した。事件二日前の三月一八日早朝、林は村井の部屋に呼ばれた。そして「村井は『これはマハー・ムドラー……の修行なんだからね』と発言しました。この言葉を聞いて、私はこの席に呼ばれた人たちが、三月一七日の『尊師《そんし》通達』で、マハー・ムドラーの成就を与えられ、正悟師《せいごし》に認定される予定の者たちであることに気づきました。」(注139)弟子の心を知りつくした麻原は、地下鉄サリン事件の実行をマハー・ムドラーの試練と認識させ、帰依の心をテストするとともに、さらにはそれを正《せい》悟師《ごし》昇任への条件としたのである。

早坂武禮《たけのり》は、「教団内で頻繁に見られたグルからの仕掛け、すなわちマハー・ムドラーの原理」をもって、「一連の事件の原因をこの視点から解くこともできなくはない」とさえいう。(注140)最終解脱者である麻原を前に、修行の不十分さ、心の汚れゆえに実行を思い悩む自分という意識は、信者たちの間に浸透していたマハー・ムドラーの原理によって、実行することに躊躇《ちゅうちょ》する背中を押されたのである。

四 〝聖無頓着《せいむとんちゃく》〟の論理

先に述べた二〝ポア〟の論理が殺人を肯定し、三〝マハー・ムドラー〟の論理が殺人を促したとすれば、聖無頓着の考え方は殺人の実行にともなう心の痛みを消し、さらには殺人を実行した後の心のケアを志向するものである。暴力や殺人の実行にかかわったのは教団幹部たちであったが、一般のサマナたちに比べて、彼ら高弟たちがいかにオウム真理教の教義を内面化している度合いが強いとはいえ、実際に殺人を実行するとなれば、彼らにしてもまったく心が動じないというわけにはいかない。八九年二月、田口修二を他の四人のメンバーと殺害したあと、早川紀代秀《きよひで》も動揺した。「事件後、私は、田口さんにしたことは世俗的に見れば殺人という非道な行いではあるけれど、真理の目からみれば、これはグルによるポアであり、田口さんを救済したのだと、事あるごとに自分に言い聞かせ、心が動揺しそうになるのを抑えようとしました。しかし、人を殺してしまったことによる心の動揺はそんなに簡単には抑えられるものではありません。」(注141) 麻原は彼らに対し、あるいはおそらく自らに対しても、心を平静に保ちかつ罪の意識を軽減するための効果的な考え方を説教しようとした。それが聖無頓着の考え方である。

一九九〇年五月、オウム真理教教団は熊本県阿蘇郡波野村《なみのそん》に道場を建設するため、土地一五ヘクタールを取得した。マスメディアで注目を集めていたオウムの進出に、地元は警戒を強め、八月には教団メンバーと地元住民との間に衝突騒ぎが起こった。

一〇月に入ると、国土利用計画法に違反しているとして、県警による道場の強制捜査が行われた。同時に、東京、静岡などでも教団施設の家宅捜査が行われ、教団弁護士青山吉伸、早川紀代秀、マルパ・ロサ〔M・M〕そして一一月には会計を取り仕切っていたマハー・ケイマが証拠隠滅の容疑で逮捕された。（注142）警察は実は、その前年に起こった坂本弁護士事件を視野に入れていると推測された。軽微な違反に対する大掛かりな捜査は、麻原自身に、坂本事件が発覚することの危険性を察知させ、また田口事件や坂本事件で殺害を実行した弟子たちの動揺を抑える必要を感じさせた。この時期の説法で麻原は「人は死ぬ。必ず死ぬ。絶対に死ぬ」という言葉を繰り返したが、これは信者たちに心の平静をもたらそうとする努力であったろう。（注143）

強制捜査後間もない九一年一月の説法からは、麻原は仏教にいう四無量心《しむりょうしん》の教え、とくには無頓着を熱心に説くようになる。四無量心とは本来、四つのはかりしれない利他の心、慈《じ》、悲《ひ》、喜《き》、捨《しゃ》のことで、これらの心を無量におこして、無量の人びとを悟りに導くこととされる。（注144）これは大乗仏教やチベット密教でもよく知られ、麻原が愛読した修行案内書である『虹の階梯《かいてい》―チベット密教の瞑想《めいそう》修行』では、「愛、哀れみ、喜び、平等心」と訳されている。（注145）しかし「初めはこの訳語に従っていた麻原だが、後に仏教語に対するオウム独自の訳語を多用するようになると、『聖慈愛、聖哀れみ、聖称賛、聖無頓着《せいむとんちゃく》』とよぶようになる。」（注146）それぞれの意味は、「聖慈愛」は「すべての魂の成長を願う心」、「聖哀れみ」は「今なお悪業《あくごう》をなし、それゆえに心の成熟や、あるいは高い世界へ至ることのできない魂に対する哀れみ」、「聖称賛」は「自分より特に、徳の修行や善行《ぜんぎょう》、あるいは法則に長けている者、あるいは心の静寂な者に対して心から称賛できる心」ということである。この三者に対して「聖無頓着」は一段上のレベルに位置づけられ、『今』にいっさい頓着しない、つまりこだわらない」心である。過去の投影が現在であるゆえ、過去の悪業による苦しみなどがあったとしても「今の状況にこだわらず、淡々と三つの実践＝聖慈愛・聖哀れみ・聖称賛を行ない続ける段階が、最終段階である聖無頓着の段階」である。聖無頓着は、「いっさいのものに動かされない金剛の心をつくること」というヴァジラヤーナの教えにも相通じている。（注147）

つまり聖無頓着とは具体的には、過去になした悪業からの苦しみなどにとらわれず、批判に対しても頓着することなく、目前の課題を達成することに集中しなさい、ということを意味する。九一年の説法で、麻原は易しく次のように説明している。さまざまに自分の思い通りにならないことが生じても「そういうことに対して心を動かさないで、淡々と今なさなければならない、自分のできるベスト、例えば、善を行なうだとか、徳を積むだとか、あるいは心を静めるだとか、ベストの修行を行なう。これこそが聖無頓着の真義です。ですから、いかなる現象に対しても心を動かすことなく、そして自分のなさなければならないことに向かって淡々と邁進《まいしん》する。そしてこれをなすならば偉大な力が皆さんに宿るはずです。」（注148）単なる無頓着に聖をつけたネーミングは実に巧妙であった。無頓着が高次の心構えとして聖化されているのである。

しかしこれはいかにも身勝手な解釈であった。同様の趣旨を述べる麻原の法廷陳述を聞いた仏教学者やチベット仏教修行者らは、麻原による解釈は仏教本来の意味からはかけ離れた被告の身勝手な解釈であり、被告の言っている聖無頓着は、「教団外部の社会、世間を無視し、無関心でいろということだ。本当の仏教の四無量心とはまったく異なった解釈だが、自分の立場と教団を正当化し、信者に対して『世間がなんといおうが修行に邁進《まいしん》しろ』と訴える強烈なメッセージになっている」（注149）と喝破《かっぱ》した。リフトンはまた、そこにおける心理学的プロセスを特徴づける。聖無頓着《せいむとんちゃく》は「外的な世界に対するいかなる関心からも絶対的に分離することと、グルの意志を遂行することに同じく絶対的に意識を集中することを意味した。結果として、聖無頓着は、人がすべての道徳的制約から喜んで自らを解放する、一種の心理的無感覚化であった。」（注150）ここまで心理的に防禦されれば、弟子たちにとって殺害を実行することも可能になるだろう。聖無頓着という言葉のなかには「他者への思いや痛みを意に介さない『無関心』という不吉な響きが含まれている。……オウム教団においては、それが自己滅却的現在没頭を促し、悲劇に加担する教えへと変容させられてしまった」（注151）のである。

第三章では、麻原の説いた、修行目的としての解脱《げだつ》から、宇宙空間にまで広がり、無限の過去からハルマゲドンの到来までを予言する、壮大で巧緻なオウム真理教の教義体系の内容を詳しく検討した。そこでは、古代仏教、ヨーガの理論、ヒンズー教、さらにはキリスト教などの用語を駆使した、めくるめくような言葉（＝名前）の氾濫とともに、生を最上の価値とはみなさない生命観、望ましくないデータを消すことができる超能力の獲得、カルマの法則を支配できる麻原の超能力が語られ、それらはオウム真理教が引き起こした数々の殺人事件につながる周到な伏線であった。教義体系にはさらに、直接的に殺人を正当化し（ポアの論理）、殺人へと駆り立て（マハー・ムドラーの論理）、殺人の行為に動じない心（聖無頓着）を準備する巧妙な論理的しかけがあった。麻原とオウム真理教の信者たちは、サティアンの中でそのような言語ゲームをプレイしていたのである。オリジナルな言語ゲームを作り上げたのは麻原であった。それにからめとられたとはいえ、信者たちも麻原のつくりあげた言語ゲームを一緒にプレイしていたのである。そしてその言語ゲームで、彼らは私たちの現実に立ち向かったのである。その状況を島薗《しまぞの》は次のように表現している。「直接に手前勝手な暴力を正当化する教えがあり、その背後には安易な暴力を引き出すような教えの言葉の網の目が張りめぐらされていた。」そこにおける極端なグル崇拝、終末予言、思い上がり、ゆがんだ思考、「これらが相乗して、内への暴力と外への暴力がとめどなく増幅していった。宗教的な諸観念が暴力の増幅に貢献したことは確かである。」（傍点、大石）（注152）「言葉の網の目」とは、本書でいう言語ゲームとほぼ同じ意味であろう。

次章では、このような言語ゲームを前提として、麻原をリーダーとするオウム真理教教団に作動した、政治のメカニズムを検討してみよう。

第四章　教団システム作動の政治学

一　殺人への傾斜――田口修二事件

オウム真理教は確かに宗教であった。操作主義的な定義風にいえば、それは少なくともある一定の期間宗教法人であったから。しかし内容的に宗教を定義するのは難しい。ただそれをどう定義するにせよ、何らかの超越的な物、人、理念などに「善」なるもの、あるいは神秘性や畏怖を感じる、それらを崇敬する志向や態度といったことは、どの宗教にも共通して見られるであろう。(注1) 狐、蛇などの動物、巨木、山、神、ブッダ、キリスト、英雄的な人、神秘的な人、教義……それらはすべて崇敬、信仰の対象になった。オウム真理教の信者たちの麻原彰晃《あさはらしょうこう》に対する志向・態度には、まさにそのような崇敬と心服があった。この意味からいってオウム真理教は宗教であったろう。

オウム真理教は宗教であり、また宗教団体ではあるが、そこに明らかなリーダーと彼につき従うフォロワーがいて、彼らに対する生命や財産、セックスをも含むさまざまな価値の配分が、リーダーによって権威的になされていたことも事実である。その意味でオウム真理教教団は、麻原彰晃《あさはらしょうこう》をリーダーとする立派な政治システムであったともいえるだろう。（注2）そしてその政治システムでは、メンバーからのリーダーに対する信従はほぼ完璧に確保され、対内的には揺るぎない支配のシステムができあがっていた。と同時に、リーダーによるメンバーの組織化と動員も、従うメンバーの動機がまったくの信従であれ、あるいは相当の恐怖からであれ、完璧なものであった。少なくともフォロワー全員は、リーダーのリーダーシップ内容にほとんど疑いをもっていなかった。独自の言語ゲームを営んでいたシステムが壊滅したのは、他の政治システムとの、現実理解とリーダーシップをめぐる戦いに敗れたからである。オウム真理教におけるそのような強い団結はどこに始まり、どのように維持されたのだろうか。一つの大きなきっかけは田口修二事件であろう。（注3）

オウム真理教教団の信徒田口修二は、教団に出家後、村井秀夫が責任者であるCSI〔コスミック・サイエンス・インスティテュート：科学技術省の前身〕の電気班に所属して電気設備工事などに従事していたが、一九八八年二月ころ東京本部に転属となり、オウム出版の営業を担当するようになった。そしてその傍ら富士山総本部道場で修行をおこなっていた。八八年九月、彼は真島事件に遭遇し、そのあとの遺体処理にもかかわった。彼は東京で従事する出版事業の営業という仕事に不満を抱き、責任者の岡崎一明に富士山総本部への転属を申し出た。麻原がそれを拒否したところ、田口は八九年一月ころふたたび岡崎に「こういうワークで解脱《げだつ》できるんですか。家に戻って自分なりに修行したい」

と述べ、教団からの脱会を申し出た。麻原は同月中旬ころ田口を富士山総本部のＣＳＩに転属させた上、村井に命じて数日間、田口を同道場前に設置してある独房修行用コンテナ内に監禁した。その上で、麻原の説法が録音されたテープを聞かせるなどして脱会を翻意するよう迫ったが、田口はこれに応じず、かえって麻原を殺すなどと反発した。（注４）

早川紀代秀《きよひで》の公判で述べられた田口修二リンチ殺害事件の検察側冒頭陳述は、殺害のシーンを生々しく再現するが、以下、簡単に要約してみよう。当時オウム真理教は、国内外に組織拡大を図っており、また宗教法人としての認証申請に向けて準備を本格化させていた。田口をそのまま脱会させれば、田口の口から、真島が死亡し、その死体を秘密裏に焼却して処理したことが表沙汰になり、それが教団の組織拡大および宗教法人化にとって大きな妨げになると考えられた。それを避けるために、麻原は田口の殺害を決断する。麻原は「田口は、真島の事件のことを知っているから、このまま脱けたんじゃ、困るからな。もし私を殺すとか、オウムから逃げようという考えが変わらないなら、ポアするしかない。……ロープで一気に絞めてその後は護摩壇《ごまだん》で燃やせ。骨が粉々になって、跡が残らなくなるまで、燃やし尽くせ」と命じた。命令を受けたメンバーのうち、大内利裕《としやす》は見張り役としてコンテナの外に残ったが、早川紀代秀、村井、岡崎、および新実智光《にいみともみつ》がコンテナ内に入り、蓮華座《れんげざ》を組ませた状態で両手両足をロープで縛っておいた田口に、ふたたび翻意の意思がないかどうか尋ねた。しかし田口の意思が固いので四人は殺害を実行することにした。新実が田口の両手両足をロープで縛りなおした上、タオルで目隠しをし、絞殺するために携帯してきたロープを首に巻き付け、四名が田口を間に挟んで左右二名づつ二組に分かれ、首に巻き付けたロープを両端から引っ張り合って首を絞めた。すると田口が暴れ出したため早川、岡崎、村井の三名が田口の肩などを押さえ、新実が田口の首を強く捻《ひね》った。田口の首の骨が折れ、抵抗もなくなり、死亡した。四人は黒色のビニール袋を被せた死体をコンテナ外に運び出し、小型トラックに乗せて富士山総本部南側敷地内に運搬。同所に耐火煉瓦をコの字型に積んで護摩壇《ごまだん》を設け、田口の死体を入れたステンレス製のドラム缶をその上に据え付けて焼いた。一〇数時間に渡って焼却を続け、灰になった田口の骨は、麻原の指示に基づいて敷地内の地面に撒かれた。(注5)

真島事件を背景に実行されたこのような田口の殺害は、明確に意図されたものであり、その後の麻原と教団幹部の意識や行動に与えた影響はきわめて大きかったに違いない。そのシーンと麻原の意図は、ドストエフスキー『悪霊』中の殺人事件を思い出させる。ピョートルは、革命を企図する五人の無神論者の秘密組織を能動化させようと画策する。彼が領袖《りょうしゅう》に担ぎ上げようとするスタヴローギンは、革命組織の結束をいやがうえにも強固なものとする秘策を話す。「ほかではない、四人の会員をそそのかして、もう一人の会員を、密告の恐れがあるてなことを言って、殺さすんですよ。そうすると、君はすぐさま、その流された血によって、四人の者を固く一つ絆《きずな》につなぐことができる。彼らはもうすっかり君の奴隷になりきって、反旗を翻すこともできなければ説明を要求することもできなくなってしまいますよ。ははは!」(注6)そしてその予言どおり、ピョートルたちは、神への信仰を取り戻し革命組織の存在を密告しかねないと思われたシャートフを殺害した。

田口の殺害は、秘密を共有することになった実行者たちを固く結びつけたに違いない。そして彼らは、人のカルマを見切って残酷なポアを命令できる麻原のカリスマと決断にいっそう魅了され、麻原とオウム真理教からますます離れられなくなった。他者に対するポアは、いつ自分に向けられるか分かりはしない。裁判官から「自分がポアされるかもしれないと受けとった具体的な根拠はあるか」と尋ねられた早川は、次のように答えた。「それは田口さんをポアしろという指示が出た後です、そういう気持ちになったのは。ただ、そういう指示を出して、自分も含めて、それに従順に従う弟子たちがいるという、その現実で、自分もポアされるという可能性。そして本気でポアしてまでという、麻原被告の態度というか、気持ちというか、そういうものをまざまざと見ていましたから、だから、そういう恐怖感がでてきましたし。」（注7）早川、そして地下鉄サリン事件や青山総本部爆弾事件など秘密工作に数多くかかわった井上嘉浩《よしひろ》や、麻原の運転手で教祖の弱みを握る杉本繁郎《しげろう》なども、「もしこういう秘密を漏らしたり、あるいは逃げたら、お前らをポアする。殺す。」ということを言われていた。（注8）マハー・ムドラーの論理で殺人の実行を余儀なくさせ、聖無頓着《せいむとんちゃく》でその動揺を押さえ、殺人の実行はポアの論理が正当化してくれた。そして殺人実行後はふたたび聖無頓着が心を静めるという筋書きに加えて、その上に、弟子たちにもポアを断行する麻原の怖さがあったのである。

田口の殺害とその直後のポアの説法は、もちろん無関係ではなく、説法は麻原の深謀かつ巧緻《こうち》な配慮であった。殺人を実行させ、そこに生ずる秘密と罪悪感の意識を、弟子たちに対するコントロールの手段として麻原は徹底的に利用した。それは一方で「このような重大な企図にお前を重用した」という自尊心を満足させるくすぐりであった。林郁夫《いくお》は地下鉄サリン事件実行のために呼び出されたとき「『何か特別なワークかな』と思うと同時に、『麻原からのワーク』という思いが一瞬、頭の中をよぎり『うれしさ』のような感じが湧いて、身を乗り出すような気持ちになった」という。（注9）しかしまた他方で、それは「秘密を漏らせばいつか自分も？」という恐怖感と隣り合わせであり、ということは絶妙な口止め策でもあった。麻原は高学歴者や役に立ちそうなめぼしい若者たちをどんどん殺人行為に巻き込んだ。田口事件から九カ月後に起こる坂本弁護士一家殺害事件では、出家してわずか二カ月の医師中川智正《ともまさ》が関与させられた。林郁夫と同じく地下鉄サリン事件の実行犯である豊田亨《とおる》は、東大大学院博士課程で素粒子論を専攻する学生であったし、同じく実行犯の広瀬健一は早大大学院理工学部出身であった。麻原を裏切るようなことがあれば、転生《てんしょう》を支配する麻原に地獄に落とされる。「したがってひとたび『ポア』という行為に手を染めさせられた弟子は、麻原から離れられず、麻原と秘密を共有しなくてはならない……。ですから、『ポアしろ』という麻原の命令は、弟子にとって『口止め』を意味するというわけなのです。」（注10）殺人という手段は、麻原にとって、オウム真理教という政治システムを運営していく上で、対内的にも対外的にもはかりしれない効能を持つものであったのである。

林による推理では、地下鉄サリン事件の実行犯として指名された五人については、麻原にさまざまな思惑があったらしい。生物・化学兵器やその他の武器の開発と製造にかかわる科学技術省のメンバーについては、もともと教団武装化の秘密を知る立場にあり、かつ高学歴であるゆえに、口封じと足止めの必要があった。林自身は、彼が麻原より八歳年上で仏典にも詳しく、坂本弁護士事件などが麻原の指示であったことに気づき始めたので、麻原にとっては何となく煙たい存在であったと思われ、それゆえに麻原は林を実行役に選んだと考えている。さらに、場合によっては林を含めた何人かは、使い捨てにしてもかまわないと麻原は考えたのではないかとさえ林は推測している。「麻原は、新参であるが武装化の要《かなめ》にいて、物的証拠をすべて隠し切ることが難しい分野を担当した科学技術省の四名と、麻原から見れば、コントロールのきかない不可解な部分があり、手を汚していないわりにはサリン製造も、坂本さん事件も、その上仮谷さん事件も『知っている』私を実行役として指名したのだと思います。／麻原は、場合によっては使い捨ててもよいと考えている者たちのなかから私たちを選び、殺人に手を染めさせれば、『口封じ』『足止め』になると考え、自身の保全をはかろうとしたのだと思います。」(注11)

もっとも、使い捨てにするコマがあるとすれば、大切にしたいコマもあるはずである。麻原は、教団の強制捜査が必至となり、一時的に自分が逮捕されるようなことがあっても、オウム真理教教団を残しておけば、復活の芽はあると考えていたのかもしれない。林によれば、麻原は「教団を残せば、自身の保全される可能性も高くなり、『野望』も『立ち上げる』ことができると思っていたのです。麻原は、教団を残すには、法皇官房のI・K（サルヴァニーヴァラナヴィシュカンビン）たちのグループが蓄積した、人間の意識をコントロールするノウハウがあればいいと考え、I・Kのグループは表に立てず、温存しようとしていました。」(注12) ナルコ・インタビュー〔イニシエーションと偽り、意識が朦朧《もうろう》とした状態で尋問すること）やルドラチャクリンのイニシエーション（ＬＳＤなどを飲ませ、誘導により麻原至上主義を刷りこむ方法）などの洗脳方法を提案したのは、Ｉ・Ｋや青山吉伸らであり、麻原はこれらの方法が相当に有効であると考えていたのだろう。（注13）

田口修二をリンチ殺害した後は、オウム真理教の殺人と暴（武）力への志向と実行は、あたかも坂道を転げ落ちるかのようであった。九ヵ月後には一歳の幼児を含む坂本弁護士一家を惨殺した。翌年九〇年には猛毒ボツリヌス菌を培養し、九二年には炭疽《たんそ》菌を培養した。これらの培養ないし散布は成功せず、死者を出すことはなかったが、殺人の意図は明らかであった。九三年には越智直紀《おちなおき》が逆さ吊り修行で死亡し、遺体は教団内でマイクロ波加熱装置により処理された。生物兵器をあきらめ、化学兵器に方針転換した麻原は、九三年にサリン製造用のプラント建設を指示し、年末には製造したサリンによる池田大作創価学会名誉会長暗殺を企図したが失敗する。しかしサリンを誤って吸った新実《にいみ》智光《ともみつ》は意識不明の重体に陥り、麻原は逆にこの事態からサリンの効果を確信した。九四年には落田《おちだ》耕太郎《こうたろう》をリンチ殺害し、遺体はこれもマイクロ波加熱装置で処分した。この年はまた自動小銃一〇〇〇丁の製造を指示している。坂本弁護士一家の遺体がまだ発見されないなか、「オウム真理教被害対策弁護団」そして「坂本弁護士を救う全国弁護士の会」に加入していた滝本太郎弁護士の車にサリン液を付着させたが、大事にはいたらなかった。そして六月の松本サリン事件では七人が死亡した。その後も殺人、暴力事件が相次ぎ、九五年三月の東京地下鉄サリン事件にいたるわけである。凶悪事件の息せき切ったような連続であるが、誇大妄想の麻原には、一方で冷徹な自己保身と自己利益の維持拡大を計算しながら、他方では「人類のカルマを清算する地球規模の救世主」(注14)という自覚もあったのかもしれない。そして第一章(三二ページ)や第三章(九九ページ)で早川の分析を引用したように、弟子たち自身もグルと幻想を共有したのである。

二〝高弟〟たちの心理

(一)「ステージ・システム」

弟子たちの意識と行動をコントロールする麻原のテクニックは、驚嘆すべき狡知を示したが、それは組織内において弟子たちの上昇志向を刺激する階層制の差配《さはい》にも発揮された。現世からの出家に始まり、安心立命を求めて解脱《げだつ》と悟りのプロセスをたどり始めるオウム真理教の信者たちは、数々の奇怪なイニシエーションも経ながら、さらに成就へのステージをあげてゆく。宗教はしばしば、実社会に厳然としてある階級制ないし階層制を建前の上では無視し、信仰されるその「神」あるいは仏陀《ぶつだ》等の前で、「人はみな平等」と説く。仏教では、すべての生きものにまでこの考え方が普遍化される。しかしオウム真理教においては、麻原が認定する解脱の成就の度合い、すなわち宗教的達成度によって、各自は組織内でのプレスティージ(威信)の度合いを異にする厳格な階層的序列の中に位置づけられる。時期によって多少の違いはあるが、トップはむろん麻原彰晃自身であり、彼は自分のことを尊師《そんし》と呼ばせている。その次に来るのは大乗のヨーガの成就者である正大師《せいたいし》で、この地位にあったのは村井秀夫科学技術省長官、I・H（マハー・ケイマ）大蔵大臣、上祐史浩《じょうゆうふみひろ》外報部長、麻原の妻M・T（ヤソーダラ）、同三女アーチャリーの五人である。三番目に位置するのがマハー・ムドラーの成就者正悟師で、早川紀代秀《きよひで》など。四番目のクンダリニー・ヨーガ以上の成就者である師は、さらに細かく三つのステージに分かれており、師の中での一番上が師長、その次が大師、師の中で一番低いステージが師である。大きな順番の五番目に位置するのはスワミであり、スワミはラージャ・ヨーガの成就者である。六番目がサマナで、出家修行者の中では一番下級のステージである。在家の一般信徒はさらにその下の七番目に位置づけられている。

クンダリニー・ヨーガを成就した信者には、この他にも聖者、最上善逝、到達光正師、到達光師、上流師、思念不変連続師……など、奇妙な尊称が付けられているが、位《くらい》の高低の詳細はよくわからない。九三年の著書では、麻原自身は「真理の御魂《みたま》　最聖　麻原彰晃尊師《あさはらしょうこうそんし》」という大仰《おおぎょう》な尊称となっている。

各信者のステージは解脱《げだつ》への成就の度合いで決まるといっても、そこには麻原の恣意とともに他の要因も絡《から》む。たとえばその人の学歴と専門知識であり、女性ならば美人であるかどうか、といったことである。オウムの「ナンバー二」といわれた村井は、大阪大学大学院で宇宙物理学を専攻し修士の学位を得た後、大手鉄鋼メーカーの研究部門にいたし、上祐は早稲田大学大学院で電気通信を専攻し、宇宙開発事業団に勤めていた。第二厚生省大臣を務めた土谷正実は、筑波大学大学院で有機物理学を専攻した修士。地下鉄サリン事件の実行犯となった豊田亨《とおる》は、本章の一で触れたように東大理学部出

図4－1 オウム真理教教団のステージ・システム〈宗教的達成度〉(注15)
(1992年前後)

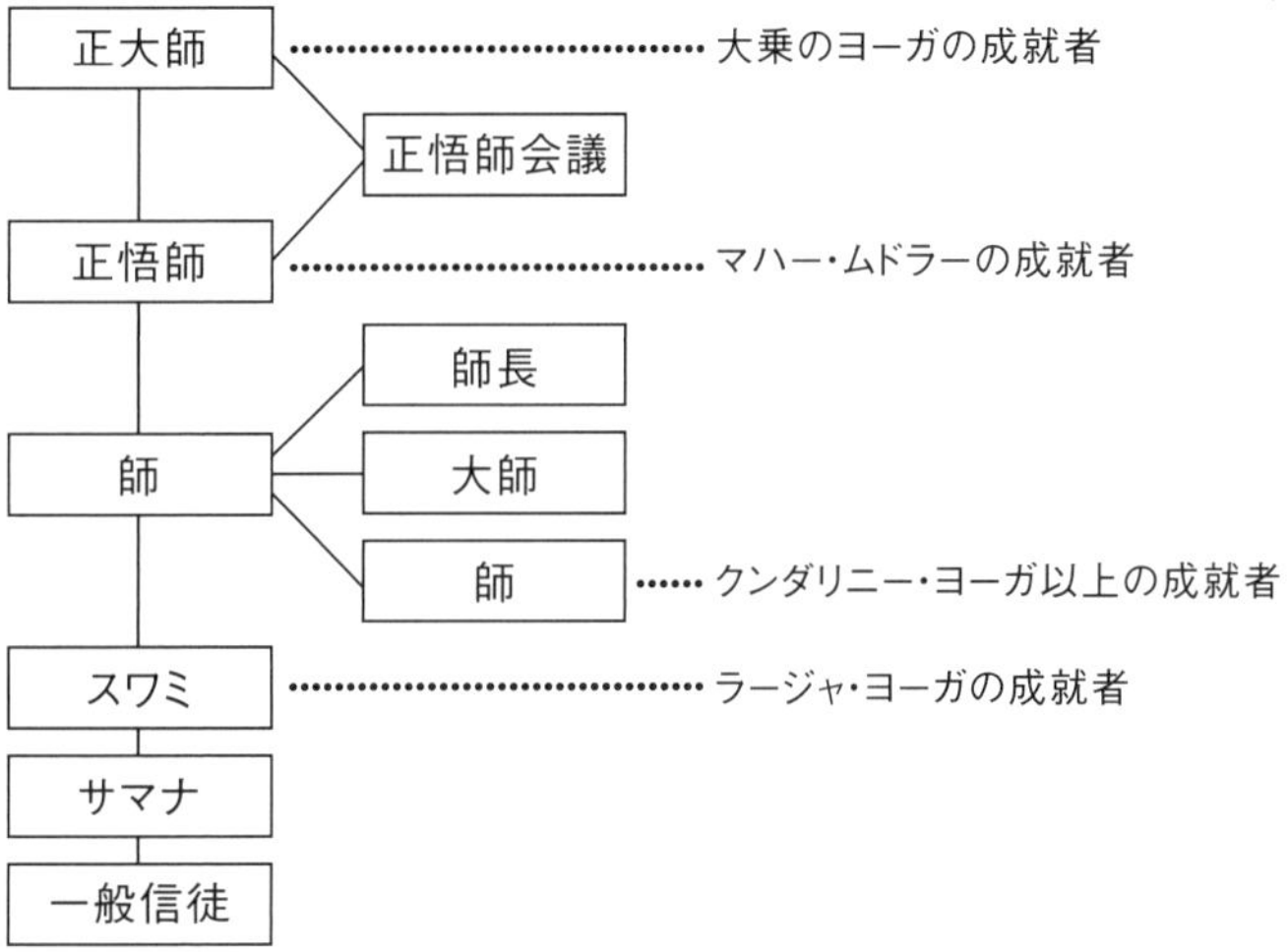

正大師は上祐史浩外報部長、村井秀夫科学技術省長官、I.H. 大蔵大臣、
麻原教祖の妻、同三女の５人。ホーリーネームはスワミ以上の信徒に与えられる。

身で大学院博士課程の学生。同じく地下鉄サリン事件で実行役を務めた治療省大臣の林郁夫《いくお》は、慶応大学医学部を卒業後、アメリカ・デトロイトで一年間訓練を受けた経歴もある優秀な心臓外科医である。グルの側近の一人で法皇内庁の大臣であった中川智正《ともまさ》は京都府立医科大学を卒業した後、大阪鉄道病院消化器内科に勤めていた。法皇官房の実質的トップであったI・K（サルヴァニーヴァラナヴィシュカンビン）は、東大医学部を中退している。そのほか高弟・側近者の中に、とくには自然科学系の大学院出身者の数が多いのが目立つ。

その中で例外的なのは、麻原に最も近い弟子とみなされ、諜報省の大臣を勤めた井上嘉浩《よしひろ》であり、彼は東京の私大法学部を半年で中退している。その学歴コンプレックスが、麻原とオウム真理教への忠勤を強迫したようで、信者獲得や布施《ふせ》集めに奔走し、レーザー兵器開発の情報を得るために三菱重工の研究所に侵入するなど、危険な役割を果たしている。また、美形で麻原と性的な関係のあった（らしい）女性たちも、ステージは高い傾向にある。最古参の弟子であるI・Hは、信者の中で最も早くクンダリニー・ヨーガの成就を遂げ、正大師《せいたいし》となったが、短大卒で損保会社のOLであったし、西信徒庁長官を務めたM・K（ウッパラバンナー）も短大卒で化学メーカーのOLである。位《くらい》に上下があれば、より上を目指したくなるのは自然である。成就の度合いがグルの認定にかかるとすれば、信者たちは一層修行に励み、競ってグルに忠誠を誓うことになる。かくして麻原は、人心を収攬《しゅうらん》するテクニックも巧みである。

しかしそれにしても高弟たちは、どのようにして麻原マジックにかかってしまったのか。どのようにしてグル幻想に陥ってしまったのか。彼らは、たとえ宗教的目的とはいえ、そもそも人を殺害するということが人倫に反するということに、どうして気づかなかったのだろうか。あるいは一瞬気づいたとしても、そしてためらいを感じたとしても、どうしてその感情を自ら抑えこみ、宗教目的で覆い隠して殺人を実行してしまったのか。これらの点はなお腑に落ちない。以下でさらに考えてみよう。

（二）カリスマ

オウム真理教の信者たちは一様に麻原のすごさを言う。その語りのなめらかさ、古代仏教やヨーガの理論についての博学な知識、説得力、著書で説明される教義体系の論理性、ヨーガの修行体験の本物らしさなど、初対面から麻原に圧倒されるのである。リフトンはある女性信者（仮名）の経験を紹介している。「岩井は、真剣な霊的探求者であったが、自分の合理性も誇りにしていた。彼女は、多くの新宗教を試してみたが、麻原とオウムに知的にも霊的にも深い満足を見出すまでは、それらがみな何か欠けているとの判断を下していた。彼女の記憶では、麻原と出会って、彼女は『物事を分析したり判断したりする』彼の能力に感動した。彼の本を読んで、岩井は、とりわけ『空』の議論に感銘を受けた。……このような合理的な脈絡で、『わたしにはカルマの法則がわかるようになりました。』」（傍点、大石）（注16）合理的な考え方をすると自負している人間が、麻原には簡単に参《まい》るのである。

早坂武禮《たけのり》も自らがインタビューした元法皇官房次官の話を伝える。東大医学部を休学する形で出家した相川順一（仮名）は、麻原の『超能力秘密の開発法』（注17）に出会って、「読んでからもうこれしかないと思いました。まず根本になる理論が整然として、納得できるいうのが魅力でした。それから書かれた体験が具体的で、ヨーガにしろ原始仏教にしろ、とにかく著者がいろんな修行をとことんまで試しているのがよくわかった。……尊師《そんし》は自分にとって最高のグルなんじゃないかという期待につながったし、実際に会ったときもその期待以上の奥の深さを感じました。」（傍点、大石）（注18）英雄も偉人も、身近な妻からすればただの人である場合が多いが、元広報局長として麻原に接する機会も多かった早坂自身、もともとは宗教嫌いであったにもかかわらず、ふり返っていまなお、麻原にカリスマを感じている。「ごく身近にいる者にさえ、『長髪の盲目の中年男』を超えて『最終解脱者』と評させたカリスマ性は、過去を冷静に分析するほどに私の中でも否定できないものになっている。」（注19）

麻原に会う以前に、彼の著書数冊とオウム真理教の機関誌『マハーヤーナ』などを読んでいた林郁《いく》夫《お》は、その教義は釈迦の原始仏教を現代に実践するものであり、教祖の麻原はすでに弟子を成就させているなど、林が宗教に期待するすべての条件をオウム真理教は満たしているように思った。林は「宗教における『善を希求する精神』と麻原を重ね合わせ、麻原を『善の体現者』とみなしていた。」（注20）つまり林には、麻原に直接会う以前から、麻原とオウム真理教についてのしごく好意的なイメージができあがっていた。林は麻原に初めて会ったシークレット・ヨーガのとき懺悔《ざんげ》したが、麻原はそのあと「初めての機会なのに、あのような内容の懺悔をするところをみると、前世からの密教の修行者に違いない」といったという。それを聞いたとき林は「麻原に、私の道と修行を求める真剣な気持ちが伝わったものと感じ、思わず涙をこぼした……。いまから考えても、私は最初から麻原を聖者だと信じ、麻原とオウムに対しては、仏教の正道を現代に実践している人物であり教団であるとみなしていたことがわか」るという。（傍点、大石）（注21）しかもその時、シークレットヨーガの席には高弟のひとりがいたが、林は「中村昇がいなければ話し易いやすいのだがな」と思った。「すると驚いたことに、私が部屋に入るとき麻原は彼を外に出してしまった」という。林は「これを偶然などと思わず、『他心通《たしんつう》』という他人の心を見抜く神通力《じんつうりき》を麻原がもっていてその能力によって中村を外に出したものと解釈した。」（注22）麻原より年上ですでに四〇を越え、阿含宗《あごんしゅう》での経験も麻原より長く、専門分野での経験も積んだ医師である林が、この心酔ぶりである。林は、坂本事件にかかわった岡崎一明被告公判（九七年五月）での証言で、次のようにも語っている。岡崎やマハー・ケイマなどの解脱者がおり、麻原を最終解脱者と林が信じた理由として、弁護側が「麻原自体の存在感、カリスマのようなものか」と尋ねると、林は「そう、それが一番大きい。ショックといっていいものだった。」と答えた。（注23）

これらの話は、麻原には、彼に接する人びとにカリスマを感じさせ、それを確立させる能力が備わっていたことをうかがわせる。人びとがある人物にカリスマを感じれば、人びとはその人物には抵抗なく従い、そこに権威的な支配関係が成立する。カリスマ的支配とは、ウェーバーによれば「支配者の人《ペルゾーン》と、この人のもつ天与の資質《グナーデンガーベ》（カリスマ）、とりわけ呪術的能力・啓示や英雄性・精神や弁舌の力、とに対する精神的帰依《きえ》によって成立する。永遠に新たなるもの・未曾有なるものと、これらのものによって情緒的に魅了されることとが、この場合、個人的帰依《きえ》の源泉なのである。もっとも純粋な型は、予言者・軍事的英雄・偉大なデマゴーグの支配である。支配団体は、宗団または従士団の形をとる情緒的共同体である。命令者の型は指導者《フューラー》であり、服従者の型は帰依者《ユンガー》である。」（注24）オウム真理教教団には、このような意味での典型的なカリスマ的支配が成立していたのである。リーダーに何らかの優れた例外的人格特性があるからこそ、人びとは彼に従うのである。上にあげた女性信者岩井、元法皇官房次官の相川、元自治省次官早坂、治療省大臣林などの例を見れば、麻原には確かにこのカリスマがあったのであろう。それゆえに人びとは彼に魅了され、虜《とりこ》になったのである。人びとがある人物にカリスマを感じると、そのイメージは強固に持続し、人びとの意識を強く拘束する。（注25）麻原は、林たちの心のなかに麻原の価値観を吹き込んだ。彼らがプレイするのは、新しい価値観によって麻原が編み上げた言語ゲームであり、彼らに見えるのはその言語が作り上げる世界であった。林の証言によれば「麻原を非人格的な能力のあるものとして神格化していたので、もうその段階では社会の法より、麻原の言うことが上位になっていた。」（傍点、大石）（注26）麻原が権威であり、「麻原を絶対的存在と信じた。すべて善であり、すべて従わなければならないもの。何を言っても、何でもあり、だった。」（傍点、大石）（注27）ここまで麻原の権威が確立し、信者たちの心がコントロールできれば、確かに殺人の命令も容易に実行されるに違いない。高弟たちが麻原の荒唐無稽《こうとうむけい》な教義体系を信じ、その雄弁な説法を説得力あるものとして聞いた理由の一つの大きな要因は、麻原にあったこのカリスマだったのである。ググッと惹きつけられて離れられなくなる。この次会うときには期待が肥大しているから、ささいな仕草を卓越した能力と見てしまう。このらせん形のイメージの増幅がリーダーのカリスマをいっそう確信させ、彼を権威として固定するのである。

（三）権威

では権威とは何であり、それはオウム真理教の信者たちにどのように機能したのか。権威自体についての詳しい概念的検討は省略し、ここでは簡単に、コントロールの関係において、ある人（びと：B）が別の人（A）の立場とか属性を何らかの意味で優越的であると感じ、それゆえにそのコントロールを甘んじて受け入れるとき、その関係が権威であると考えよう。何らかの意味でとは、Aのコントロールは倫理的に正しい、科学的観点から見て真実である、コントロールを正統化する十分な根拠（カリスマ、伝統、合法性）がある、などである。（注28）オウム真理教の信者たちは、麻原は倫理的に圧倒的に優位である（善の体現者！）、教義の内容は理論的で正しい、彼のカリスマは超人格的である、とみなしたからこそ、たとえ殺人であろうと、彼の命令に唯々諾々と従った。麻原が権威（者）であると固く思い定めた信者たちにとって、反抗などは思いもつかなかった。

林郁夫《いくお》は、友人から獄中に差し入れられたスタンレー・ミルグラムの『服従の心理』を読み、そこにある「人間が権威を内面に打ち立てたとき、どこまで残酷になりうるか」を示した実験に興味を持った。そしてその実験結果がナチスによるユダヤ人殺害やベトナム戦争でのアメリカ兵による住民殺害などに一般化されているのに感心した。林もむろん意識したであろうように、アウシュヴィッツだけで一〇〇万人以上ものユダヤ人が殺害されたというナチスの場合にも、多くの医師がかかわっていた。（注29）そしてさらにいえば、中国北部ハルビン近郊の平房《ピンファン》に本部があった旧日本陸軍の関東軍第七三一部隊では、二〇〇人ほどの医師たちがいて、「五年間に三〇〇〇人の人間が生きたまま実験され、最後には殺された」（注30）という歴史的事実も想起される。七三一部隊への言及はないけれども、林はオウム真理教がおこなった残虐な行為と、スケールは違うものの、戦争で示された残虐な行為—その中には原爆の投下も含まれる—とを、権威に命じられたときの同じ人間の行為として、並行させることができると感じたのである。それらの事例は、各種の宣伝と教育がなされる戦時という特異な状況下ではあったが、いずれも特定の権威と価値観が支配する中で出された命令と、その遂行であった。林はいう。「マインドコントロールというのは正確には分からないが、技術的なものよりも、心のなかに価値観を作ってしまう。私たちの場合、その権威が麻原であり、新しい価値観だった。その価値観のほうが上位になり、上位の価値観から言われたものだから従ってしまう、ということではなかったか、と思う。」（注31）

早川紀代秀《きよひで》も、麻原と高弟たちの関係に、反省をこめながら、人間の弱さと普遍性を見る。「人は、強制されたものではなく、自らが認める〝権威〟というものには、自分が思っている以上に、ことのほか弱く、その〝権威〟が提示する〝正義〟の名のもとには〝殺人〟といえども簡単に犯してしまうのではないかと、今では思っています。」（注32）オウムに入って殺人などというバカなことをしてしまったが、「オウムに入るものが、バカ者かどうかは別にして、〝自らが認める権威が示す正義〟に従うという習性は、決して特殊なことではなく、人間誰しも持っている特性ではないかと思います。／それは、世界各地で今も悲惨なテロが後を絶たないのを見ても、テロに対抗するとして多くの民間人を殺している軍隊がいることを見ても、わかります。日本という国にしても、戦前・戦中を見れば〃権威〃に対していかに弱かったかがわかるのではないでしょうか。」（注33）早川はそのように言うことによって彼らの行為を正当化したり、「しかたがない」などと言っているのではない。「私達が陥った誤りは、誰しも、状況さえ整えば、簡単に陥ってしまう危険性があるのではないでしょうか、ということなのです。こういった〃自らが認める権威〃というものは、また、一度形成されてしまうと、少々おかしいなと思うようなことがあっても、その権威に従ってしまうという特徴もあるように思います。それを根本的に疑うということでもない限り、〃自らが認める権威〃というものに逆らうことは、極めて困難であり、疑問を持ちながらも従ってしまうのではないかと思うのです。」（注34）

　早川はさらに次のようにも言う。不条理なグルの命令に逆らえなかったのは、グル麻原が説いた、殺害を肯定し、それを救済と言い換えるポアの教えが内面化されており、さらにグル麻原がすでに自ら認めた絶対的な権威として自己のうちにあったからである。自己（エゴ）を否定し、グルへ自己を全面的に明け渡してきたが、その私たちの心の中に、否定した自己に代わって、自らが認める権威としてグルが育っていたのである。どうしてそれを否定できないか。「それは自らが認めた権威を否定することは、自らを否定することになったからだと思います。」（注35）そこに育っていたのは変形した自己であり、その権威を否定することは自らを、たとえば全財産を布施《ふせ》して出家した自分自身の行為を否定することになる。だからグルの権威を否定できず、その命令に逆らうことはできなかったのである。

林は差し入れられたミルグラムの著書を読んで、権威に服従してしまう人間、本来の考える自己を完全に麻原に明け渡してしまった自己を見いだした。早川は、その手記の出版は林の手記の七年後であり、林のそれを読んだかもしれない。しかしともかく彼らは、早川の手記に解説を書いた川村邦光（注36）や降幡賢一《ふりはたけんいち》（注37）らも指摘したように、自分たちの犯した行為は天皇の権威を内面化しておこなわれた東アジアでの日本軍の行為とも、通底していると直感したのである。林にしても早川にしても、これらは獄中で自分たちの犯罪を省みて得た考察であり、それは私たちにとっても熟考を迫るものであろう。この点については最後の章で再び触れる。

（四）「二重思考」（double think）

オウム真理教の高弟たちは、実質的には殺人を犯しながら、「これは殺人ではない、この人の魂を高い世界に転生《てんしょう》してあげる宗教的行為なんだ」と自分自身に言い聞かせなければならなかった。知ってはいけない秘密を知っても、「まさか、そんなことはあるわけがない」と、その秘密を知ったことを自らの意識下に抑えこまねばならなかった。それはかなり苦痛を伴う心理操作であったが、そのことを余儀なくされた林郁夫《いくお》の場合を見てみよう。

一九九三年一一月の、サリンをかけて池田大作をポアしようとする企ては、それ以前サリンの何たるかも知らず、ましてや治療法についての知識もまったくなかった林が、オウム真理教教団の裏工作を実際に知り、地下鉄サリン事件実行にまでつながる「シークレット・ワーク」に加担するきっかけとなるものだった。（注38）誤ってサリンを吸ってしまった新実智光《にいみともみつ》を治療する過程で、すでにサリンの秘密を知っていた中川智正《ともまさ》と、麻原の「黒いベンツ」に初めて乗ったとき、林は麻原が「池田大作をサリンでポアしようとしたが失敗した」と言い放ったのを聞いた。「私は一瞬事態が飲みこめず、つまったような感じになりました。が、すぐに『ポア』というのが、どうやら『タントラ・ヴァジラヤーナ五仏の法則』の『ポア』、つまり悪業《あくごう》を犯している者をそのカルマを見切って殺してやり、より低い世界へ転生するのを防いでやるという『殺人』、それをしようとしたのだということがわかりました。」（注39）

偶然に秘密を知った林の「最初の思いは、どうしても『ヤバイ』でした。『ポア』を思い浮かべるより、『人殺し』だというのが正直な反応でした。『ポア』にしても『人殺し』には違いなく、これは現世の倫理と仏教の『法』にそむく『人殺し』を承知で、弟子にとっては修行の意味で、『ヴァジラヤーナのグル』がやらせる行為なのです。」（注40）しかし林には、池田大作については「公明党を使って、日本を『私』しようとしている、オウムをつぶそうとバッシングを画策しつづけてきていた」（注41）くらいの認識しかなかったので、結局事件を肯定した。「池田大作に対する私の個人的感情と、私が帰依《きえ》するグルの示した評価を前提とする限り、池田大作は戦わなければならない対象なのだ。そうであるが故に、麻原はそのカルマを見切ったのであり、『ポア』されることが本人にとっても『幸せ』な結果となるのだ。そしてカルマの最大のものは、彼〔池田大作〕が麻原を密かに殺そうとしている首謀者であるということで、オウムは暗殺という無間地獄《むげんじごく》へ彼を導く悪業《あくごう》の実行を未然に防いで、救済してやろうとしているのだ、と。」（注42）何とも込み入った虚構の理屈であることか。

　つまり当時の林は「この事件で麻原が単に『殺人を犯そうとした人物』であるとか、『ポア』が単なる『人殺し』である、などと思っていたわけではありませんでした。それまで培ってきた見方によって、麻原が宗教的存在であるということには、一点の疑いもありませんでした。麻原の行為はすべて宗教的な意味合いがある、と考えてきたのです。／しかし、同時に、もっと私自身の根本の意識のところで、麻原の行為を犯罪行為だと見なし、許されないことだということもわかっていました。それは、麻原の『秘密を知った』という自覚と同義なのです。」（傍点、大石）（注43）一方で「麻原は殺人者である」という思考と、他方では「そんなはずはない。麻原は救済者なんだから」という、まったく正反対の思考が林の中に共存し、せめぎ合っている。そして最終的には、後者の考えが前者の考えを覆いつくしたのである。

　林による同じような心理操作は、東京地下鉄サリン事件の二〇日前に起きた仮谷清志《かりやきよし》拉致死亡事件に際しても生じた。一九九五年二月二八日、オウム真理教は、目黒公証役場に勤務していた仮谷清志を拉致したが、それは、すでに約六千万円を布施《ふせ》させ、さらに都内一等地などの全財産を布施させようとしていた仮谷の妹の居場所を聞き出すためであった。医師中川智正《ともまさ》と林郁夫《いくお》は自白剤であるチオペンタールを仮谷に注射し、ナルコ・インタビューを実施した。しかし、仮谷は妹の居場所を語らず、チオペンタールを投入し続けたところ、薬の副作用により仮谷は死亡した。遺体はマイクロ波加熱装置で焼却、遺骨は硝酸で溶かして本栖湖に流した。仮谷死亡の報告を受けた麻原は、「仮谷さんは前世で俺の弟子だった。前世でポアしてくれと懇願されて、約束を果たした」と述べたという。（注44）再びリフトンのいう「詐欺師のスタイル」の発揮である。このような言いくるめは、麻原の話術と、弟子の側が感じる麻原の権威に対する心服とから可能となるのであろう。

仮谷事件はオウムの犯行である、という内部告発がマスコミと警察に流れ、麻原の指示により中川と林は密告者を捜し出すためにポリグラフ〔嘘発見器による検査〕を実施し、また警察に呼ばれる可能性のあるサマナたちの記憶を消すために、ナルコ・インタビューとニューナルコ〔電気ショックを与えて記憶を消すこと〕を実施した。林はその結果の内容などを麻原に報告した。折から麻原は、仮谷さん拉致事件に関しての強制捜査に対する不安が強くなっていて、とくにこの件の罪証隠滅《ざいしょういんめつ》工作に苦心惨憺《さんたん》し悩んでいた。林が報告を終えての帰りがけ、麻原が語りかけるともなく「坂本のときはうまくいったんだがな……」と、独り言のように声を出したのを林は聞いた。一瞬、林はなんのことかわからなかったが、「あっ」と気づき、坂本一家の拉致殺害はうまく隠しおおせたが、今回は危険な方向に行っている、という意味とわかった。

林は「同時に、まさか、嘘をいっているんだろう！」と思った。部屋に帰って、妻には婉曲《えんきょく》に「きっと聞き間違えたんだと思うな、そんなはずないものね」といった。妻は「まさかね」といって真剣には聞かず、笑い飛ばすようないい方だった。「私は心のなかで、あれは聞き間違いだったんだ。

私の心を試そうとして、わざと嘘をいったのかもしれない。いやぜったい何かの聞き間違いだったんだ……。もういいんだ、忘れよう、何も聞いていなかったんだ、と考えました。」(注45)知ってしまった秘密を知らなかったことにして心の安定を保つ、林自身による苦渋の心理操作である。

早川にも、林とほとんど同じような思考プロセスが機能していた。早川が八九年一一月四日未明、坂本弁護士一家殺害事件に実際にかかわってしまったのは、その当時彼が「グル麻原をブッダであると信じ切っており、ポアすなわち殺害は、その人を救済するためであるという教義を信じていたのと、自分の心の中に躊躇《ちゅうちょ》の気持ちが生じても、それは修行が足りないからであり、克服すべきものであると抑えこんでしまっていたから」(注46)であった。その当時、グルの指示を実行することに躊躇を感じたときには、「それは自分の心が弱いからだ、修業が足りないからだ」と考えてしまう思考習慣が形成されていた。「こうした思考習慣は、信徒時代から始まり、出家後、徹底的に行われたグルの課題を克服していく訓練[マハー・ムドラー]を通じて形成されていったと思います。ちょうど軍隊では、上官の命令に無条件に従う習慣が形成されるように、オウムにおいては、グル麻原の命令には無条件に従う習慣が形成されていったと言えます。」(注47)

二つの相反する事実認定が共存するという心理プロセスは、井上嘉浩《よしひろ》にもあった。「……私自身が実際に落田さん事件、ま、その他の犯罪行為にからんでいたという経緯で、オウム真理教によるポアというのが、あくまで宗教的にはポアと説明されているが、気持ちの本当の部分で、これは殺人ではないか、という気持ちもあって、結局、松本智津夫《ちづお》氏がポアするのだから、ポアすることは善い行いだ、と信じ切れないところが絶えずありました。矛盾していますけど。」（注48）井上自身の心の内に「これは殺人だ」という考えと、「これはポアつまり救済であり、善い行いだ」という矛盾した考えが共存しており、しかし結局井上は「尊師《そんし》が言ったんだから、しょうがないんだ、という感じ」（注49）で、ためらいつつも実行したという。

林、早川、井上らによるこのような心理操作は、G・オーウェルが『一九八四年』で描いた「二重思考」(double think) の典型ではないか。オブライエンが支配する全体主義国家オセアニアでは、幹部党員は二重思考の能力を身につけねばならない。「二重思考」とは「知ること、そして知ってはいけないこと、完全な真実を意識していながら、注意深く組み立てられた虚構を口にすること、相殺しあう二つの意見を同時に持ち、それが矛盾しあうのを承知しながら双方ともに信奉すること、論理に反する論理を用いること、モラルを否認しながらモラルを主張すること、……忘れ去る必要のあることはすべて忘れ、しかし必要とあればふたたび記憶の中に蘇らせてふたたび即座に忘れ去ること……」（傍点、大石）（注50）という能力である。この能力はまた「ブラックホワイト」とも言い換えられる。この能力を「敵に対して使用するときは、明々白々の事実に反して黒は白と厚かましくも言いくるめる習慣となる。〔このことができたのはオウム真理教では麻原だけであったが。〕党員に対して使用するときは、党の規律が要求すれば黒は白と心から言えることを意味する。然しそれは又、黒は白と信じこむ能力であり、さらに黒は白だと認識する能力であり、そしてその反対をかつて信じていたことも忘れてしまう能力を意味する。」（傍点、大石）（注51）林、早川そして井上らオウム真理教の高弟たちは、オセアニア国の幹部党員たちと同じく、まさにこの「二重思考」を行っていたのである。
全体主義的な機構のなかでは、グルに対する恐怖と、深く考えることの煩わしさ、行動することの煩わしさを、人は理屈をつけて避けようとするのかもしれない。(注52) 林、早川、井上の三人とも、行動に関しての躊躇《ちゅうちょ》がなかったわけではない。殺人ということは、かれらにもチラと思い浮かんでいる。しかし麻原は救済者であり、これは殺害ではなく救済であるという、正反対の考え方がすぐ浮かび、最初の観念(=殺人)を抑制してしまっている。その心理操作は、自己の深層の心理で、まずはグルに対する恐怖に始まるようだ。しかもその心理プロセスはほとんど無意識で自動的だったと、林はそれを次のように分析する。井上嘉浩《よしひろ》が「麻原がこわかった」と法廷証言で言ったとき、井上も林と同じ恐怖を感じていたとわかった。「私の深い意識の中には、これまで自分自身で無意識に覆い隠してきた層があるのに気づきました。それは、……『殺す判断のできる』麻原に対する本能的な『こわさ』だったのだと思います。……その心理によって、自動的にというほかないような、『こわさ』を意識するとすぐにそれを意識から消す作業が行われ、消えた『こわさ』に代わる『理屈』が浮かんでくるように思えます。おそらくそれは、深層心理と表層心理が連動して機能している一つの例を示しているのではないかと思われます。」(注53)
地下鉄サリン事件についての林による虚構の理屈づけを見てみよう。実行犯たちは「私たちがサリンをまくことで、強制捜査の矛先をそらせば、オウムが守られて、真理が途絶えなくてすむのだから、サリンで殺され、ポアされることになった人たちも、真理を守るという功徳《くどく》を積むことになるので、誰であろうと殺された人は最終解脱者・麻原によって高い世界に転生《てんしょう》されることになるのだ。だから誰も無駄死にということにはならないのだ」（注54）と考えた。『罪と罰』の貧乏大学生ラスコーリニコフは、金貸しの老婆一人を殺しても「……老婆の金があれば、何百、何千という立派な仕事や計画が実施され、改善されるのだ！」（注55）という考えにとりつかれたが、サリン事件の実行犯たちも、殺人を救済で覆い尽くしたのである。しかしその心理操作も易しいものではなかった。『真理を守るためなのです。ポアされてください。』という宗教的な思いにすがりつくことなしには、実際にサリンの袋をつくことが実行できなかったのです。」（注56）第三章でもみた林の「実行犯にとっての地下鉄サリン事件は、弟子たちには麻原の真意は知る術もなかったので、純粋に宗教的意味合いを持つものだったわけです。だからできたのです」（注57）という言葉は、私たちの言語ゲームの世界に帰ってきた林が発する、苦渋のうめきのようにも聞こえる。

三 「顕教」と「密教」——組織の重層性

林郁夫《いくお》や井上嘉浩たちのような幹部信徒の間には、二重思考で抑えこまれているとはいえ、自分たちが殺人を犯すのだという意識は、潜在的にはあった。しかし、幹部ではない一般信徒たちにとっては、「池田大作ポア事件」を偶然知ってしまった林がそうであったように、オウム真理教教団が殺人を含むさまざまな犯罪を犯しているとは信じられなかった。

地下鉄サリン事件の後、一年以上にわたって一〇人の元信者に集中インタヴューしたリフトンは、そのうちの一人から次のような証言を引き出してコメントを加えている。「東京のサリン攻撃について初めて知ったとき、松井〔偽名〕はオウムの敵であるフリーメーソンやユダヤ人が加害者であり、その攻撃はオウムに対する襲撃の一部だと思った。その二日後に行われたオウムの施設に対する警察の大規模な捜査は、その出来事のすべてが『私たちに対する陰謀』であることを確認するだけであり、それが麻原の逮捕と日本の破滅にいたるように思われた。当時、『私にはオウムがこんな犯罪行為をしたとは信じられませんでした』と彼は説明した。……『まさしく尊師《そんし》が言われたように、サリンが湾岸戦争の最中に米国によって密かに使用されており、また、このガスがオウム真理教を攻撃する際にふたたび密かに使用されているのだと、私は考えていました。オウム真理教は戦争（第三次世界大戦）が始まる前に弾圧されねばならなかったのでしょう』。言い換えれば、彼や他の弟子たちは、これらの出来事が麻原の世界終末的な物語の一部であると理解していたのである。ハルマゲドンは実際に生じていて、オウムの破壊とともに始まったというわけである。」（注58）松井の話は、第二章の理論的諸前提のところでみたように、観察している現実がまったく同じであっても、その解釈は正反対であり、価値体系が異なる場合には、構成される状況がまったく異なることのもう一つの証左でもある。

地下鉄サリン事件の被害者および遺族の証言を集めた『アンダーグラウンド』を一九九七年に出版した小説家村上春樹は、その翌年には、オウム真理教信者（元信者）に対するインタビュー集『約束された場所で』を出版したが、そこにおける（元）信者たちも、地下鉄サリン事件がオウム真理教の犯行とは信じられなかった。ある女性信者はいう。「地下鉄サリン事件が起こったとき（一九九五年三月）にはやはりいつもと同じように第六サティアンでお供物づくりをしていました。事件のことを耳にしたのはオウムの人からでした。こういうことが東京で起こってオウムがやったと思われているらしい、というような内容でした。私はオウムがやったとはまったく考えませんでした。誰がやったのかはわからないけれど、誰か別の人がやって、それが世間でオウムのせいにされているのだろうと。」（注59）ステージの低い一般信徒たちは、事件に関連して教団を疑うということはなかったのである。

つまり麻原は、教団組織の内外で一般信徒に対しては、予言の実現を命令する幹部弟子たちに対してとは異なった物語を話し、かつ信じこませることに成功していたのである。上で触れた早坂なども、オウム真理教「広報局長」として麻原に接する機会がかなりあったにもかかわらず、一九九五年の地下鉄サリン事件、それに続く警察による強制捜査の騒動の間でさえ、「本当は教団は何もやっていないんじゃないか」（注60）と思っていたことについては前に触れた。早坂にも、彼自身がいう教団の「闇」の部分は知らされていなかったのである。（注61）ここには、どの政治システムにおいても、程度は異なれ存在する、鶴見俊輔がいみじくも名付けた「顕教と密教の併用」という問題が、典型的に示されている。（注62）鶴見の表現は、明治から敗戦までの日本国家の経営に関して、政治エリートたちが自覚的に行使した政治技術を分析しようとしたものである。その卓抜なアイディアを私流に言い直せば、政治システムの一般メンバー向けに語られる、美辞麗句に覆われた美しい叙述（「顕教」）と、冷徹な計算とともに政治リーダー内でささやかれる現実的な分析と実行計画（「密教」）との間に

は、明らかな断絶があるのである。（注63）

オウム真理教に入信して日が浅い頃の林は、上でも触れた麻原が説くロータス・ヴィレッジの美しい理想＝「顕教」を、ナイーヴに信じていた。「そこには、アストラル・ホスピタルという病院があり、真理学園という一貫教育の学校もあるということでしたが、そこからは施療院や綜芸種智院《しゅげいしゅちいん》などから続いている仏教の慈しみや智恵を社会へ還元していく精神を感じさせられました。医療は麻原が瞑想《めいそう》で異次元世界（アストラル）や過去生の記憶から導入したというアストラル医学なるものを駆使し、病人のカルマやエネルギー状態をみて、死や転生《てんしょう》も考慮に入れたものということでした。……私は、緑の多い自然の中に点在する建物群で心をこめた医療や教育をするという、そのころ夢想していた病院や学校の姿とロータス・ヴィレッジとを重ね合わせていました。」（注64）しかし林が池田大作ポア事件、坂本弁護士事件などの「密教」を知ったあとには、彼は苦渋の「二重思考」を機能させねばならなかった。

弟子たちに流す情報にいわば落差をつけ、彼らの行動をそれぞれにコントロールする麻原のテクニックは手だれたものである。オウム真理教の「広告塔」として利用され、秘密を知ったあとには、「口止め」「足止め」のために地下鉄サリン事件実行役に引きづり込まれたと考える林は、麻原が駆使する「顕教と密教の併用」のテクニックにも気づく。林が九七年九月に提出した「弁護側冒頭陳述（補充）」によれば、麻原の野望は「武力を背景に暴動を起こして世の中を大混乱に陥れ、自分を受け入れようとしない社会や国家権力を打倒して自分の支配する祭政一致の国を造る」（注65）ということであるが、そのために武装化に直接携わり、麻原の意のままに手足となって殺人等の破壊活動を実行するものを「ヴァジラヤーナ要員」として選んだ。そして彼らに、麻原自身は宗教的真理に目覚めた「求道者」、動乱の「救世主」であるというイメージ〔「顕教」〕を抱かせた。それに加えて麻原は、明国の開祖朱元璋《しゅげんしょう》（洪武帝）とその部下たちの物語を説いて、それが麻原の前生と現在の高弟すなわちヴァジラヤーナ要員たちの前生を表す物語であり、したがって武器を取って争乱を鎮め新しい国家を造ることは、麻原と高弟たちにとって前生からの因縁であると思い込ませた。〔「密教」〕地下鉄サリン事件の一年前、九四年二月に麻原以下主要な出家信者が中国に旅行したが、それは麻原が朱元璋の生まれ変わりであることを印象づけるためであった。そして麻原が最終解脱者と武力による支配者とを兼ねることを矛盾なく説明するため、自らを転輪聖王《てんりんじょうおう》〔正義をもって世界を治める理想の王〕であると強調したと、林はいう。（注66）一年以上前の中国旅行がすでに、将来の暴動を見越した準備工作であるとすれば、恐るべき麻原の深謀遠慮である

一般信者らのなかには、麻原のそのような隠された欲望を知るものはいなかった。「ヴァジラヤーナ要員として選ばれた者たちでさえもその例外ではなく、彼らは麻原の指示がすべて宗教的意味合いをもつもの〔「顕教」〕と思いこんでいたのである。しかもそのようなヴァジラヤーナ要員のなかでも、麻原のイメージどおりの宗教的意義を背景とした暴動計画の全体〔「密教」〕を総合的に把握していた者は、村井秀夫らごく少数のブレーンだけであり、麻原はきわめて意図的に、上は右のようなブレーンから下は使い捨ての兵士ともいうべき者にまで、ヴァジラヤーナ要員を機能に応じて階層化さ

せ、巧みに使い分けていた。」（注67）つまり大きく分ければ、①個人の解脱《げだつ》を助け社会の救済を志向する〔「顕教」一〕麻原のみを知る一般信徒、②教団の裏のワークすなわち破壊工作を知っておりそれに携わるが〔「密教」一〕、しかしそれにはあくまで宗教的意味合いがある〔「顕教」二〕と信じるヴァジラヤーナ要員、③宗教的意義を知る〔「顕教」二〕と同時に暴動計画の全体を知る〔「密教」二〕ごく少数のブレーン、といった区分けになるのかもしれない。つまり秘密を知る度合いによって、少なくともオウム真理教には三重くらいの層があったことになる。そして麻原自身は、その階層化のすべてを知り、あやつり、オウム真理教というシステムを作動させていたのである。したがって「顕教」「密教」のすべてを知る麻原も加えて、オウム真理教の秘密を知る度合いで分ければ、組織内には四重くらいの層があったということなのかもしれない。麻原は、本当には一体何を考えていたのだろうか。（注68）

四　教祖の「宗教性」――ニヒリズム

林郁夫《いくお》はオウム真理教の言語ゲームから離れ、私たち普通の日本人がプレイしている言語ゲームにもどって、その言語で『オウムと私』（一九九八）を著した。彼は、オウム真理教に取り込まれた自分自身や麻原の心理、そしてオウム真理教教団の行動を分析すると同時に、麻原を厳しく糾弾した。しかしそのなかで林は、オウム真理教時代には彼自身、麻原が「善の体現者」（本章、一四二ページ）であり、「聖者」（本章、一四三ページ）であり、「宗教的存在」（本章、一五〇ページ）であるとみなしていたという。そしてまた林は、オウム真理教時代の自分たちの行為には、しっかりとした「宗教的意味合い」（本章、一五〇ページ）があると考えていた。むろん林は今では、「もし時間を戻せたら、もし殺し、傷つけてしまった方々を元通りにしてあげることができたらと、いつの間にか考えている自分に、ふと気づくことがあります。償いのかなわないことをしてしまいました。悲しみと苦しみを与えてしまった高橋さん、菱沼さん〔高橋、菱沼は元営団地下鉄職員で、林の撒いたサリンをかたづけて死亡〕とその遺族の方々、そして多くの方々に、私の全身全霊をあげてお詫び申し上げます」（注69）と謝るけれども、当時の林が、麻原の宗教性と自身の行為の宗教的意味合いを確信していたことは疑いない。

同じようにオウム真理教の言語ゲームから解放され、私たちの言語で『私にとってオウムとは何だったのか』を著した早川紀代秀《きよひで》も、「グルの指示なら、殺生《せっしょう》も救済になると信じてい」たことを反省し（注70）、自身が直接関与した事件の被害者である田口や坂本弁護士一家に対し、「何の救済もないとしたなら、まったくもって、なんとお詫びしてよいのか……。本当に申し訳なく思います」（注71）と詫びる。しかしその著書のなかで早川は、坂本事件の当時の麻原の心中を推測して次のようにいう。

「この時期、世間は悪業《あくごう》に満ち、グル麻原から見れば、ポアでしか救済されない人がそれこそたくさんいたといえます。そしてグル麻原の心の中には、ポアという非常手段を使ってでも、自分は人々を救済しなければならないのだという宗教的使命感とでもいうべきものが煮えたぎっていたように思います。そうした心境のなかで、『今問題なのは誰か』と考えたとき、グル麻原の心の中に坂本弁護士のことがたまたま思い浮かんだのだと思います。」（傍点、大石）（注72）

そして著書の最後で早川は、読者に対して次のように懇請する。「オウム事件は、どんな気狂いじみたことであっても、それはグルの宗教的動機から起こっていったということ、そしてグルへの絶対的帰依《きえ》を実践するというグルと弟子の宗教的関係性によって、弟子がグルの具体的な指示、命令に従って事件を起こしていったということ。この二点は、二度とこのような事件が起こらないためにも、見誤ることなく、きちんと理解していただけたらと思います。それから、こうしたグルと弟子の宗教的関係性のなかに私がとらわれ、事件の実行犯となったのは、自分自身の傲慢さと宗教的無知ゆえであったということを、心より反省し、重ねておわびいたします。」（注73）早川が真摯なお詫びの形と考える死刑を覚悟した上での懇願であるから、これは正直な気持ちであろう。ここで注意すべきことは、彼は、事件は第一に、麻原の宗教的動機から起こったのであり、第二にそれは、グルと弟子の宗教的関係性によって弟子が起こしたと考えている点である。

林や早川が「宗教的」というとき、それは一体どういう意味であろうか。とりあえずここでは簡単に、何らかの「善」――個人的であれ、社会的であれ――に対する志向がある、何らかの倫理性があるというくらいに考えるとしよう。そうであるとして、田口を殺害し、池田大作の暗殺を試み、坂本一家を殺害したことに何らかの「善」性、倫理性があったのだろうか。あるいはそのような個人倫理のレベルを超える、ヨリ高次の意味での倫理的契機が麻原に意識されていたとでもいうのだろうか。（注

74）形式論理的にいえば、林や早川が反省をこめて言うように、そのような可能性が全くなかったとは言い切れない。しかし、信者獲得でライバル関係にあり、オウムをつぶそうとバッシングを画策しつづけてきた―麻原はそう主張した―創価学会の池田大作を「サリンでポアしようとしたが失敗した」（本章、一四九ページ）と言い放つ麻原に、多少とも「善」性が感じられるだろうか。「オウム真理教被害対策弁護団」を結成し、一般の人をオウム真理教の被害から守ろうと活動する弁護士は、オウム真理教側から見れば、その活動を妨害し悪業《あくごう》を積み重ねている人物である。しかし「坂本のときはうまくいったんだがな……」（本章、一五一ページ）とつぶやく麻原に倫理性を感じることができるであろうか。ましてや戦時でもなく、政治的、社会的危機でもない状況のとき、麻原の起こした事件に倫理性あるいは宗教性を言うことは暴論であり、麻原の妄想としかいいようがない。

林、早川以外の例をもう一つ挙げよう。オウム真理教の活動や麻原への疑念をぬぐい去ることができないでいた科学技術省のサマナ田島和雄（偽名、三二歳）は、麻原の妻ヤソーダラから聞いたひと言が、疑問を解くきっかけとなった。ロシアのテレビでオウムの子供向けのアニメを放映する計画が進んでいた一九九二年ころ、彼は電話口でヤソーダラから計画の中止を告げられた。その時彼女はこう言った。「ロシアの子供を救っても金にならないと尊師《そんし》が言っているわよ。」田島の「麻原に抱いていた美しいイメージが崩れたのはその時が最初だった。それまで疑問を持ったことは一度もなかった。麻原のことを偉大な聖者だと信じていたのだ。／（尊師は本当に人類を救済するつもりでいるのだろうか？）」（傍点、大石）（注75）麻原についてのこれらの描写から浮かび上がるのは、オウム真理教という組織と、教祖という自己の地位の保身と、経済的な利益追求（＝金儲け）だけに目がいっている教祖というイメージだけである。しかし林や早川だけでなく、そのほかの高弟たちも麻原に宗教性を感じていたのである。宗教性と、世俗性あるいは俗物性は、麻原のなかでどのように共在していたのだろうか。

麻原の宗教性ということに関連しては、なお一つ疑問点がある。東京地下鉄サリン事件の直接的な目的は、警察の強制捜査が不可避な状況になり、それに対して捜査の目をそらす方策という側面が強くあった。しかし麻原には、もともと「サリンを武器に、ハルマゲドンを惹起《じゃっき》せしめ、それに勝ち抜いて日本国家を転覆させ、天皇を排除して神聖法皇の地位につき、自らを主権者とする専制国家樹立を」（注76）目指すという「内乱」の意図があったとする考え方もある。地下鉄サリン事件はその一環だというわけである。これは、「内乱罪」が適用されると、その首謀者は死刑または無期禁固とされるが、その他の「追随者」には死刑が規定されていないことから、死刑の求刑を避けるという意味もあって、新実智光《にいみともみつ》の弁護団が展開した主張である。これに対して新実に対する検察側の論告は、松本サリン事件や地下鉄サリン事件などは、「直接国家の政治的基本組織を破壊等する目的を有して各実行行為に及んだものとは言い難く、内乱罪とはほど遠い個別的な動機目的を有した凶悪犯罪にほかならない」（注77）というものである。新実智光に死刑を求刑するためには、「内乱罪」適用はむしろ避けたい、という立場からの議論である。

しかし林郁夫《いくお》は、麻原には少なくともヘリコプターによって首都にサリンを無差別に散布し、暴動と大混乱を引き起こすという計画は以前からあったと推測している。奇怪な事件の連続でオウムに対する警察の警戒が厳しくなる中、九五年一月一七日の阪神淡路大震災で警察の捜査が中断されるかと思いきや、仮谷事件もあって、警察の監視はますます厳しくなり、強制捜査は避けられなくなった。そもそも警察は、麻原にとって、薬事法違反などで挫折感を経験させられ、また今度は強制捜査をおこなう国家権力を代表する憎むべき敵であった。しかし今サリンを用いれば、松本での事件以来、疑われているサリンとオウムの結びつきを察知されるゆえ、自重せねばならない。そこで警視庁を目標に霞ヶ関駅でアタッシェケースに仕込んだボツリヌストキシンを噴霧する計画を企てたが、装置の不具合で失敗に終わった。その後リムジンでの「車中謀議」で「地下鉄にサリンを撒いたら……」という発言があり、強制捜査はほとんど避けられないという認識から、それまでの「自重」という方針を一転させ、以前に考えていたとおり、サリンを用いて暴動を起こし、首都を大混乱に陥れようと決意した。それは、追いつめられたと感じた麻原が、自分と教団を生き延びさせる、いわば「起死回生の賭け」に出たものと思われる。そこにあるのは麻原自身の人格のゆがみに由来する、社会一般に対する憎悪からきた、暴動計画のイメージを捨てられない「悪あがき」である。(注78) さらに林は、麻原の次の発言を紹介する。「暴動計画に関するイメージが実行されたからこそ、その後も麻原は村井を通じて、井上らに『使える手は何でも使って、暴れまくれ』と指示した……。」(注79) このような林の分析からは、妄想的な謀略をめぐらして自己および教団の保身をはかるという麻原のイメージが浮かぶばかりで、そこに何らかの倫理性や宗教性を感じとることは難しい。しかも、地下鉄サリン事件の

時点で、麻原自身にそれほど具体的に宗教的な新国家樹立という政治的な計画があったかどうかは疑わしい。（注80）

さらに早坂武禮《たけのり》は、麻原にはひょっとしてオウム真理教を自滅させるという考えがあったのではないか、とまで想像する。すなわちオウム真理教末期の時代に起こされた一連の混乱を理解しようとするとき、「『オウムの自滅のため』という狂気の沙汰としか思えない発想も私の中では捨てがたいものになっている」（注81）というのである。中川智正《ともまさ》は、すでに「九〇年のインド旅行のとき、麻原氏からいずれ教団は潰《つぶ》れると言われた」（注82）と証言する。生育歴、さまざまな挫折体験、社会からのバッシング、社会への憎悪、それらが自暴自棄を生み、無差別に多くの他人を巻き込む捨てばちの自滅志向につながったのだろうか。しかしここからも麻原の宗教性を感じとることは無理であろう。この麻原の宗教的ならざる言動と、他方で弟子たちが感じた宗教性との乖離《かいり》は、麻原の分裂症的な誇大妄想に由来すると考えるしかないのではないか。精神医学者リフトンの診断はこうである。「麻原は究極兵器〔ABC兵器など〕に対する結びつきを維持することで、きわめて多様な、一見矛盾するような個人的特徴を担うようになった。実際、麻原には本物の宗教的天分、かなり高い知的レベルで機能することを可能にした一種の妄想症、慢性的な虚偽（意図的な嘘と自己欺瞞の両方）をともなう詐欺師のスタイル、無制限な大量殺人を正当化する道徳的主張の仰々しさ、自らの環境に対する支配が脅かされたときに妄想症的精神病に屈する傾向などの特徴がみられた。」（注83）

中沢新一は、九五年八月に「『尊師《そんし》』のニヒリズム」という論文を書いた。そこで彼は、オウム真理教に対し、一定の評価を与えている。「麻原彰晃《あさはらしょうこう》とオウム真理教には、たしかになんらかの思想があった、と私は思う。それはたしかに、大きなものでも、深いものでも、また新しいものでもないだろう。しかし、そこにあった思想は、今回のいまわしい事件によって、まったく一顧だにされる価値のないものとして、葬り去られてよいものではない、と私は考える。」（注84）そして本書でも引用した（三章一―（一）七一ページ～）Ｉ・Ｈによるクンダリニー覚醒の体験を「あたうかぎり正確な、クンダリニー活性化の状態の体験にほかならない。これは、じっさいおこることなのである」という。（注85）しかし中沢は、本書の三章一―（二）〝宇宙論〟で見た、麻原が理解するヨーガ理論はヒンズー教のヨーガ理論から「いくつかの重要な点で、逸脱をおこなって」おり、そこには「強烈なサイバネティックス（情報理論）的思考法への傾斜という問題」があると指摘する。（注86）

中沢は、本書の第三章一―（二）の図3―2に類似した図を掲げながら、次のように説明する。「コーザル界をつくる光の情報というものが、いったん創造されたっきりデータバンクに貯蔵されているようなものではなく、いわば不断に創造されつつあるものであるならば、コーザル界／アストラル界／現象界《げんしょうかい》の三つの位相でできた世界の内部には、データをデータとして『生産する力』が量子論的プロセスによって、『しみ出して』こなくてはならない。そうでなければ、存在の世界はあらかじめ終焉ないし死滅をセットされた、プログラムとして、とらえられなければならなくなる。しかし密教思想とは、そのようなニヒリズムを否定して、人間というものを、終わりなき、開かれたプロジェクトとして生きようとする、みなぎる肯定性の思想なのだ。サイバネティックス的なイメージでとらえられた密教思想は、こうして、かならずやデッドロックに乗り上げ、みずからの死滅点にたどり着くことになる」（注87）と推論する。私には中沢の議論は理解しがたいが、要するに「オウム真理教の案出したサイバネティックス密教は、およそ密教的ならざるニヒリズムをみずからの内部に内包することになるのではないだろうか」というのである。（注88）こうしてともかく、オウム真理教の行く先には、ニヒリズムとしての「無」が待ちかまえていることになる。そして「ヴァジラヤーナ（金剛乗仏《こんごうじょう》教、密教）としてのオウム真理教の教えの、あらゆる重要部分に、『尊師《そんし》のニヒリズム』が浸透していることを、確認」できると結論づける。（注89）私たちが本節で確認した麻原の非宗教性は、中沢のいうこのようなニヒリズムに由来するものなのだろうか。ドストエフスキーの「大審問官」が、自らの宗教性の限界をキリストに伝えたような告白がないまま、教祖が沈黙をつづける限り、これらの点は解明されないのかもしれない。

こうして、日本という社会の中で特異な言語ゲームを営んでいたオウム真理教は、組織が小規模でリーダーとメンバーの間の関係が濃密な分、そこにはそれだけ濃縮されたシステム作動の政治的メカニズムが機能していたのである。大きな社会の中に、突然誕生して、数々の残虐な殺人事件を引き起こした異形《いぎょう》の組織ではあったが、そこで独特の言語ゲームが営まれていたということは、ひるがえって私たちも、私たち自身の言語ゲームをプレイしているだけに、さまざまなことを考えさせられる。最後の章で、本文でも示唆したいくつかの点を考えてみよう。

第五章　結語 ― 事件が含意するもの

本書の結びにあたり三つの問題について考えてみたい。その第一は、林郁夫《いくお》、早川紀代秀《きよひで》、川村邦光、そして降幡賢一《ふりはたけんいち》たちが前章（一四六〜一四八ページ）で触れたこと、すなわち第二次世界大戦敗戦前の日本人の意識や行動様式は、オウム真理教の信者たちが示した意識や行動と類似しているのではないかという点である。第二の問題は、言語ゲームにおける相対主義ということについてである。オウム真理教の信者たちは、彼ら独自の言語ゲームを営んでいた。それは分かったとして、私たち自身も私たちの言語ゲームをプレイしている。イギリス人はイギリス人の、オーストリア人はオーストリア人の言語ゲームをプレイしている。どちらかの言語ゲームが正しい、あるいは間違っていると、どうして言えるのかという問題である。これに関連して、言語ゲーム論と懐疑主義の問題にも少し触れる。第三の問題は、本書でオウム真理教事件を分析するためのキー概念として使用したウィトゲンシュタインの言語ゲーム概念に付随する、いわば哲学的な意味合いについてである。この言語ゲームという概念は、私たちが平素何気なく使っている言葉というもののもつ哲学的意味に関して、鋭い省察を与えてくれる先見性があるのではないかという問題である。以下、順次考えていきたい。

一　オウム真理教事件と敗戦前の日本

まず第一の問題であるが、林、早川、川村、そして降幡らの直感の要点はこういうことであろう。オウム真理教のメンバーたちがグル麻原彰晃《あさはらしょうこう》の権威的な命令に従って、普段の日本人には考えられないさまざまな残虐行為を犯したという状況は、少なくともその形式という点で、戦時の日本人が天皇の権威を内面化させられ、政治・軍部リーダーの命令に従って遂行した戦争行為の状況と類似しているのではないか。さらに林が推論したのは、オウム真理教教団が引き起こした犯罪の状況は、多くの医師たちが加わって遂行されたユダヤ人に対するナチスの戦争行為、多くの科学者を動員したアメリカによる原爆投下、ベトナムにおける行為などにも普遍化することができ、そのような行為の状況とも類似しているのではないかということである。実際、林がオウム真理教にかかわる以前、一九七〇年代から八〇年代にかけ、ナチスのユダヤ人大量殺害に加担した医師たちを研究したR・リフトンにとって(注1)、オウム真理教の医師や科学者たちがみせた行動様式は、むしろなじみ深いものだった。ナチスの場合と同じように「オウムの場合にも、医師はカルトによる治療と殺人の逆転に中心的な役割を果たした。この医師たちは個々の殺人に参加し、他の科学者とともに致死性の化学兵器や生物兵器を生産したり放出したりする際に重要な役目を担った。」(注2)

リフトンはまた、オウム真理教事件に類似する世界各地の現代の事例を数多く指摘する。すなわち麻原には、聖書的な「世の終わり」を語る今日の多くのキリスト教予言者とも共通性があり、彼らはいずれもハルマゲドンが、核弾頭や化学兵器や生物兵器という大量破壊兵器と結びつくかもしれないと信じていた。しかし麻原のカルトはさらに、ハルマゲドンを自前のプロジェクトの一部とし、それを実現するためにこれらの兵器を獲得したり、生産したりする真剣な努力を払った。そしてオウム真理教は史上はじめて、終末論的な宗教的狂信が世界を破壊しうる兵器を手にし、特定の集団がまさしくそのことを行うという狂気のプロジェクトに乗り出したのである。しかしオウムは、地球の全面的破壊あるいはそれに近い破壊によって人類を浄化し、刷新しようとする黙示録《もくしろく》的暴力（apocalyptic violence）という、グローバルなサブカルチャーの一部であるとみなすことができる。このような傾向は世界各地のさまざまな集団に見られるが、たとえばオウム真理教に類似した集団として、イツァーク・ラビン・イスラエル首相の暗殺をそそのかしたユダヤ教原理主義者、パレスチナのハマスの人間爆弾、そしてインドの古代の聖地を要求して暴力的に対立するヒンドゥーとイスラームの原理主義者などをあげることができるし、さらにアメリカのチャールズ・マンソン・ファミリー、ヘヴンズ・ゲイト（Heaven's gate）、人民寺院（Peoples Temple）のような最近のカルトを考えることもできる。（注3）黙示録的暴力が生じてくる背景には、一般の人々の間に広まった、世の中があまりにも悪くなってきたので、極端な手段だけが美徳と正義を社会に回復しうるという意識や感情がある。それは夢想的なグルを待望し、オウム真理教を生み出した人間の意識や感情であるが、そのように人間の意識や感情を動員したのは、「全体主義化された環境の力」であるとリフトンはいう。(注4)「全体主義化された環境」(totalized environment)とは、特定の組織のリーダーが作為的に作り上げるものであるゆえ、本書の文脈からいえば、第二章で触れた状況のことである。その状況は実際にはどんな状態であり、またどのようにして成立したのか。

政治学者丸山真男は、一九九五年一二月、オウム真理教事件に関して、ある座談会で次のように発言した。「……あれが、何か非常に変わったものとか、自分たちと縁がない、どうしてあんなものが生まれたのかと思う方が少なくないようですけれど、私は他人事とは思えません。一言にして言えば、私の青年時代を思いますと、日本中オウム真理教だったんじゃないかと。そうとしか思えない。そうすると非常によく思い当たる。つまり一歩外へ出れば、日本の外に出れば全然通じない理屈が、日本の中だけで堂々と通用して、それ以外の議論はぜんぜん耳にもしないし、問題にもしない。もしそれを問題にする人があったら、捕まったり非国民と言われたり、それは散々なものです。」(傍点、大石)(注5)こうして、日本中オウム真理教だったような状況の中で、人びとは戦争へと動員されたのである。これは林、早川、川村、降幡そしてリフトンにも共通する観察であろう。

このような状況が成立する直接的な要因として、林や早川は人間における権威への弱さを指摘したが、本書のこれまでの分析からいえば、そのような権威への弱さと併行して、まずは言葉による操作があった。さまざまな事象への特異なネーミング、そのことによる環境認識の操作、それらの言語が組織化されて独特のオウム真理教の言語体系が成立する、というプロセスの進行があったのである。

そしてその結果として、外の世界では通用しない価値体系と理屈が共有され、サティアン内で彼ら独自の言語ゲームがプレイされたのである。そのような事態は、ナチスや戦前の大日本帝国の場合と大いに共通性があるのではないか。それらの場合には、人類の浄化、大東亜共栄圏の構想など、特異な言葉づかいすなわち言語ゲームを行き渡らせた上で、政治リーダーによる人びとに対する戦争への組織化と動員が行われたのではないか。

リフトンは、上で見たようにオウム真理教に対して躊躇《ちゅうちょ》なくカルトという言葉を使った。カルトという言葉には蔑視的な意味合いがあり、それをどう定義するかについては議論がある。リフトンはカルトという言葉を、①全体主義的あるいは思想改造的な実践がある、②精神的な原則の崇拝からグルや指導者の人格に対する崇拝への転換が行われる、③下からの精神的探究と上からの — 通例、経済的ないし性的 — 搾取との結びつきがある、という三つの特徴を明らかにする集団に対してだけ使用するという。(注6) オウム真理教にはたしかにこれらの特徴は当てはまる。教団メンバーたちは、そろって特有のオウム真理教の価値観を内面化させられ、オウム語を話した。彼らは麻原という人格を崇拝し、麻原の命令には逆らえなかった。彼らは個人的には解脱を希求し、社会に対しては救済を志向した。他方で経済的および性的な諸価値、そして生命まで、それらの配分は麻原の意のままであった。このゆえにリフトンは、オウム真理教をカルトとみなしたのである。

ところで第二次大戦後、連合国軍最高司令官総司令部（ＧＨＱ／ＳＣＡＰ）が敗戦国日本を占領統治するが、敗戦に先立つこと二年以上も前から、すでに勝利を確信したアメリカは戦後計画を検討し始める。その際アメリカ側は、日本国をカルトの国と考えていた。ハル国務長官が主催する「戦後計画委員会」(Committee on Post-War Programs ; PWC) と「政策委員会」(Policy Committee ; PC) の設置が命じられたのは、一九四四年一月であるが、日本占領の方式、性格、期限、範囲などをめぐっては、それ以前からアメリカ政府内外でさまざまな動きがあった。一九三二年から四一年末の真珠湾攻撃の日まで、一〇年近くも駐日大使を勤めたJ・グルーは、国務長官特別補佐官として天皇制問題、日本人の国民性などに関し、全米を講演して回っていたが、四三年一二月、シカゴで重要な演説をおこなった。日本および日本人についてのアメリカ人の無知と誤解を修正する啓蒙《けいもう》的な演説の中で、グルーは神道の問題に言及した。「神道には、じつは二つの形態があります。一つは日本国民が本来もっている宗教であり、自然界の万物—山、川、樹木など—を神の姿の発現ないしは神の宿る場所として考える原始アニミズムであります。それには道徳的内容はごくわずかしか含まれていません。／神道のもう一つの形態はカルトです。それは宗教的内容はほとんど含みませんが、多分に道徳的内容をもつもので天皇の祖を神とし、祖先を崇拝する思想を支え、また、国家に対する従順・服従の習性を臣民《しんみん》に植えつけることを目的としています。日本の軍事指導者は、彼ら自身の目的達成をはかり、天皇の意思を表すものと称して彼らの教義への盲従を日本国民に教えこむために、神道がもっているこの側面を長年利用してきました。」(傍点、大石)(注7)

グルーは、基本的には神道は祖先崇拝 (worship of ancestors) であるとみなしているが、上の引用でも「祖先を崇拝する」(ancestor-veneration) とか「教義」(doctrine) という言葉を使っており、カルトとしての神道の場合にも、宗教性を完全に否定しているわけではない。またすぐ後では次のようにもいっている。「神道は必然的に天皇への尊崇を意味するものであり」、「軍国主義が日本に跳梁跋扈《ちょうりょうばっこ》するかぎり、軍事指導者は軍国主義と戦争の功徳《くどく》を強調するため、過去の軍国的英雄の霊に対する崇敬を力説することによって国民の感動性と迷信性に訴えるという方法で神道を利用するでしょう。」（傍点、大石）（注8）そしてヒュー・バイアスの『暗殺による政治』（Hugh Byas, *Government by Assasination*）から、次のような言葉を引用している。「日本国民は、捏造された宗教（faked religion）から必ずや自らを解放する国民である。」（傍点、大石）（注9）これらのことからもわかるように、グルーは、本来はアニミズム的な日本古来からの宗教である神道が、当時の政治・軍部リーダーによって、天皇という人格とダブらせつつ軍国主義の鼓吹に利用されており、彼らがその軍国主義という教義に国民を盲従させている状況を、カルトであると考えたのである。

戦後計画を立案し調整する上述のＰＷＣ創設に先立って、その下に中間レベルの諸委員会、すなわち「国と地域の諸委員会」（Country and Area Committees；CAC）が一九四三年夏ごろから設立されているが、多くのＣＡＣのなかでも格別に活発で生産性の高い委員会が「極東に関する部局間地域委員会」（Inter-Divisional Area Committee on the Far East.「極東地域委員会」と略称）であった。そこでは日本占領統治に備えてさまざまな問題が詳細に議論されたが、グルーの上述のような見方は、そこでの議論にも大きな影響を与えたと思われる。たとえば四四年三月一五日付けの政策文書によれば、「日本における信教の自由」（Freedom of Worship）というタイトルで、占領軍が、宗教としての神道を過激な国家主義から切り離しつつ、どのようにしてその本来の神道を含む、一般的な信教の自由を確保するかといったことが議論されている。そこには次のような文章がある。「国連は信教の自由という原則を重要と考えている。しかし近年、日本の国家主義者たちが、無害で原始的なアニミズム―これが本来の神道であるが―に、国家主義的で天皇崇拝的なカルトを重ね合わせ、それが軍国主義者たちによって現在の狂信的に愛国主義的で侵略的な日本を作り上げるために利用されている、という事実のゆえに、この原則を日本に適用することは複雑な問題となっている。」（傍点、大石）（注10）この改策文書は、具体的な政策提案を含む三ページほどの分量であるが、その中には「国家神道カルト」（National Shinto cult）など、カルトという言葉が5回も使われており、日本における占領統治のあり方を議論する専門家の間で、日本という国がカルトであるというのは共通の認識であったことがわかる。

日本の敗戦に先立つこのような周到な議論は、当然のことながらD・マッカーサーを連合国軍最高司令官とする総司令部（GHQ）による戦後の占領統治に強い影響を及ぼした。GHQは軍事部門である参謀部と並んで、専門部局である幕僚部を設置し、その中をさらに四つの部局に分けた。そのうちの一つである民間情報教育局（Civil Information and Education Section；CIE）が遂行すべき任務として、教育および宗教部門の民主化があった。戦前からの日本での長い宣教師活動を背景に、占領期のほとんどをCIE宗教研究班の責任者として勤務したW・ウッダードは、一次資料をもとに一九四五年一二月一五日、いわゆる「神道《しんとう》指令《しれい》」（注11）が発された当時の経緯を詳細に跡づけている。

神道指令《しんとうしれい》は、もともとポツダム宣言にあった「言論、宗教及思想ノ自由」や「日本国民ノ間ニ於ケル民主主義的傾向ノ復活強化」という理念の実現を図る一環であるが（注12）、ウッダードによればGHQのいっそう具体的な考えは次のようなものであった。「総司令部の指令によって信教の自由が樹立された理由は、信教の自由が民主主義社会の同義語とみなされ、またその他の方法では信教の自由の保証が確保されなかったからである。／神道を国家から分離した理由は、神道の教義が世界平和に敵意あるものであり、日本の超国家主義〔ultranationalism〕、軍国主義および侵略主義も国家神道のカルトに根づいており、それによって精神が汚染されているという連合国軍指導者たちの間違った信念によるものであった。連合国軍の指導者たちは、右翼過激派が国民を洗脳し、天皇を制御する権力を獲得し、法律を支配し、教育を統制し、宗教を管理し、日本国を全面的崩壊の淵に追いやったのは、現津神《あきつかみ》たる天皇、神国、神の地などの概念を中心に作られた国家神道のカルトによったと考えたのである。」（傍点、大石）（注13）

ウッダードは、「国体のカルト」（Kokutai Cult）という彼自身の造語をしばしば使うが、それは「日本の天皇と国家を中心とした超国家主義および軍国主義のカルト」であり、「神道の一形式ではなかった。」（注14）すなわち「国体のカルト」は、政府によって強制された教説（教義）、儀礼、および行事のシステムであった。天皇と国家とは、一つの不可分な有機的・形而上学的存在であり、天皇は伝統的な宗教的概念が過激派によって宗教的、政治的絶対者の地位に転用された、すこぶる特殊な意味での『神聖な存在』であるという考え方がその中心思想になっていた。それは国民道徳と愛国主義のカルトであって、『民族的優越感を基盤として、新しく調合された民族主義の宗教』であった。国家が神国だっただけでなく、日本の国土が神の国だとみなされていた。／国体のカルトを支えるもう一つの基本原則は、神道の儀礼と政治の執行の一体性であって、よく知られている『祭政一致』と呼ばれるものである。このカルトによると、天皇はすなわち国家であった。」（注15）日本という国では、天皇と国家を至上とする国家主義および軍国主義の思想が植えつけられ、天皇という人格の崇拝が強調され、さらに政治リーダーによる経済的ないし性的搾取は、どの政治システムでも見られることであるが、日本でもむろん観察された。こうして改革を志向するGHQの当事者たちには、敗戦前の日本は、上で触れたリフトンが使ったとほぼ同じ意味での、カルトという言葉で表現するのが適切な国家であったのである。

用語の混乱はあったものの、GHQが神道指令《しんとうしれい》によって迅速に断行したのは、ウッダードの言葉を使えば、日本における国体のカルトの解体であった。GHQはまず第一に、神道と神社に対する公費による財政的援助の禁止、神道における軍国主義・超国家主義イデオロギーの宣伝・弘布の禁止、官公吏の公の資格における神社参拝の禁止などを命じた。他方でGHQは、信教の自由を保証するために、宗教としての宗派神道、軍国主義的、超国家主義的要素を除去した神社神道などは承認した。また、国体のカルトの教義を内面化する上で強力な役割を果たしたと思われる修身の教科書『国体の本義』『臣民《しんみん》の道』などを政府が頒布することを禁止し、さらに公文書における「八紘一宇」「大東亜戦争」など、国家神道、軍国主義、超国家主義と結びついた用語の使用を禁止した。神道指令が目指したことの第二は、教育制度における神道の影響の除去である。具体的には教師用参考書・教科書における神道教義の削除、神社参拝・神道関連儀式の禁止などであり、神話も禁止の対象とされた。神道指令は第三に、政府による軍国主義的、超国家主義的イデオロギーの宣伝・弘布を禁止した。イデオロギーとはここで、①天皇は、家系、特殊な起源などにより他国の元首に優る、②日本人は、特殊な起源などにより他国民に優る、③日本列島は神の国である、④そのような理由などから、侵略戦争や武力行使は称揚される、といった内容を含んで、他国に対する支配を正当化する理論である、とされた。(注16) こうしてGHQは、信教の自由を確保しつつ、宗教と国家を分離し、神道が政治目的に利用されることを徹底的に排除しようとしたのである。(注17)

すぐ続いて四五年一二月三一日の指令でGHQは、「三つの危険な科目」(注18) である修身、日本歴史、地理の授業を停止させた。(注19) それは上の神道指令と密接に関連して、臣民の教育において使われてきた言葉と言葉づかいを禁止する命令であった。それらは確かに、日本という国について人びとが抱く価値観、歴史(=時間)イメージ、国土(=空間)イメージを作り上げる、枢要な科目である。なぜならば、ボウルディングがいうように「国民教育の主要な目的の一つは、国家の利益にそって時間および空間イメージを歪曲することにある」からである。(注20) つまりGHQは、墨塗り教科書(注21) などの措置に象徴的に現れているように、敗戦前の日本国でプレイされていたカルトの言語ゲームを禁止し、民主主義社会を育て、民主主義社会に適合した言語ゲームがプレイされるよう、日本国民の教育を矯正したのである。

オウム真理教は、本来はカルトすなわち宗教組織であり、麻原は外の世界からの情報の流れを絶って自らがまとめ上げた教義、第二章で示した言葉を使えば、信条体系および価値体系を信者たちに内面化させた。そしてオウム真理教独特の言語ゲームを通用させ、麻原の意のままに動いて殺人をもおこなう、強い政治的側面をもつ宗教組織を作り上げた。第二章の一のところで見たように、岡義達《よしさと》は宗教と政治的イデオロギーを、人間が持たざるを得ない信条体系という同じ座標で論じていた。政治は、さまざまな文化・教育政策を通じて、特定の社会に対し、そこに通用する言語体系を規制する。その際その言語体系は、それが作り上げるまわりの世界についての認識に関して、あたかも宗教のような機能を果たしていると考えることができよう。つまりそこにおけるメンバーは、政治が供給する特定の言語ゲームを営んでいるのであり、それを介して現実世界に対しているのである。とくに外の世界からの情報が厳しく規制され、自由な精神活動を担保する一つの方法としての宗教活動もまた規制されたとき、唯一正統な信条体系を供給するのは政治であろう。敗戦前の日本は、国家という側面に注目すればむろん本来は政治組織であるが、国家神道の教義を背景に、国民は上から与えられた狂信的な天皇中心の軍国主義的、国家主義的な信条体系を内面化させられ、天皇制国家の言語世界で生きていた。人びとは外の世界からの情報を遮断されたまま、言語体系はその中で自己完結し、「八紘一宇」「大東亜共栄圏」「鬼畜米英」などのスローガン（＝命題）を信じ、神として天皇を崇拝し、死や特攻隊を美化するといった特有の行動が生じた。そして東アジア、南東アジアへの侵略を正当化し、諸都市への無差別爆撃、諸地域での非戦闘員の殺害といった行動もあった。（注22）天皇制国家の言語体系が作り上げる状況は、ほとんどの国民にとって現実的であったし、それらの行動はその言語体系の中では論理的であった。しかし戦後、「八紘一宇」「大東亜共栄圏」「英霊」などという言葉は、GHQによって使用が禁止された。吉田満の『戦艦大和ノ最期』は、その雄渾《ゆうこん》な言葉使いのゆえに発禁とされた。（注23）戦後の日本人は、戦前にプレイしていたこのような言語ゲームを禁じられ、新しい言語ゲームをプレイするよう強制されたのである。

オウム真理教の高弟たちと、丸山真男、降幡賢一《ふりはたけんいち》、川村邦光たちは、オウム真理教と敗戦前の日本という二つの事例における狂信という側面での類似性を感じとり、その点を指摘したのである。一方は善意で人を殺害し、他方もまた善意で他国を侵略し、あるいは進んで天皇および国家のために我が身を犠牲にした。そしてGHQは、日本における状況をカルトとみなし、民主主義を育成するためには、そこでプレイされている言語ゲームを全面的に改変する必要があると考えたのである。上で触れた、GHQが矢継ぎ早に断行したさまざまな措置は、こうしてウィトゲンシュタインの言語ゲームというコンテクストのなかでこそ、最も良く理解されるであろう。オウム真理教の場合も、敗戦前の日本の場合も、その狂信的で普段の私たちには考えられない行動の数々は、システムの内部だけで通用する独特のネーミング、独特の言葉づかいでコミュニケーションをおこない、独特の価値観を累積したがゆえに引き起こされたのである。オウム真理教の信者たちの行動も、敗戦前の私たちの行動も、外の世界との絶えざる接触を通じた経験的検証の機会を失い、常識的な普遍の感触を欠落させた言語ゲームを営んでしまったからこそ生じたものといえるだろう。

アジア太平洋戦争での敗戦はすでに遠く、オウム真理教事件の事例はあまりにも荒唐無稽《こうとうむけい》で例外的な事件であったと、私たちはいえるのだろうか。二〇〇八年二月、千葉県房総沖でイージス艦「あたご」が漁船に衝突し、船員二人が行方不明となった。その事故を報ずるテレビや新聞は、「あたご」に関して単にイージス艦という呼称を使う。日本のマスコミがイージス艦について報道するとき、それは単にイージス艦と呼ばれるか、またはイージス護衛艦と表現される。しかし外国の報道機関や英字新聞などは、それを **Aegis destroyer** と呼ぶ。**Destroyer** とは駆逐艦のことであり、その機能はまさに相手=敵を攻撃・破壊することである。その世界最新鋭の攻撃力を持つ駆逐艦が、日本では、軍事用語としては意味不明の護衛艦と呼ばれるのである。世界で有数の軍事力を持つと評価される日本の軍隊は、日本国内では軍隊と呼ばれず自衛隊と呼ばれている。ここには私たち日本国民に対する、政治リーダー側の意図的なネーミングの操作、その結果としての状況認識の操作があるのではないか。私たちは、私たちがほとんど気づかない微妙な方法によって、私たちが使う言葉をコントロールされ、政治リーダーに都合のよい言語ゲームをプレイさせられているのではないか。オウム真理教事件において、現実世界の言語ゲームは、宗教の言語ゲームに対して圧倒的に優位だったからこそ（注24）、後者を圧倒した。しかし前者の言語ゲームも、実は政治が流行らせたものである。政治の世界においては、言語ゲームのメカニズムの秘密に関して、警戒しすぎるということはないであろう。

ところで、自己のまわりで通用している一つの言語ゲームが有効でなくなれば、それはゲームなのであるから、リセットすればいいのではないか。一九七〇年三月三一日、赤軍派の一部は、羽田発福岡行きの日航機、通称「よど号」をハイジャックし、北朝鮮に亡命した。そのメンバーの一人である柴田泰弘と強制〝結婚〟させられ、平壌で生活した八《や》尾《お》恵《めぐみ》は、その間にロンドンで知り合った有本恵子の拉致工作にかかわった。一九八八年に日本で逮捕されて以来、彼女は日本で生活し、支援者の人たちと交わるうちに、自分が北朝鮮で受けた「思想教育は、それを受けない自由も、行動の自由もないところで、他の情報から遮断して映画や歌劇などを多用して行われた破壊的カルトのマインド・コントロールに他ならなかった」と理解した。（傍点、大石）（注25）日本に帰ってからの生活について彼女はいう。「私にとって自己喪失＝自己解体の日々でした。北朝鮮での生活や教育と活動、組織の人との関係。これまで自分が身につけてきたものの見方、価値観を壊していきました。体験してきたことの一つ一つを、封印してきた記憶の奥から掘り起こして、現実の中で客観的に捉え返していきました。まるで自分のエネルギーを使い果たすかのように考え続けました。／その過程で、私が北朝鮮や『よど号』グループに抱いていた思いが幻想に過ぎないことが次第に分かっていき、同時に私が犯した過ちが見えてきました。」（傍点、大石）（注26）そして彼女は、オウム真理教による地下鉄サリン事件を見て戦慄する。「事件は私には衝撃的でした。私が命懸けで信じ守り抜いてきた思想と活動も『何から何まで本質的にはオウムと同じだ』と直感しました。」（注27）八尾は、北朝鮮の政治体制をカルトと直感した。先のリフトンの定義と照らしても、この理解は正しいであろう。北朝鮮では、外の世界からの情報を遮断しての思想コントロールがあり、金正日に対する人格崇拝も観察されるし、リーダーによる経済的・性的搾取も確実のようだ。こうして八尾はいま、林や早川と同じく、カルトの古い言語体系をリセットし、新しい言語体系の中に生きようとしているのであり、新しい言語ゲームを営もうとしているのである。彼らは、私たちの言語ゲームの世界に帰ってきたのである。

しかし言語ゲームをリセットするといっても、それはそう簡単なことではない。八尾は、北朝鮮で内面化させられた古い価値観を壊すために、彼女のエネルギーを使い果たすかのように感じたし、林、早川そして井上嘉浩《よしひろ》たちにとっても、彼らがそれまでプレイしてきたオウム真理教の言語ゲームをリセットするということは、それまでに自己自身で固めてきた価値観の完全な組み直しであるゆえ、それは時間のかかる苦痛に充ちたものであったろう。一九四五年八月一五日の敗戦を機に、それ以前の天皇制国家の言語ゲームを強制的にリセットさせられ、新たな言語ゲームを学習し直さねばならなかったある日本人にとっても、事情は同じであった。一九四一年五月、弱冠一五歳で海軍に志願して水兵となった渡辺清は、訓練を経て戦艦武蔵《むさし》に乗り組んだ同世代の若者と同じく、当時の言語ゲームにどっぷり浸かっていた。彼は戦地から、漢字の読めない母に手紙を出した。「……コレカラ〇〇〇〇ホウメンノイクサニデテイキマス。テンノウヘイカノオンタメニリッパナハタラキヲスルツモリデス」「……ボクハコンドハセンシスルカモシレマセン、デモセンシスレバ、オソレオオクモテンノウヘイカガオンミズカラオマイリシテクダサルヤスクニジンジャニカミサマトシテマツラレルノデス。コウコクノダンシトシテコンナメイヨナコトハアリマセン。ソノトキハオカアサン、ドウカナカナイデヤスクニジンジャニアイニキテクダサイ。」（注28）

これは典型的な敗戦前天皇制国家における言語体系のボキャブラリーであろう。渡辺自身もいう。

「まだ〔高等〕小学校を出たばかりのおれたちは、なにごとも天皇のためだという教師の教えをまっ正直に信じていて、それを疑ってみるだけの智恵もまだなかったし、また『天皇』を超えるだけの価値をこの世にまだ見出してはいなかったのだ。」（注29）戦場での渡辺の考え方や行動も、完璧に天皇制の言語体系に縛られていた。「戦場にいるあいだ、おれはひそかに死ぬ機会を待っていた。いざというときは潔く立派に死ぬこと、死んで大義に生きること、それしか考えなかったといってもよい。国のため、同胞のため、そして誰よりも天皇陛下のために死ぬこと、天皇陛下の『赤子《せきし》』として一死もってその『皇恩』に報いること、それをまた兵士の『無上の名誉』だと信じ、引きしぼるようにその一点に自分のすべてを賭けていた。」（注30）

渡辺は「有史以来一度も外敵にあなどられたことのない日本だ。最後には必ずや勝つだろうとひそかに信じていた」にもかかわらず（注31）、四五年八月一五日、日本は敗戦。急に投げやりになり、まるでやる気をなくした期間を過ぎて、渡辺も新たな言語ゲームの学習を開始せねばならなかった。一一月、村でただ一人の医者で京都帝大出身の医学博士という元山先生は、村人たちに新しい言語ゲームへの適応を説いた。「こんどの戦争は、もとはといえば東条を中心にした軍閥と財閥が仕組んだものです。よく正義の戦とか聖戦とか言われていましたが、それは真っ赤な嘘で、実は侵略戦争でした。……だからはじめからやってはならない戦争だったのです。……敗戦の原因は……日本の軍国主義にあります。……日本はこれからそういう恐ろしい軍国主義をいっさい排除して、民主主義《デモクラシー》に徹していかなければなりません。」（傍点、大石）（注32）しかし渡辺は、新しい言語ゲームと、それを説く大人の思想的無節操《むせっそう》に反発した。元山先生は、戦争中は大政翼賛会の役員として幅をきかせていたし、学校の祝祭日などには「君たちも一日も早く大人になって皇国の護りについて、天皇陛下の大御心《おおみこころ》にお答えしなければなりません」などとさかんに勇ましいことを言っていた。「日本は東亜の盟主」という言葉を初めて聞いたのも元山先生からだ。「それなのにもうケロリとしている。おまけに前非を悔いて沈黙しているならまだしも、ついせんだってまでお先棒をかついでいた軍国主義に臆面もなくさかしらな批判を加え、民主主義だの文化国家だのと説教をたれる。」（注33）新しい、再び上からの言語ゲームの押しつけに、渡辺は今度はうさんくささを感じざるをえなかったのである。渡辺にとって、言語ゲームのリセットは簡単ではなかった。しかしともかく、言語ゲームはリセットできるのである。（注34）

二　言語ゲーム概念と相対主義

政治はどこにでもある。私たち自身、私たちの政治システムを構成し、その中で生きている。私たちの圧倒的多数は、オウム真理教の信者ではない。俗人である私たちは、私たちが作り上げている言語世界で生きているのであり、つまりは私たちも言語ゲームをプレイしている。戦後の私たちは、戦前のとは異なる別の言語ゲームを営んでいる。とすればこれも、いつかはリセットできる、あるいはリセットしなければならないのだろうか。政治は、さまざまな事象を自己に有利なように語りながら、その現実世界の言語ゲームを支配しようとする。私たちはその中にあって、すべての事象の解釈を、現在流布している手持ちの言語ゲームのボキャブラリーでおこなっている。私たちの言語ゲームが絶対的に正しいという保証はどこにあるのだろうか。私たちによる、麻原そしてオウム真理教事件の断罪は正しかったのだろうか。

　私たちはここで、ある種の相対主義に陥ってしまうように思える。これが本章での第二の問題である。ウィトゲンシュタインにおいても、このことは明確に意識されていた。第二章の三で引用した原始人の行動に関するウィトゲンシュタインの表現は、次のようなものであった。「彼らが神託を仰ぎ、それに従って行動することは誤りなのか。……これを『誤り』と呼ぶとき、われわれは自分たちの言語ゲームを拠点として、そこから彼らのゲームを攻撃しているのではないか。」（注35）「ではわれわれが彼らの言語ゲームを攻撃することは正しいか、それとも誤りか。」（注36）「ふたつの相容れない原理がぶつかり合う場合は、どちらも相手を蒙昧《もうまい》と断じ、異端と謗《そし》る。」（注37）私たちはオウム真理教の言語ゲームは誤っており、危険で、悪だと思う。ＧＨＱは、戦前に私たちがプレイしていた言語ゲーム（の一部）を、民主主義にふさわしくないとして禁止した。このような判断が絶対的に正しいとする根拠は存在するのだろうか。

　九八年三月、林郁夫の弁護側最終弁論で林の弁護人は、ダーウィンの進化論を援用した次のような議論を展開した。すなわちオウム真理教の信者たちは、麻原を権威者として認め、権威に対する人間の普遍的反応として、その権威が示す価値観を自分自身の価値観として内面化し、それに従った。それは、人間が社会内で生きていくために、そこにおける価値観を共有してこれに従おうとする反応であって、いわゆる社会的動物である人類が適者生存の進化の結果として持つようになった特性である。したがってその行動に善悪の判断は下せないというのである。「被告人は麻原の宗教性を信じ、その権威を認めて入信・出家し、一般社会とは独立した教団という一つの社会に帰属したことにより、その社会の価値観すなわち麻原の植えつける価値観に従って物事を考え、行動するようになった。このことはいわば社会的動物たる人間が適者生存の長い進化の過程で身につけてきた普遍的な特性、すなわち自分の所属する社会の権威を認め、これに服従することで互いの和を保ち生き延びてくるうちに人類に備わった特性によるものと言うべきであって、それ自体非難の対象とはなり得ない。」弁護人はそのすぐ後で「問題は、『善』の実践であると装い、宗教性を備えた『権威を詐称した』麻原にある」（傍点、大石）（注38）として麻原のみを断罪するが、このロジックでは、実際に殺人を実行したオーム真理教の信者たちの行動は裁けないであろう。なぜならば信者たちは、ただ人類の普遍的な特性にしたがって行動しただけであるから。弁護人はさらに進んで次のようにも言う。「……道徳倫理上の問題を超えて社会を保つために必要だとの名分のもとに殺人が行われていることは過去の歴史をみれば明らかである……。しかも自己の所属する社会の権威が認めさえすれば、その社会を守るために他の社会に属する人間を殺すことが許されるということも良い悪いの問題ではなく、社会的動物たる人間の特性であるといわざるを得ない。」（傍点、大石）（注39）弁護人はオウム真理教教団が一つの社会だと認めているのであるから、このような考え方では、社会と社会の間の戦争はむろん、権威を行使した麻原と、それにしたがったオウム真理教高弟たちの殺人行動を非難することはできない。麻原の悪性を断罪し、高弟たちの行動を裁く根拠はどこにあるのだろうか。

人を殺してはいけない。当然のことのようである。しかし私たちの社会には死刑制度がある。正当防衛という観念があり、医師などがかかわる安楽死もある。ある場合には、人を殺すことも許されるのか。「ある場合には」という条件をつけるなら、その条件の絶対的妥当性はあるのだろうか。このような問題についてウィトゲンシュタイン自身はどう考えたのだろうか。ウィトゲンシュタインの思索を介してオウム真理教事件を考えるとき、その洞察の鋭利さと切れ味を感じながらも、なお問題の深遠さを思わざるを得ない。オウム真理教教団が引き起こした行動を批判するとき、私たちはとりあえずは、林郁夫《いくお》の妻で麻酔医でありながら、オウム真理教の犯罪に加担したH・Rの痛切な反省を心に留めるべきであろう。彼女はその初公判で長文の上申書を裁判所に提出した。ホーリーネームも得ていないH・Rは、操作された情報にしか接していなかったゆえに、オウム真理教の「密教」的部分、すなわち落田耕太郎《おちだこうたろう》殺害事件、松本サリン事件、仮谷清志《かりやきよし》拉致殺害事件、地下鉄サリン事件などが、オウム真理教教団の犯行であるとはとても信じられなかった。

考えられるとすれば、タントラ・ヴァジラヤーナ、秘密金剛乗《こんごうじょう》という教えがあることです。これから生きていれば悪業《あくごう》を積むばかりになって、死んだら地獄に落ちてしまう人を殺して天界にあげてあげる（……ポア……）ことはよいことなのだ、という教えです。もちろん、あくまですべてを知っている人、つまり最終解脱者がカルマ（業）を見極めた上でという条件がついていますが、麻原は最終解脱者である、また信仰的にも現実的にも麻原の命令は絶対的なものでしたから、これを本気で信じてしまった信徒たちは、麻原が「ポアしろ」と命令すれば、我こそはと思ってやってしまった人たちがいても不思議ではありません。……／しかし、今よくよく考えてみれば、いかなる理屈を積みあげようと、他者を殺害することを是とする信仰があり得るはずがありません。すでにタントラ・ヴァジラヤーナが唱えられた時点で、私はこのオウム真理教団の「信仰」なるものに疑いを持ち、オウム真理教の信仰と実践を捨て、拒否するべきでした。なにか変だな、と思ったら、そこで踏み止まり、よく考え、それを拒否し、離脱し、天地の真実の真の真理に立って一人で生きる勇気を持つべきでした。オウムの教えは決して「真理」ではない。否、まったく「反真理」でありました。（傍点、大石）（注40）

常識的には、そして通常の場合には、H・Rのこの決意と態度が、平凡ではあるものの、もっとも大切であろう。しかし、H・Rが依拠する「天地の真実の真の真理」をどうやって見い出すか、そしてそれが絶対的に妥当であるという保証はあるのだろうか。

H・Rの考え方をもう少し洗練したものとして、星川啓慈も引用している次のような伊藤春樹の言葉を、「文化」を「宗教」に換えつつ、私たちは念頭に置いておくしかないのかもしれない。

われわれは異質な文化における行為について、その妥当性を積極的に判定すべきなのだ。しかもわれわれの基準で判断すべきなのだ。われわれが絶対的に正しいからではなく、絶対的に正しい基準など存在しないからである。……異質な社会における行為についてその善悪（・真偽・合理非合理など）を判断するのは、……われわれの判定基準の相対性を自覚するために行うのだ。その行為はわれわれからみれば悪であって、とうてい座視できない。―こう発言できるのは、われわれが絶対的に正しいからではない。……どこまでいっても、絶対的根拠の固い基盤に出会うことはない。むしろ、この価値観、人間観が究極的にわれわれのもの、でしかないことを引き受け、われわれの自己理解の限界を露呈させるのである。これは決してわれわれの価値判断の正当性を基礎づけることではなく、われわれの価値判断の根拠が究極的にわれわれの選択に依存していることを示すのである。（傍点、大石）（注41）

伊藤によるこのような考え方と態度は、オウム真理教事件のような問題に直面したとき、私たちがとることのできる一つの方法ではあろう。それは、無神論的実存主義の考え方・態度にも通じるものである。あることに関して何らかの価値判断を下さねばならないとき、その妥当性を担保する根拠として、私たちは「人間の本性は善である」とか、「その本性は神に由来する」とか主張するわけにはいかない。J・P・サルトルがいうように「人間の本性は存在しない。その本性を考える神が存在しないからである。」（注42）私たちの生存、そしてそれにかかわる価値判断は、私たちみずからによる何ものかに対するコミットメントである。「人間は……まず第一に、主体的にみずからを生きる投企〔engagement〕なのである。この投企に先立っては何物も存在しない。何物も、明瞭な神意のなかに存在してはいない。人間は何よりも先に、みずからかくあろうと投企したところのものになるのである。」(注43) 何らかの普遍に導かれた、私たち自身によるコミットメントの結果としての選択であるから、その責任は私たち自身がすべての人に負わねばならない。「従って実存主義の最初の手続きは、各人をしてみずからあるところのものを把握せしめ、みずからの実存について全責任を彼に負わしめることである。人間はみずからについて責任をもつという場合、それは、人間は厳密な意味の彼個人について責任をもつということなのではなく、全人類に対して責任をもつという意味である。」(注44) しかし、私たちの価値判断の根拠が究極的に私たちの選択にかかるとすれば、そしてそれゆえに私たちはその選択に責任をもつといっても、なお、その選択が正しいものであるということの保証は、やはりない。どう考えればよいのか。この問題のさらなる考察は、私たち自身の内発的で真剣な思索にかかっているのであろう。最終節でもう一度、別の視覚から考えてみよう。

ところで相対主義は、懐疑論にも通じる。ウィトゲンシュタインに次のような表現があった。「ある種の出来事は、私を、これまでのゲームをもう継続できないような境遇に落し込むであろう。私はゲームの確かさから引き離されてしまうわけだ。」(注45) ウィトゲンシュタインが描写するこの事態は、オウム真理教と決別した林や早川、そして北朝鮮から離反した八尾恵《やおめぐみ》にも生じたことであったろう。彼らはこれまでの言語ゲームはもはや信頼できないと感じた。しかし新しい言語ゲームが始まったとはいっても、彼らをとりまく現実は何も変わっていない。もとのままの現実に対して、新しい言語ゲームで対処しているだけである。新しい言語ゲームの方が絶対的に正しい、ヨリよく現実を反映しているとどうしていえるのだろうか。私たちの世界像は絶対的に正しいといえるのだろうか。新しい言語ゲームも、いずれまたリセットされるのだろうか。論理的には、それはあり得る事態である。とすればそもそも、言語と現実あるいは事実との関係とは一体どういうものなのか。懐疑論者がいうように、私たちの感覚はしばしば当てにならない。しかし私たちは、たとえば目の前にある物体が「机」であると誰でもが認めるような、私たちが強く信頼することのできるある種の知識を共有していなければ、そもそも意味のある議論をすることはできないだろう。ウィトゲンシュタイン研究者のL・ハーツバーグは、そのような知識を「知識のパラダイム・ケース」と名づけた。もし懐疑論者が、そのような「知識のパラダイム・ケース」をすら疑問にするとすれば、つまり「何ものをも信頼できない」と強調するとすれば、彼は自分の主張すら信頼できないことになる、というパラドックスに陥るであろう。「懐疑論者が、われわれが知識のパラダイム・ケースとみなすものを疑問とするとき、彼は事実上われわれの判断基準に挑戦しているのであり、それによって彼自身の疑いの意味を破産させているのである。」（注46）

「知識のパラダイム・ケース」が誤っている可能性は、論理的にはあり得るとしても、日常の言語ゲームはそれに依拠することにより成立している。事実についてのそのような知識に基づいて、私たちは言語ゲームをプレイしている。「言語ゲームの可能性が一群の事実によって制約されている、というのはまさに自明のことではないか。」(注47) ウィトゲンシュタインはこうして私たちの言語ゲームが現実の世界と結びついていることを強調し、ハーツバーグはそれを言語の世俗性（this-worldliness）と呼んだ。しかしそこに問題がないわけではない。「……言語の『世俗性』は、究極的には懐疑論を意味のないものとする。しかし認識論的な安全保障を確保したつけは、形而上学的不安とでもいうべき点に現れた：世界はわれわれに理解しうるものとしてあり続けるかという点に保証はないのである。この点で、われわれの言語における不安定性はわれわれが行動の仕方に感じるそれと同じものである。」(注48) ハーツバーグのいう形而上学的不安（metaphysical insecurity）、さらには「われわれの言語における不安定性」（insecurity of our language）という表現が具体的に何を意味するのか、それ以上の説明はない。「神」とか「精神」などはこの世のものではなく、つまりそれらは形而上学的であり、事実としてたしかめることは困難である。しかしそれにもかかわらずそれらの言葉は実在し、人はそれらの言葉をあやつる。引照するものを経験的には確かめることができないものについての言葉を、それでもなお使用している人間。同一のモノについての名称（ネーミング）は、それを使用する地域によって、また時代によって異なることもありうる。ハーツバーグが「形而上学的不安」「言語における不安定性」としか表現できない事態、こういった点を懐疑論者が提起したというのだろうか。明確な結論が簡単に提出されるとは思えないが、しかしこれらの点は次の第三の問題と関連があるかもしれない。

三　言語ゲーム概念の有用性

第三の問題は、ウィトゲンシュタインの言語ゲームという概念の有用性についてである。私たちの言葉は、それが書き言葉であれ話し言葉であれ、ある何らかの意味をもっている。意味は、しばしば言葉が引照（refer）する対象でもある。しかし意味としての対象は、いつも固い物理的実体とは限らない。「机」という言葉は、いま私の目の前にある固い物体を意味するが、「空気」という言葉が意味するものは、化学に弱い人間には、はなはだ頼りない。「幽霊」や「神」となれば、そのような対象は外的で観察しうるものとしては誰にも確かめられないだろう。しかし「幽霊」や「神」という言葉にも何らかの意味はあるはずで、その証拠に人間の側には、その幽霊や神という言葉に対する何らかの反応がある。ウィトゲンシュタインは言葉の意味について「語の意味とは、言語内におけるその慣用（Gebrauch）である」という。（注49）また「言葉の意味はその使用法（Art seiner Verwendung）である」という表現もある。（注50）これらは鋭い指摘であるが、同じようなコンテクストからさらに直截にこの点に注目して、意味を反応と言い換えた社会心理学者G・H・ミードによる意味の定義は、画期的である。ミードはジェスチャーという言葉を使って説明するが、ここでジェスチャーとは音声をともなう意味のあるジェスチャー（significant gesture）であり、それはすなわち言葉（＝シンボル）である。「社会的行為において、ある生物体による、他の生物体のジェスチャーに対する適応的反応は、前者による後者のジェスチャーの解釈であり、―それがそのジェスチャーの意味である。」(注51)使用される言葉に外在的な引照物があってもなくても、人びとはその言葉に対して何らかの外的および内的な反応を示す。したがって、外的であれ内的であれ、言葉を聞いて示された反応が、その言葉の意味というわけである。ウィトゲンシュタインとミードはともに、言葉の意味ということに関し、それが絶対的・実体的なものではなく、あくまでも言葉が使用されたときのその具体的・現実的な用法、それに対する反応に注目しているのである。

ところで、「机」という言葉は日本語であり、英米人はそれをdeskという。またドイツ人はそれをSchreibtischというであろう。つまり机という物体は、本当には机ではないわけで、ただ日本人がそれ、つまり目の前にある、厚く平べったい板があってその下に四本の足がついている物体を、「机」と呼んでいるだけである。英米人は決してそれを「机」とは呼ばない。つまりある物体があっても、それについての呼び名はいろいろに変わるわけである。日本人の場合には、日本語における約束ごとで、特定の物体を「机」と呼んでいるにすぎない。約束であるから、約束を変更すれば、それは「机」とは呼ばれないかもしれない。モノの名前つまり言葉は、ことほどさように便宜的なものである。名前とモノは実体的な関係にあるわけではなく、その関係は軽く、従っていつでも変更できる。いつでもリセットできるのである。日本人がアメリカやイギリスに行けば、頭を切り換え(リセットし)て、英語で考え、英語でしゃべろうとするであろう。このことを考えれば、人びとによる言葉の使い方をウィトゲンシュタインが言語ゲームと呼んだことが、いかに卓抜なアイディアであるかが理解できる。

しかしときに人は言葉を実体化し、それを絶対的なものとみなす。自ら進んで海軍に志願し、戦艦武蔵《むさし》で戦った渡辺清は、敗戦後この点に気づき悔やんだ。「考えてみると、おれは天皇について直接何も知らなかった。……そのおれが天皇を崇拝するようになったのは小学校に上がってからである。おれはそこで毎日のように天皇の『アリガタサ』についてくり返し教えこまれた。『万世一系《ばんせいいっけい》』『天皇御親政《ごしんせい》』『大御心《おおみこころ》』『現御神《あきつみかみ》』『皇恩無窮《こうおんむきゅう》』『忠君愛国』等々。そして、そこから天皇のためにいのちを捧げるのが『臣民《しんみん》』の最高の道徳だという天皇帰一《きいつ》の精神が培われていった……」（注52）天皇制のボキャブラリーは、こうして若い渡辺清の頭の中に刻み込まれていった。

おれは教えられることをそのまま頭から鵜呑みにして、それをまたそっくり自分の考えだと思いこんでいた。……つまりなにもかも出来合いのあてがいぶちで、おれは勝手に自分のなかに自分の寸法にあった天皇像をつくりあげていたのだ。……／だから天皇に裏切られたのは、まさに天皇をそのように信じていた自分自身にたいしてなのだ。現実の天皇ではなく、おれが勝手に内部にあたためていた虚像の天皇に裏切られたのだ。言ってみればおれがおれ自身を裏切っていたのだ。（注53）

言葉と実体化された天皇と天皇制のもとでの聖戦を、侵略戦争として批判的な目で見ることは、渡辺清そして圧倒的多数の日本人にはできなかったのである。

敗戦後、ＧＨＱによって新しい言葉、新しいネーミングをともなう新しい言語ゲームの啓蒙《けいもう》がさまざまな方法で実施された。戦時中、渡辺清の村で高等科の受け持ちとして軍部の手足となって動いた永島先生は、熱心に多くの生徒を勧誘して兵隊に志願させた。しかし戦後の四六年初頭には、その「永島先生は村の青年団の顧問に治まって、夜はときどき部落の青年たちを自宅に呼び集めて『民主主義の話』などを聞かせている……。」（注54）ある講演会では「新生日本の将来と青年の道」という演題で話し、渡辺も誘われた。しかし渡辺は断った。「これまでも何度か誘われて同じような話を聞きにいったが、どの先生の話にも失望した。言葉、言葉、言葉だけだった。おれはもう言葉だけでは信用しない。おれが天皇に裏切られたのも、国家に欺されたのも、自分で自分を裏切ったのももとはといえば言葉のせいだ。仲立ちになっている言葉や文字をそのまま早とちりにものごとの実体だと取りちがえていたからだ。いってみればだらしなく言葉の魔術にひっかかっていたのだ。……言葉は恐ろしい。場合によっては言葉ほど怖ろしいものはない。それだけに、言葉や文字にたいしておれはつねにさめていなければならない。」（傍点、大石）（注55）レイテ沖海戦で戦艦武蔵《むさし》とともに一度は海中に没した渡辺は、九死に一生を得たものの、志願して水兵になり、勇躍、武蔵に乗り込んだ当時の自分が、天皇や国家を絶対視する天皇制国家のボキャブラリーを、そのまま鵜呑みにしていたことに気づいたのである。

そのくせ、戦争に負けたとわかると、こんどはそれを国民大衆のせいにして「承詔必謹《しょうしょうひっきん》」とくる。

「国体護持《こくたいごじ》」とくる。「一億総懺悔《いちおくそうざんげ》」とくる。……／おれはこれまで「国体」とか「国家」というものは、小学校で教えられた通り、神聖なものだと思いこんでいた。国家は誰がつくったものでもない。太古の昔から存在していた超自然的なものだというふうに頭から信じきっていた。／しかし、今にしてやっとその虚構《うそ》に気がついた。よくよく考えてみると、国家というのは、鳥や獣の集まりではない。……人間同士の集まりである。……／つまり国家は、人間が集団で生きていくための一つの組織であって、なにも神だの超自然だのとごたいそうに考えることはなかったのだ。神聖な国家などというものは、いわば上から押しつけられた幻想だったのだ。(注56)

渡辺清は、林や早川らの省察から一歩進んで、言葉の魔術に気がついた。しかしその魔術のはたらきが具体的にどのようなものであるかは、ウィトゲンシュタインの考察と言語ゲームの概念化を待たねばならなかったのである。

言語ゲームという概念は、ゲームという言葉がもついわばその〝軽《かろ》み〟から、言語の虚構性について気づかせてくれる。つまり言語の実体化を防いでくれるのである。理論社会学者吉田民人による先駆的な意味論によれば、先に触れた(本章一九五〜一九六ページ)ミードの意味概念はさらに一般化されて、言葉とその意味というのは、単に物質パタンと物質パタンが規約的に連合したものであるといえう。(注57)「机」という言葉(＝物質パタン)は実際の机(＝物質パタン)と、「神」という言葉は、学習という条件反射のプロセスを経て、人間の大脳皮質を駆けめぐる微細な電気信号のあるパタンと、規約的に結びついている。つまり発端は恣意的な約束ごとから始まったのであるから、私たちはいつでもその連合（＝つながり）を破棄して、発想の転換をうながすことができる。

一九四六年一月一日、天皇につけられていた「神」というラベル（＝名前）は、GHQの意向を反映して「人間」というラベルに付け替えられた。天皇が「人間」と言い換えられたことにより、神聖なる天皇制の変化は必然となった。（注58）麻原彰晃《あさはらしょうこう》は拘束され、法廷でぶざまな姿をさらした。「カリスマの担い手がそのカリスマを失い、十字架上のイエズスのごとく、『自己の神から見捨てられた』ものと感じ、『自分の力が奪われた』ことを自己の信奉者に証明する、というようなことも生じうる。そうなると、彼の使命《ゼンドウング》は消滅し、希望は新たな担い手を期待し・求める。従来のカリスマ保有者は、これに反して、彼の帰依者たちに見捨てられてしまう。けだし、純粋なカリスマは、自分自身の――絶えず新たに証《あか》される――力からくる「正当性」以外には、ほかにはいかなる正当性も知らないからである。カリスマ的英雄は、……もっぱら生活の中で彼の諸力を証《ベヴェールング》すことによってのみ、その権威を獲得し・保持するのである。」（注59）もはや誰も麻原と生活を共にし、その雄弁に接することはできない。彼の紡《つむ》ぎ出す言語ゲームは終わったのである。

最後に、すぐ前でふれた奇妙な言葉〈軽み〉（本節一九九ページ）ということを、本節二で引用した伊藤春樹やサルトルの言葉と関連づけて考えてみよう。伊藤春樹は、「われわれの価値判断の根拠が究極的にわれわれの選択に依存している」としても、われわれは行為の「妥当性を積極的に判定すべき」であるといった。（本節一九一ページ）サルトルは「人間は……主体的に自らを生きる投企」なのであり、「自らの実存について全責任を負う」といった。（一九二ページ）しかし私たちが自ら選択する価値判断に責任を負うといっても、私たちが私たち自身の言語ゲームにどっぷり漬かっている限り、その言語ゲームの偏見性に気づくことは至難であろう。ましてやそこには、すでに内面化された価値観と権威があり、周りのすべての人びともそれに従っている。ナチスの医師たち、七三一部隊の医師たち、原爆を作った科学者たち、私に「紘一郎」と名前をつけた普通の親たち、……。（注60）

林郁夫《いくお》は麻原の命令に従ってしまった理由として「上位の価値観」の存在をあげた。第四章（三）権威のところで引用した文章（本書一四六ページ）に続いて、林は次のように言う。「人間の心は強固なものではない、と実感として分かった。しかし価値観を持たねば生きては行かれない。むずかしい。戦争でも虐殺でも、上位の価値観を作ってしまった中で人が使われた。自分の責任はとるべきだと思うが、もし今後の問題として、同じようなことが起きることがあるとしたら、原爆とかホロコースト（大虐殺、特にナチスによるユダヤ人大量虐殺をいう＝降幡注）とかの悲惨な事実を知らないわけではないが、人間の心理の分かれ目を十分に検討していただきたいな、と思う。」（傍点、大石）（注61）人びとに説明したい肝心な点は、林自身にもはっきりとはしていないのであろう。

いまここに、価値観Ｖ１にどっぷり漬かり、権威Ａ１を確立していて、そこにおける言語ゲームＬ１（Ｖ１、Ａ１）をプレイしているＸという人がいたとしよう。Ｖ１はこの場合、ナチズムでも天皇絶対主義でもよい。そしてＡ１はヒットラーでも天皇でもよい。もしそのＸが、自分がプレイしているのはＶ１に裏打ちされ、Ａ１を権威としてもつ言語ゲームＬ１であり、しかし実はほかにも、たとえばＶ２に裏打ちされ、Ａ２を権威としてもつ言語ゲームＬ２（Ｖ２、Ａ２）もあり得るのだと意識できたとしたらどうか。Ｖ２はこの場合、民主主義という理念、Ａ２はこの場合、民主的に選ばれる政治リーダーと考えてもよい。Ｌ１をプレイしながら、Ｌ２を意識できればＶ２やＡ２を意識できることにつながるかもしれない。ナチズムや天皇絶対主義のただ中で、即座にＶ１やＡ１に抵抗できないとしても、Ｖ２やＡ２を意識できることの意義は比類なく大きいだろう。言語ゲームという概念を意識することの有用性は、まさにこの点にあるのではないか。「心理の分かれ目を十分に検討していただきたい」という林の切望、はしがきで触れた、地下鉄サリン事件の実行犯豊田亨《とおる》の友人伊東乾《けん》が提出した「再発防止のために最初にしなければならないことは何か？」という課題に対する一つの答えは、このあたりにあるのかもしれない。

言語ゲームという概念は、言葉を駆使し（＝あやつっ）て多くの人びとを動かす（＝コントロールする）政治や宗教といった事象の分析にはことのほか有効な概念といってよい。ウィトゲンシュタインの言語ゲームという概念をキー・ワードとしたオウム真理教事件の分析は、こうしてさまざまな示唆を与えてくれるのである。

（了）

注

はしがき

注1　伊東乾『さよなら、サイレント・ネイビー―地下鉄に乗った同級生』二〇〇六、四〇～四一ページ

第一章

注1　早坂武禮『オウムはなぜ暴走したか』一九九八、二二七ページ
注2　早坂武禮『オウムはなぜ暴走したか』一九九八、二二五～二二六ページ
注3　江川紹子『「オウム真理教」追跡二二〇〇日』一九九五、五一六ページ
注4　江川紹子『オウム事件はなぜ起きたか―魂の虜囚』二〇〇六、下、四一八ページ、新風舎文庫。意図的な殺人のうちに、二〇〇八年八月五日に亡くなった河野澄子を加えている。
注5　岩上安身「悪夢の誕生―オウムの精神構造を解く」（中沢新一との対話）（『現代』一九九五年七月号、六二ページ、講談社）
注6　ロバート・J・リフトン『終末と救済の幻想―オウム真理教とは何か』（渡辺学訳）二〇〇〇、七ページ、一七五ページ。リフトンは、詐欺師（としてのグル guru as con man）という表現を各所で使っている。
注7　早川紀代秀・川村邦光『私にとってオウムとは何だったのか』二〇〇五、五一ページ

注8　早川紀代秀・川村邦光『私にとってオウムとは何だったのか』二〇〇五、一二九ページ
注9　佐木隆三『大義なきテロリスト―オウム法廷の一六被告』二〇〇二、二七ページ
注10　降幡賢一『オウム法廷―グルのしもべたち』上、一九九八、三三ページ
注11　参照、『アエラ』No.23（5月25日号）四八ページ
注12　早坂武禮『オウムはなぜ暴走したか』一九九八、三六八ページ
注13　リフトン『終末と救済の幻想―オウム真理教とは何か』（渡辺学訳）二〇〇〇、三八ページ
注14　早川紀代秀・川村邦光『私にとってオウムとは何だったのか』二〇〇五、一八四ページ
注15　九五年一〇月、東京地裁で開かれた高橋昌也ら四被告の初公判で、サリン量産プラント殺人予備事件について検察側が読み上げた冒頭陳述要旨によれば、九五年三月当時、教団の出家信者は約一四〇〇人、在家信者は約一四〇〇〇人とされる。（降幡賢一『オウム法廷―グルのしもべたち』上、一九九八、一六ページ）
注16　リフトン『終末と救済の幻想―オウム真理教とは何か』（渡辺学訳）二〇〇〇、一二九ページ
注17　林郁夫『オウムと私』一九九八、四七〇ページ
注18　リフトン『終末と救済の幻想―オウム真理教とは何か』（渡辺学訳）二〇〇〇、一七八ページ
注19　組織の分裂やアーレフ、Alephなどについては Wikipedia の「アーレフ」の項を参照。
注20　島薗進『オウム真理教の軌跡』一九九五、五～六ページ
注21　大石紘一郎『政治行動論の基礎』一九八三、I
注22　たとえば、林郁夫『オウムと私』一九九八、一五六ページ

注23　佐木隆三『大義なきテロリスト―オウム法廷の一六被告』二〇〇二、四三ページ
注24　林郁夫『オウムと私』一九九八
注25　リフトン『終末と救済の幻想―オウム真理教とは何か』（渡辺学訳）二〇〇〇
注26　島田裕巳『オウム―なぜ宗教はテロリズムを生んだのか』二〇〇一、三七ページ
注27　降幡賢一『オウム法廷③　治療省大臣　林郁夫』一九九八
注28　降幡賢一『オウム法廷③　治療省大臣　林郁夫』一九九八、五五〜五八ページ
注29　Harold D. Lasswell, *Psychopathology and Politics*, 1977, Univ. of Chicago Press（First printed in 1930）pp.74－76.
注30　降幡賢一『オウム法廷③　治療省大臣　林郁夫』一九九八、五九ページ
注31　降幡賢一『オウム法廷③　治療省大臣　林郁夫』一九九八、六〇〜六六ページ
注32　江川紹子『「オウム真理教」追跡二二〇〇日』一九九五、五一六ページ
注33　梅原猛「『知的な野獣』を生み出す現代の悲劇」（朝日新聞社編『何がオウムを生み出したのか』一九九五、朝日新聞社）
注34　高山文彦『麻原彰晃の誕生』二〇〇六、第一章
注35　島薗進『現代宗教の可能性―オウム真理教と暴力』一九九七、一一五ページ
注36　島田裕巳『オウム―なぜ宗教はテロリズムを生んだのか』二〇〇一、四五ページ
注37　林郁夫『オウムと私』一九九八、七七〜七八ページ
注38　早川紀代秀・川村邦光『私にとってオウムとは何だったのか』二〇〇五、三八ページ

注39　リフトン『終末と救済の幻想―オウム真理教とは何か』（渡辺学訳）二〇〇〇、一七〇～一七一ページ。訳文は少し変えている。
注40　リフトン『終末と救済の幻想―オウム真理教とは何か』一七一ページ
注41　早川紀代秀・川村邦光『私にとってオウムとは何だったのか』二〇〇五、二一一ページ
注42　島田裕巳『オウム―なぜ宗教はテロリズムを生んだのか』二〇〇一
注43　島薗進『オウム真理教の軌跡』一九九五、同『現代宗教の可能性―オウム真理教と暴力』一九九七
注44　Ian Reader, *A Poisonous Cocktail? Aum Shinrikyo's Path to Violence*, 1996.
注45　五島勉『ノストラダムスの大予言』一九七三
注46　リフトン『終末と救済の幻想―オウム真理教とは何か』（渡辺学訳）二〇〇〇、二ページ
注47　リフトン『終末と救済の幻想―オウム真理教とは何か』四ページ
注48　栗原彬「現代日本の『鏡』としてのオウム真理教」（朝日新聞社編『何がオウムを生み出したのか』一九九五、朝日新聞社）
注49　荒木義修「ニュー・テロリズムの政治心理―オウム真理教とアルカイダ」（『法政論叢』第三九巻　第一号、二〇〇二）
注50　村上春樹『アンダーグラウンド』一九九七、同『約束された場所で』一九九八
注51　大江健三郎『宙返り』上・下、二〇〇二

第二章

注1　エミール・デュルケム『宗教生活の原初形態』上、（古野清人訳）一九七五、一九ページ
注2　岡義達『政治』一九七一、二四ページ、四三ページ
注3　人、物、事象などのすべてをモノと表すことにする。
注4　岡義達『政治』一九七一、四三〜四六ページ
注5　岡義達『政治』一九七一、四七ページ
注6　岡自身によっても価値観という言葉は使われている。（岡義達『政治』二ページ）
注7　林郁夫『オウムと私』一九九八、二八三ページ
注8　林郁夫『オウムと私』一九九八、四〇一ページ
注9　早坂武禮『オウムはなぜ暴走したか』一九九八、二六六〜二六七ページ。早坂は随所でオウム真理教独特の価値観について触れ、「教団内の価値観は世間のそれと大いに異なる」ので、さまざまな事件の解釈も正反対になったという経験を語る。（同書一〇ページなど）また彼によれば、実は麻原自身もさまざまな機会に多額の布施をおこなっていたという。麻原は「自らが人一倍徹底した実践をしていた……。一緒に海外を歩いていると寺院や仏跡などを訪れたときなど本当にあらゆる場面で布施を行っているのを目にした。」「行く先々の高僧との面会にしても、教えを請うような話であったり、激論を交わすこともしばしばであ」った。「熱心に教えを追求する姿勢は」よく見られた。「チベット亡命政府のダライ・ラマ法王には最終的には億単位の布施が行われたが、……広告効果を期待する程度のことでそこまで高

額の布施をする必要がないのは……明らかである」(同書二五〇～二五一ページ)という。麻原の複雑な人物像を伺わせる話である。

注10 岡義達『政治』一九七一、四九ページ
注11 ウィトゲンシュタイン『論考』四・二二
注12 ウィトゲンシュタイン『論考』四・二一
注13 岡義達『政治』一九七一、二四～二八ページ
注14 参照、大石紘一郎『政治行動論の基礎』一九八三、II
注15 ウィトゲンシュタイン『探究』三八
注16 イラク復興支援特措法が定める「非戦闘地域」の定義について、二〇〇四年一一月一〇日の党首討論では、民主党岡田代表(当時、以下同様)の質問に対し、小泉首相は「自衛隊が活動している地域は非戦闘地域だ」ととぼけた。政治における名前(ネーミング)の操作については、私自身、「消費税をめぐる『名前』の問題」という論考で考察したことがある(大石紘一郎「消費税をめぐる『名前』の問題─政治風刺の読み方」国士舘大学『政経論叢』通号第八一号、一九九二、七九～九七ページ)
注17 ウィトゲンシュタイン『論考』三・二〇二～二〇三
注18 ウィトゲンシュタイン『論考』二・〇二七二、二・〇三一、二・〇三二
注19 Kenneth E Boulding, *The Image ─ Knowledge in Life and Society*, 1956；大石紘一郎『政治行動論の基礎』一九八三、I
注20 島田裕巳『オウム─なぜ宗教はテロリズムを生んだのか』二〇〇一、二二六ページ

注21　「役割」の概念については、G. H. Mead, *Mind, Self, and Society*, 1934 ; K. E. Boulding, *The Image－Knowledge in Life and Society*, 1956 など参照。その視角は、政治社会過程の一側面を鋭く照射するが、それはまた別の話である。参照、M. Banton, *Roles－An Introduction to the Study of Social Relations*, 1965

注22　ウィトゲンシュタイン『探究』二七

注23　参照、Jaakko Hintikka, "Language-Games," (John V. Canfield ed., *The Philosophy of Wittgenstein*, Vol. 6, Meaning, 1986) pp.231－251

注24　ウィトゲンシュタイン『探究』四八～四九

注25　参照、ウィトゲンシュタイン『確実性』。George E. Moore, "A Defence of Common Sense, "1925 ; "Proof of an External World, "1939

注26　林郁夫『オウムと私』一九九八、一一八ページ

注27　ウィトゲンシュタイン『探究』二七

注28　ウィトゲンシュタイン『探究』二

注29　ウィトゲンシュタイン『探究』七

注30　参照、Ernst Konrad Specht, "The Language-Game as Model-Concept in Wittgenstein's Theory of Language, " (John V. Canfield ed., *The Philosophy of Wittgenstein*, Vol. 6, Meaning, 1986) p.134

注31　Jaakko Hintikka, "Language-Games," (John V. Canfield ed., *The Philosophy of Wittgenstein*, Vol. 6, Meaning, 1986) p. 241.

注32　ウィトゲンシュタイン『確実性』三七〇
注33　ウィトゲンシュタイン『確実性』五五九
注34　言葉の意味の問題は、ウィトゲンシュタインがもっとも苦闘した問題の一つであろうが、ここでは深入りしない。私自身、以前それについて手こずった経験があるが（大石紘一郎『政治行動論の基礎』一九八三、I）、現在では、吉田民人（「情報科学の構想－エヴォルーショニストのウィーナー的自然観」『今日の社会心理学』四　社会的コミュニケーション、一九六七）の意味論がもっとも優れたものと考えている。本書、第五章（三）参照。
注35　ウィトゲンシュタイン『確実性』三三六
注36　ウィトゲンシュタイン『確実性』五九五
注37　降幡賢一『オウム法廷③　治療省大臣　林郁夫』一九九八、八六ページ
注38　同前
注39　ウィトゲンシュタイン『確実性』四四六
注40　ウィトゲンシュタイン『確実性』六〇九
注41　ウィトゲンシュタイン『確実性』六一〇
注42　ウィトゲンシュタイン『確実性』六一一
注43　星川啓慈『言語ゲームとしての宗教』一九九七、一一六ページ
注44　リフトン『終末と救済の幻想－オウム真理教とは何か』（渡辺学訳）二〇〇〇、一〇〇〜一〇一ページ
注45　星川啓慈『言語ゲームとしての宗教』一九九七、一一五ページ

注46　リフトン『終末と救済の幻想―オウム真理教とは何か』（渡辺学訳）二〇〇〇、一二一ページ
注47　ウィトゲンシュタイン『探究』一九
注48　ウィトゲンシュタイン『探究』二三
注49　星川啓慈『言語ゲームとしての宗教』一九九七、一三ページ
注50　降幡賢一『オウム法廷―グルのしもべたち』上、一九九八、二七〇ページ
注51　ウィトゲンシュタイン『確実性』五一九
注52　星川啓慈『言語ゲームとしての宗教』一九九七、三三ページ
注53　星川啓慈『言語ゲームとしての宗教』一九九七、三五ページ。Vincent Brümmer, *Theology and Philosophical Inquiry : An Introduction*, 1982, pp.236–238.
注54　Kai Nielsen, *An Introduction to the Philosophy*, 1982, p.90（訳は星川啓慈『言語ゲームとしての宗教』一九九七による）
注55　ウィトゲンシュタイン『確実性』六一七
注56　Derek L. Phillips, *Wittgenstein and Scientific Knowledge : A Sociological Perspective, 1977*, p.86（訳は星川啓慈『言語ゲームとしての宗教』による）
注57　ウィトゲンシュタイン『確実性』六一七
注58　G. H. von Wright, "Wittgenstein on Certainty,"（John V. Canfield ed., *The Philosophy of Wittgenstein*, Vol. 8, Knowing, Naming, Certainty and Idealism, 1986）p.264.
注59　ウィトゲンシュタイン『確実性』二六二

注60　G. H. von Wright, "Wittgenstein on Certainty," (John V. Canfield ed., *The Philosophy of Wittgenstein*, Vol. 8, Knowing, Naming, Certainty and Idealism, 1986) p.264.

注61　参照、Jaakko Hintikka, "Language-Games," (John V. Canfield ed., *The Philosophy of Wittgenstein*, Vol. 6, Meaning, 1986) p.246.

第三章

注1　マックス・ウェーバー『宗教社会学』（武藤一雄・薗田宗人・薗田坦訳）一九七六、七七ページ

注2　村上春樹『約束された場所で』一九九八、など参照

注3　麻原彰晃『超能力秘密の開発法』新・増補大改訂版、一九九三、二五～二六ページ。リフトン『終末と救済の幻想―オウム真理教とは何か』（渡辺学訳）二〇〇〇、一五ページ

注4　麻原彰晃『超能力秘密の開発法』新・増補大改訂版、一九九三、二六～三三ページ

注5　麻原彰晃『超能力秘密の開発法』新・増補大改訂版、一九九三、三八～三九ページ

注6　麻原彰晃『超能力秘密の開発法』新・増補大改訂版、一九九三、四〇ページ

注7　麻原彰晃『超能力秘密の開発法』新・増補大改訂版、一九九三、四六～四七ページ

注8　島薗進『オウム真理教の軌跡』一九九五、一三ページ

注9　島薗進『オウム真理教の軌跡』一九九五、一三～一四ページ

注10　早川紀代秀・川村邦光『私にとってオウムとは何だったのか』二〇〇五、一二四ページ

注11　桐山靖雄『密教―超能力の秘密』一九八九、同『阿含仏教　超能力の秘密―君の潜在能力を引き出

せ!!』一九九六 や佐保田鶴治『解説 ヨーガ・スートラ』一九八〇 などは「チャクラ」と表記するが、本書では麻原に従い、チァクラと表記することにする。
注12 麻原彰晃『超能力秘密の開発法』新・増補大改訂版、一九九三、九四ページ
注13 麻原彰晃『超能力秘密の開発法』新・増補大改訂版、一九九三、五八ページ
注14 参照、桐山靖雄『密教―超能力の秘密』一九八九
注15 麻原彰晃『超能力秘密の開発法』新・増補大改訂版、一九九三、九四〜一〇三ページ
注16 麻原彰晃『超能力秘密の開発法』新・増補大改訂版、一九九三、一三七ページ
注17 麻原彰晃『マハーヤーナ・スートラ―大乗ヨーガ経典』一九八八、二七〜二八ページ
注18 麻原彰晃『超能力秘密の開発法』新・増補大改訂版、一九九三、一三五ページ
注19 島薗進『オウム真理教の軌跡』一九九五、一二ページ。桐山靖雄『密教―超能力の秘密』(新装版第三刷)一九八九、四〇一ページ
注20 麻原彰晃『超能力秘密の開発法』新・増補大改訂版、一九九三、一三五〜一三六ページ
注21 麻原彰晃『生死を超える』改訂版、一九八八、三三ページ
注22 麻原彰晃『超能力秘密の開発法』新・増補大改訂版、一九九三、一三八ページ
注23 麻原彰晃『超能力秘密の開発法』新・増補大改訂版、一九九三、九〇ページ、一四二ページ
注24 麻原彰晃『超能力秘密の開発法』新・増補大改訂版、一九九三、一五六〜一五七ページ
注25 麻原彰晃『生死を超える』改訂版、一九八八、三五〜三六ページ
注26 麻原彰晃『超能力秘密の開発法』新・増補大改訂版、一九九三、一三四ページ

注27　島薗進『オウム真理教の軌跡』一九九五、一三ページ

注28　早川紀代秀・川村邦光『私にとってオウムとは何だったのか』二〇〇五、五八ページ

注29　麻原彰晃『生死を超える』二四ページ。Shoko Asahara, *Beyond Life and Death*, 1993, p.24.

注30　早川紀代秀・川村邦光『私にとってオウムとは何だったのか』二〇〇五、八〇ページ

注31　早川紀代秀・川村邦光『私にとってオウムとは何だったのか』二〇〇五、七九ページ

注32　麻原彰晃『超能力秘密の開発法』新・増補大改訂版、一九九三、三〇二〜三〇七ページ。麻原彰晃『マハーヤーナ・スートラ―大乗ヨーガ経典』一九八八では、この体験はマハー・ケイマによる「クンダリニー・ヨーガの成就」として、四〇ページにわたって記述してある。

注33　林郁夫『オウムと私』一九九八、一一六〜一一八ページ

注34　リフトン『終末と救済の幻想―オウム真理教とは何か』(渡辺学訳)二〇〇〇、二八ページ

注35　東京キララ社編集部編『オウム真理教大辞典』二〇〇三

注36　マックス・ウェーバー『宗教社会学』(武藤一雄・薗田宗人・薗田坦訳)一九七六、一九三ページ

注37　エミール・デュルケム『宗教生活の原初形態』上、(吉野清人訳)一九七五、二九ページ

注38　エミール・デュルケム『宗教生活の原初形態』下、(吉野清人訳)一九七五、三四四ページ

注39　麻原彰晃『マハーヤーナ・スートラ―大乗ヨーガ経典』一九八八、二〇ページ、同『日出ずる国、災い近し』一九九五、一八〜一九ページ

注40　麻原彰晃『日出ずる国、災い近し』一九九五、一八〜一九ページ

注41　麻原彰晃『マハーヤーナ・スートラ―大乗ヨーガ経典』一九八八、二一ページ、同『日出ずる国、災

い近し』一九九五、一八〜一九ページ。後者では、餓鬼界（低級霊域）と動物界の順番が入れ替わっている。
注42　麻原彰晃『マハーヤーナ・スートラ―大乗ヨーガ経典』一九八八、二七一〜二七二ページ
注43　麻原彰晃『マハーヤーナ・スートラ―大乗ヨーガ経典』一九八八、二三ページ
注44　麻原彰晃『マハーヤーナ・スートラ―大乗ヨーガ経典』一九八八、二三ページ
注45　麻原彰晃『マハーヤーナ・スートラ―大乗ヨーガ経典』一九八八、二四ページ
注46　麻原彰晃『マハーヤーナ・スートラ―大乗ヨーガ経典』一九八八、二八〇ページ
注47　麻原彰晃『マハーヤーナ・スートラ―大乗ヨーガ経典』一九八八、二四〜二五ページ
注48　島薗進『オウム真理教の軌跡』一九九五、二〇〜二一ページ
注49　麻原彰晃『マハーヤーナ・スートラ―大乗ヨーガ経典』一九八八、八〇ページ
注50　麻原彰晃『マハーヤーナ・スートラ―大乗ヨーガ経典』一九八八、八一〜八二ページ
注51　例えば、麻原彰晃『滅亡の日―黙示録大予言の秘密のベールを剥ぐ』一九八九、一六四〜一六五ページ
注52　参照、早川紀代秀・川村邦光『私にとってオウムとは何だったのか』二〇〇五、八〇〜八二ページ
注53　マックス・ウェーバー『宗教社会学』（武藤一雄・薗田宗人・薗田坦訳）一九七六、一七八〜一八七ページ
注54　林郁夫『オウムと私』一九九八、一五六ページなど
注55　阪神淡路大震災の予言については、麻原は喜んだけれども、高橋自身が、とくに根拠があったわけでは

ないことを述べている。（高橋英利『オウムからの帰還』一九九六、一九一～一九三ページ）
注56　高橋英利『オウムからの帰還』一九九六、一六〇ページ
注57　島薗進『オウム真理教の軌跡』一九九五、一四ページ
注58　島薗進『オウム真理教の軌跡』一九九五、二九～三〇ページ
注59　島薗進『オウム真理教の軌跡』一九九五、三〇ページ
注60　島薗進『オウム真理教の軌跡』一九九五、三〇ページ。林郁夫『オウムと私』一九九八、一〇八～一〇九ページ
注61　麻原彰晃『滅亡の日―黙示録大予言の秘密のベールを剥ぐ』一九八九、一七九～一八〇。高山文彦『麻原彰晃の誕生』二〇〇六、文春新書　は、酒井勝軍（かつとき）とふりがなをふっている。（一一二ページ）どちらが正しいかは不明。
注62　麻原彰晃『滅亡の日―黙示録大予言の秘密のベールを剥ぐ』一九八九、一八ページ
注63　麻原彰晃『滅亡の日―黙示録大予言の秘密のベールを剥ぐ』一九八九、二一～二二ページ
注64　マックス・ウェーバー『宗教社会学』（武藤一雄・薗田宗人・薗田坦訳）一九七六、六四ページ。ウェーバーの訳書では「預言者」という表記が用いられており、『大辞林』によれば、麻原の著作で使用される「予言者」とはやや意味が異なるようだ。しかしここでは、ウェーバーの訳書の説明に依拠する場合には「預言者」を用い、他の場合には、「予言者」を「預言者」の意味を含む広義に解釈して論を進めたい。
注65　マックス・ウェーバー『宗教社会学』（武藤一雄・薗田宗人・薗田坦訳）一九七六、八一ページ

注66　麻原彰晃『滅亡の日―黙示録大予言の秘密のベールを剥ぐ』一九八九、二四ページ
注67　麻原彰晃『滅亡の日―黙示録大予言の秘密のベールを剥ぐ』一九八九、二五ページ
注68　麻原の著書にある聖書の引用は、例えば新共同訳のものとやや字句が異なるところがあるが、意味はほとんど同じである。
注69　麻原彰晃『滅亡の日―黙示録大予言の秘密のベールを剥ぐ』一九八九、二七ページ
注70　麻原彰晃『滅亡の日―黙示録大予言の秘密のベールを剥ぐ』一九八九、二八ページ
注71　麻原彰晃『滅亡の日―黙示録大予言の秘密のベールを剥ぐ』一九八九、二九ページ
注72　麻原彰晃『滅亡の日―黙示録大予言の秘密のベールを剥ぐ』一九八九、二九〜三〇ページ
注73　麻原彰晃『滅亡の日―黙示録大予言の秘密のベールを剥ぐ』一九八九、五〇ページ
注74　同前
注75　早川紀代秀・川村邦光『私にとってオウムとは何だったのか』二〇〇五、一三〇ページ、二一二ページ
注76　リフトン『終末と救済の幻想―オウム真理教とは何か』（渡辺学訳）二〇〇〇、二〜三ページ
注77　早川紀代秀・川村邦光『私にとってオウムとは何だったのか』二〇〇五、二一二ページ
注78　同前
注79　リフトン『終末と救済の幻想―オウム真理教とは何か』（渡辺学訳）二〇〇〇、一七〇〜一七一ページ
注80　麻原彰晃『滅亡の日―黙示録大予言の秘密のベールを剥ぐ』一九八九、二二一〜二二二ページ
注81　林郁夫『オウムと私』一九九八、三九六ページ
注82　林郁夫『オウムと私』一九九八、九七ページ

注83　早川紀代秀・川村邦光『私にとってオウムとは何だったのか』二〇〇五、一四七ページ
注84　江川紹子『「オウム真理教」追跡二二〇〇日』一九九五、五一一ページ
注85　林郁夫『オウムと私』一九九八、一〇四ページ
注86　リフトン『終末と救済の幻想―オウム真理教とは何か』（渡辺学訳）二〇〇〇、七ページ
注87　林郁夫『オウムと私』一九九八、一〇五〜一〇六ページ
注88　早川紀代秀・川村邦光『私にとってオウムとは何だったのか』二〇〇五、一三九〜一四〇ページ
注89　林郁夫『オウムと私』一九九八、一〇六ページ
注90　降幡賢一『オウム法廷②　グルVS信徒』上、一九九八、一七三ページ
注91　江川紹子『「オウム真理教」追跡二二〇〇日』一九九五、五一一〜五一二ページ
注92　早川紀代秀・川村邦光『私にとってオウムとは何だったのか』二〇〇五、一七三ページ
注93　麻原彰晃『キリスト宣言』一九九一、三一ページ
注94　麻原彰晃『キリスト宣言』一九九一、一ページ
注95　麻原彰晃『ノストラダムス秘密の大予言』一九九一、二七ページ
注96　麻原彰晃『麻原彰晃、戦慄の予言　この恐怖の世紀末―君は生き残れるのか!?』一九九三、三三ページ、六二ページ
注97　麻原彰晃『キリスト宣言　Part2』一九九一、三七ページ
注98　麻原彰晃『キリスト宣言　Part3』一九九二、一七九〜一八〇ページ
注99　麻原彰晃『麻原彰晃、戦慄の予言　この恐怖の世紀末―君は生き残れるのか!?』一九九三、二二一ペー

ジ

注100 麻原彰晃『麻原彰晃、戦慄の予言 この恐怖の世紀末―君は生き残れるのか!?』一九九三、二〇ページ

注101 Ian Reader, *Religious Violence in Contemporary Japan*—*The Case of Aum Shinrikyo*, 2000, p.187.

注102 Ian Reader, *Religious Violence in Contemporary Japan*—*The Case of Aum Shinrikyo*, 2000, p.128.

注103 この『ヴァジラヤーナコース・教学システム教本』（一九九四）については、オウム・ウォッチャー西村〝新人類〟雅史のホームページ〈http://www.bekkoame.ne.jp/i/sinzinrui/〉で見ることができる。

注104 林郁夫『オウムと私』一九九八、一五五ページ

注105 高橋英利『オウムからの帰還』一九九六、一六一～一六三ページ。本書ではマインド・コントロールという言葉の使用を控えたが、マインド・コントロールについて手近にはスティーヴン・ハッサン『マインド・コントロールの恐怖』（浅見定雄訳）一九九三を参照。

注106 高橋英利『オウムからの帰還』一九九六、一五九～一六三ページ

注107 降幡賢一『オウム法廷―グルのしもべたち』下、一九九八、二一二～二一三ページ

注108 ロバート・K・マートン『社会理論と社会構造』（森東吾ほか訳）一九六一、三八四～三八五ページ

注109 林郁夫『オウムと私』一九九八、四〇九ページ。早川紀代秀・川村邦光『私にとってオウムとは何だったのか』二〇〇五、二一六ページ

注110 参照、前述の井上の言葉。江川紹子『「オウム真理教」追跡二二〇〇日』一九九五、五一四ページ。降幡賢一『オウム法廷―グルのしもべたち』下、一九九八、二一一ページ。早坂武禮『オウムはなぜ暴

走したか』一九九八、三七二ページ

注111 早川紀代秀・川村邦光『私にとってオウムとは何だったのか』二〇〇五、一一二ページ

注112 島田裕巳『オウム―なぜ宗教はテロリズムを生んだのか』二〇〇一、一一五～一一九ページ

注113 マックス・ウェーバー『宗教社会学』（武藤一雄・薗田宗人・薗田坦訳）一九七六、八三～八四ページ

注114 林郁夫『オウムと私』一九九八、四五〇ページ

注115 同前

注116 ケツン・サンポ＋中沢新一『虹の階梯―チベット密教の瞑想修行』一九八一、二八〇ページ。本書では一般的に通用しているポアという呼び方を使用する。ただし麻原は、講話のなかではポワと言っていたようである。西村編『ヴァジラヤーナ教学システム教本』参照。

注117 降幡賢一『オウム法廷② グルVS信徒』上、一九九八、二八ページ

注118 早川紀代秀・川村邦光『私にとってオウムとは何だったのか』二〇〇五、一三四ページ

注119 早川紀代秀・川村邦光『私にとってオウムとは何だったのか』二〇〇五、一三六ページ

注120 西村〝新人類〟雅史編「ヴァジラヤーナコース教学システム教本」の第三話（『VAJIRAYANA真理の探究』http://www.bekkoame.ne.jp/i/sinzinrui/)

注121 西村〝新人類〟雅史編「ヴァジラヤーナコース教学システム教本」の第一〇話（『VAJIRAYANA真理の探究』http://www.bekkoame.ne.jp/i/sinzinrui/)

注122 林郁夫『オウムと私』一九九八、一五五～一五六ページ

注123 リフトン『終末と救済の幻想―オウム真理教とは何か』（渡辺学訳）二〇〇〇、二一七ページ

注124　リフトン『終末と救済の幻想―オウム真理教とは何か』（渡辺学訳）二〇〇〇、六五ページ
注125　リフトン『終末と救済の幻想―オウム真理教とは何か』（渡辺学訳）二〇〇〇、五九ページ
注126　リフトン『終末と救済の幻想―オウム真理教とは何か』（渡辺学訳）二〇〇〇、九八ページ
注127　Kenneth E.Boulding, *The Image― Knowledge in Life and Society*, 1956, p.7.
注128　大石紘一郎『政治行動論の基礎』に一貫するのは、まさにこのテーマであった。
注129　島薗進『現代宗教の可能性―オウム真理教と暴力』一九九七、一〇九ページ
注130　島薗進『現代宗教の可能性―オウム真理教と暴力』一九九七、一〇五～一〇六ページ
注131　島薗進『現代宗教の可能性―オウム真理教と暴力』一九九七、一一〇ページ。マハー・ムドラーはマハームドラーと表記される場合もあるが、同一の論者によっても混在して使われている。本書ではマハー・ムドラーと表記する。
注132　島薗進『現代宗教の可能性―オウム真理教と暴力』一九九七、一一〇ページ
注133　島田裕巳『オウム―なぜ宗教はテロリズムを生んだのか』二〇〇一、一五四ページ
注134　島薗進『現代宗教の可能性―オウム真理教と暴力』一九九七、一一一ページ
注135　リフトン『終末と救済の幻想―オウム真理教とは何か』（渡辺学訳）二〇〇〇、六二ページ
注136　川村邦光「宗教的テロリズムと早川紀代秀」（早川紀代秀・川村邦光『私にとってオウムとは何だったのか』二〇〇五、二八八ページ）
注137　島田裕巳『オウム―なぜ宗教はテロリズムを生んだのか』二〇〇一、一五八ページ
注138　降幡賢一『オウム法廷⑤　ウソつきは誰か？』二〇〇〇、一八五ページ

注139　林郁夫『オウムと私』一九九八、三九五ページ
注140　早坂武禮『オウムはなぜ暴走したか』一九九八、三八一ページ
注141　早川紀代秀・川村邦光『私にとってオウムとは何だったのか』二〇〇五、一三六ページ
注142　島田裕巳『オウム―なぜ宗教はテロリズムを生んだのか』二〇〇一、一八三～一八四ページ
注143　島田裕巳『オウム―なぜ宗教はテロリズムを生んだのか』二〇〇一、一八四～一八五ページ。説法については たとえば、西村〝新人類〟雅史編「ヴァジラヤーナコース教学システム教本」の第二〇話（『VAJIRAYANA 真理の探究』http://www.bekkoame.ne.jp/i/sinzinrui/）
注144　中村元ほか編『岩波　仏教辞典』第二版、二〇〇二
注145　ケツン・サンポ＋中沢新一『虹の階梯―チベット密教の瞑想修行』一九八一、一七八ページ
注146　島薗進『現代宗教の可能性―オウム真理教と暴力』一九九七、一〇一ページ
注147　島薗進『現代宗教の可能性―オウム真理教と暴力』一九九七、一〇〇～一〇二ページ
注148　島薗進『現代宗教の可能性―オウム真理教と暴力』一九九七、一〇三ページ
注149　降幡賢一『オウム法廷②　グルVS信徒』上、一九九八、一六～一七ページ
注150　リフトン『終末と救済の幻想―オウム真理教とは何か』（渡辺学訳）二〇〇〇、六五ページ
注151　島薗進『現代宗教の可能性―オウム真理教と暴力』一九九七、一〇三～一〇四ページ
注152　島薗進『現代宗教の可能性―オウム真理教と暴力』一九九七、一九七～一九八ページ

第四章

注1　宗教についての概念規定をここで試みるつもりはない。とりあえずは、Peter B. Clarke & Peter Byrne, *Religion Defined and Explained*, 1993, および H. N. Fairchild & others (eds.), *Religious Perspectives in College Teaching*, 1952, 中の Talcott Parsons, "Sociology and Social Psychology," など参照。

注2　政治システムについて簡単には、David Easton, *A Framework for Political Analysis*, 1965, (岡村忠夫訳『政治分析の基礎』一九六八) および大石『政治行動論の基礎』一九八三のⅡ、Ⅲなど参照。

注3　オウム真理教事件にとっての田口事件の重要件については、渡辺学「サリン攻撃の後で―オウム真理教と日本人」(『南山宗教文化研究所研究所報』六号、一九九六、九ページ)、同著者による英語論文 "Religion and Violence in Japan Today : A Chronological and Doctrinal Analysis of Aum Shinrikyo," *Terrorism and Political Violence*, 10 : 4, p.87 など、いくつかの論考も言及している。

注4　降幡賢一『オウム法廷―グルのしもべたち』下、一九九八、二四三ページ

注5　降幡賢一『オウム法廷―グルのしもべたち』下、一九九八、二四四〜二四七ページ

注6　フョードル・ドストエフスキー『悪霊』(三)、(米川正夫訳) 一九五九、八三〜八四ページ

注7　早川紀代秀・川村邦光『私にとってオウムとは何だったのか』二〇〇五、二九七〜二九八ページ

注8　早川紀代秀・川村邦光『私にとってオウムとは何だったのか』二〇〇五、二九九ページ。降幡賢一『オウム法廷② グルVS信徒』一九九八、下、三九ページ、二九二ページ

注9　林郁夫『オウムと私』一九九八、三八八ページ

注10　林郁夫『オウムと私』一九九八、三九一ページ

注11　林郁夫『オウムと私』一九九八、四一〇〜四一一ページ

注12　林郁夫『オウムと私』一九九八、四一〇ページ
注13　東京キララ社編集部編『オウム真理教大辞典』によれば、麻原はI・Kをアーチャリーの家庭教師とし、将来的には結婚相手と考えていたという。
注14　早川紀代秀・川村邦光『私にとってオウムとは何だったのか』二〇〇五、二一二ページ
注15　参照、藤田庄市『オウム真理教事件』一九九五、四ページ、降幡賢一『オウム法廷②　グルVS信徒』上、一九九八、二七ページ、早川紀代秀・川村邦光『私にとってオウムとは何だったのか』二〇〇五、九五ページ、一〇六ページ
注16　リフトン『終末と救済の幻想―オウム真理教とは何か』（渡辺学訳）二〇〇〇、六八〜六九ページ
注17　一九八六、大和出版
注18　早坂武禮『オウムはなぜ暴走したか』一九九八、二〇六ページ
注19　早坂武禮『オウムはなぜ暴走したか』一九九八、三八四〜三八五ページ
注20　林郁夫『オウムと私』一九九八、七八ページ
注21　林郁夫『オウムと私』一九九八、八二ページ
注22　林郁夫『オウムと私』一九九八、八三ページ
注23　降幡賢一『オウム法廷③　治療省大臣　林郁夫』一九九八、三〇ページ
注24　マックス・ウェーバー『支配の社会学』I（世良晃四郎訳）一九六〇、四七ページ
注25　大石紘一郎『政治行動論の基礎』一九八三、八三〜八七ページ
注26　降幡賢一『オウム法廷③　治療省大臣　林郁夫』一九九八、三四ページ

注27　降幡賢一『オウム法廷③　治療省大臣　林郁夫』一九九八、三五ページ
注28　大石紘一郎『政治行動論の基礎』一九八三、一一九ページ。すぐ次に触れるS・ミルグラムによる権威についての分析と実験は興味深く参考になる。ミルグラムはウェーバーの分類でいえば合法的権威にとくには焦点を当てているが、そのほかにカリスマや伝統、さらには学識なども権威の要因になるであろう。その意味で大石は単に「何らかの意味で優越的」と、その根拠を限定していない。
注29　リフトンには、ユダヤ人大量殺害に加担したドイツの医師たちに関する分析、*The Nazi Doctors – Medical Killing and the Psychology of Genocide*, 1986, という大部な著書がある。参照、Teresa and Henryk Swiebocki, eds, *Auschwitz-The Residence of Death*, 2003, (Translated by W. Brand)
注30　常石敬一『消えた細菌戦部隊―関東軍第七三一部隊』一九九三、八八ページ。七三一部隊の施設内部では、収容された人（生）体実験のための捕虜たちは〝マルタ〟と呼ばれた。マルタと呼ぶことによってはじめて、医師たちも人体実験をおこなうことができたであろう。ここにもネーミングの問題がある。
注31　降幡賢一『オウム法廷③　治療省大臣　林郁夫』一九九八、二四ページ
注32　早川紀代秀・川村邦光『私にとってオウムとは何だったのか』二〇〇五、一三八ページ
注33　早川紀代秀・川村邦光『私にとってオウムとは何だったのか』二〇〇五、一三九ページ
注34　同前
注35　早川紀代秀・川村邦光『私にとってオウムとは何だったのか』二〇〇五、一四〇ページ
注36　早川紀代秀・川村邦光『私にとってオウムとは何だったのか』二〇〇五、二一九～二二二ページ
注37　降幡賢一『オウム法廷②　グルVS信徒』下、一九九八、三二五～三二八ページ

注38　林郁夫『オウムと私』一九九八、一六九ページ
注39　林郁夫『オウムと私』一九九八、一七〇～一七一ページ
注40　林郁夫『オウムと私』一九九八、一七三ページ
注41　林郁夫『オウムと私』一九九八、一七二ページ
注42　林郁夫『オウムと私』一九九八、一七五～一七六ページ
注43　林郁夫『オウムと私』一九九八、一七六ページ
注44　東京キララ社編集部編『オウム真理教大辞典』二〇〇三、三七ページ
注45　林郁夫『オウムと私』一九九八、三七六～三八一ページ
注46　早川紀代秀・川村邦光『私にとってオウムとは何だったのか』二〇〇五、一五三ページ
注47　早川紀代秀・川村邦光『私にとってオウムとは何だったのか』二〇〇五、一五三～一五四ページ
注48　降幡賢一『オウム法廷②　グルVS信徒』下、一九九八、四二ページ
注49　降幡賢一『オウム法廷②　グルVS信徒』下、一九九八、四三ページ
注50　オーウェル『一九八四』(新庄哲夫訳)一九七二、四八ページ
注51　オーウェル『一九八四』(新庄哲夫訳)一九七二、二七二ページ。本書の第二章、四八ページでの緒方の発言「何かが黒くても麻原が白といえば、それは白でした」を思い返すと、偶然の一致とはいえ、オーウェルの洞察の鋭さには驚かされる。
注52　リフトンもむろんオウム真理教の組織を全体主義(的)(totalism；totalistic)とみなしている。しかし渡辺学によるその訳語はすべて「一体主義(的)」となっている。熟考の上での訳者の工夫であろうが、

政治学専攻の私としては、全体主義（的）という訳語で通すことにする。全体主義とは、ここでは簡単に、社会システムにおいて、多元主義的な考え方や組織の存在を許さない志向、としておこう。宗教における全体主義については、リフトンがあげているRobert J. Lifton, "Cults : Religious Totalism and Civil Liberties," *The Future of Immortality and Other Essays for a Nuclear Age* 1987, pp.209–219, などを参照。

注53　林郁夫『オウムと私』一九九八、一七八ページ

注54　林郁夫『オウムと私』一九九八、四三二ページ

注55　フョードル・ドストエフスキー『罪と罰』（工藤精一郎訳）一九六一、八三ページ

注56　林郁夫『オウムと私』一九九八、四五一ページ

注57　林郁夫『オウムと私』一九九八、四〇九ページ

注58　リフトン『終末と救済の幻想－オウム真理教とは何か』（渡辺学訳）二〇〇〇、五三～五四ページ

注59　村上春樹『約束された場所で』一九九八、一二六ページ

注60　早坂武禮『オウムはなぜ暴走したか』一九九八、九ページ

注61　早坂武禮『オウムはなぜ暴走したか』一九九八、三七六ページ

注62　鶴見俊輔「思想」（久野収・鶴見俊輔編『思想の科学事典』一九六九）六八三ページ

注63　M・エーデルマンのreferential symbolsとcondensation symbolsという区別を思い出してもよい。参照、Murray Edelman, *The Symbolic Uses of Poliics*, 1964（法貴良一訳『政治の象徴作用』一九九八、第一章）

注64 林郁夫『オウムと私』一九九八、一〇八〜一〇九ページ

注65 降幡賢一『オウム法廷③ 治療省大臣 林郁夫』一九九八、六一ページ

注66 降幡賢一『オウム法廷③ 治療省大臣 林郁夫』一九九八、六三ページ

注67 降幡賢一『オウム法廷③ 治療省大臣 林郁夫』一九九八、六四ページ

注68 後続の本文で触れる渡辺清の著書に、こんな記述がある。復員後の一九四五年一一月一〇日の日付である。「三菱財閥がかって東条大将に一千万円を寄付したということが新聞に出ている。これをみると、『戦争中軍閥と財閥は結託していた』というのはやはり事実のようだ。それにしてもこんな気の遠くなるような大金を贈った三菱も三菱だが、それを右から左に受けとった東条も東条だ。／表では『尽忠報国』だの『悠久の大義』だの『聖戦の完遂』だなどと立派なことをいっておきながら、裏にまわって袖の下とはあきれてものもいえない。……むろんこれは氷山の一角かもしれない。」（渡辺清『砕かれた神』二〇〇四、八七ページ。傍点、大石）政治における「顕教」と「密教」の存在に、渡辺清は気づいたのである。

注69 林郁夫『オウムと私』一九九八、四九四ページ

注70 早川紀代秀・川村邦光『私にとってオウムとは何だったのか』二〇〇五、二一四ページ

注71 同前

注72 早川紀代秀・川村邦光『私にとってオウムとは何だったのか』二〇〇五、一五六ページ

注73 早川紀代秀・川村邦光『私にとってオウムとは何だったのか』二〇〇五、二一六ページ

注74 政治における倫理について、丸山真男は次のように言っている。政治においては「善なる意思すらも政

治目的のための手段として利用されます。『国のために死ぬ』というのは個人倫理の立場であり、政治は戦争においてそれを『国のために殺す』行為に転換させるのです。こうした『政治』の苛烈な法則、政治的次元の独立性が一切容認された上で、なおわれわれはヨリ高次の意味で政治における倫理的契機について語らねばなりません。」（丸山真男『戦中と戦後の間』一九七六、四三八ページ）麻原に、このような意味での倫理的契機が、形式論理的にも意識されていたのだろうか。

注75　瀬口晴義『検証・オウム真理教事件』一九九八、二六ページ

注76　降幡賢一『オウム法廷⑫　サリンをつくった男たち』二〇〇三、二六〜二七ページ

注77　降幡賢一『オウム法廷⑫　サリンをつくった男たち』二〇〇三、二七一〜二七二ページ

注78　林郁夫『オウムと私』一九九八、四〇六〜四〇八ページ。リムジンでの「車中謀議」については、たとえば、降幡賢一『オウム法廷②　グルVS信徒』下、一九九八、一二一〜一二九ページ、における井上嘉浩の証言を参照。

注79　林郁夫『オウムと私』一九九八、四〇八〜四〇九ページ

注80　オウム真理教教団が意図的に内乱を計画していたとして、その解散のために「破壊活動防止法」（破防法）を適用しようとする政府・公安調査庁の動きがあったこと、これに対して弁護士や憲法研究者たちが、そもそも「破防法」の違憲性にまで立ち返って抗したこと等について、オウム破防法弁護団編著『オウム「破防法」事件の記録』（一九九八、社会思想社）を参照。

注81　早坂武禮『オウムはなぜ暴走したか』一九九八、三七二ページ

注82　降幡賢一『オウム法廷⑬　極刑』二〇〇四、一五八ページ。中川は九〇年といっているが、早川の年譜

によれば、一九九〇年に麻原たちがインドへ旅行した形跡は見あたらない。八九年の一二月にドイツ、アメリカを回ってインドに行き、ダライ・ラマと会見している。九二年夏頃にもインドへ行き、ダライ・ラマと会見したことになっている。竹岡俊樹『「オウム真理教事件」完全解読』一九九九の年表によれば、一九八八年七月にインド、ダラムサラでダライ・ラマに面会し、九一年にもインドを訪問している。中川の記憶間違いと思われるが、複数の事件史年表も混乱している。

注83 リフトン『終末と救済の幻想―オウム真理教とは何か』（渡辺学訳）二〇〇〇、七ページ

注84 中沢新一『「尊師」のニヒリズム』、中沢新一編『イマーゴ』臨時増刊号、一九九五、二五六ページ

注85 中沢新一『「尊師」のニヒリズム』、中沢新一編『イマーゴ』臨時増刊号、一九九五、二五七ページ

注86 中沢新一『「尊師」のニヒリズム』、中沢新一編『イマーゴ』臨時増刊号、一九九五、二六二～二六三ページ

注87 中沢新一『「尊師」のニヒリズム』、中沢新一編『イマーゴ』臨時増刊号、一九九五、二六六ページ

注88 同前

注89 中沢新一『「尊師」のニヒリズム』、中沢新一編『イマーゴ』臨時増刊号、一九九五、二七六ページ

第五章

注1 参照、Robert Jay Lifton, *The Nazi Doctors—Medical Killing and the Psychology of Genocide*, 1986

注2 リフトン『終末と救済の幻想―オウム真理教とは何か』（渡辺学訳）二〇〇〇、三～四ページ

注3 チャールズ・マンソン・ファミリー、ヘヴンズ・ゲイト、人民寺院などについて簡単には、リフトンの

注4　著書の第一二章および一三章を参照。
注5　リフトン『終末と救済の幻想―オウム真理教とは何か』（渡辺学訳）二〇〇〇、一～三ページ
注6　丸山真男手帖の会『丸山真男手帖』二四号、二〇〇三、四二ページ
注7　リフトン『終末と救済の幻想―オウム真理教とは何か』（渡辺学訳）二〇〇〇、原注、第一章（一）
注8　Joseph C.Grew, "War and Post-War Problems in the Far East," *The Department of State Bulletin*, 1944, p.16. グルー演説について、訳文は山極・中村（山極晃・中村政則編『資料 日本占領一 天皇制』一九九〇、二二六ページ）のものを使用している。以下でも同様である。しかしその資料翻訳では、「カルト」の部分は「祭儀」と訳されている。日本占領を予期してのアメリカ側の動きなどについて、とくには、五百旗頭真『米国の日本占領政策』上・下（一九八五、中央公論社）を参照した。
注9　Joseph C. Grew, "War and Post-War Problems in the Far East," *The Department of State Bulletin*, 1944, p.16.
注10　同前
注11　PWC（戦時計画委員会）『PWC―一一五』一九四四、CAC（国と地域の諸委員会）『CAC―一一七』一九四四。この資料の存在は、占領史に詳しい同僚の佐々木高雄教授に教えられ、かつそのコピーを提供していただいた。そのほかGrew演説の原文の提供、後続の本文で触れるウッダードの研究についての情報など、同教授からは貴重なご教示を得た。記して謝意を表する。
SCAPIN－448；William P. Woodard, *The Allied Occupation of Japan 1945－1952 and Japanese Religions*, 1972, pp.295－299. なおSCAPINはSCAP Indexの略である。（参照、Takemae Eiji, *The*

Allied Occupation of Japan, 2003, p.114)

注12　鈴木英一『日本占領と教育改革』一九八三、七八ページ

注13　ウッダード『天皇と神道－ＧＨＱの宗教政策』（阿部美哉訳）一九八八、六ページ　傍点をふった「間違った信念」は原文ではmistaken belief（William P. Woodard, *The Allied Occupation of Japan 1945–1952 and Japanese Religions*, 1972, p.9）であるが、邦訳書では「理解」となっている。ウッダードは、①「神道」②「神社神道」③「国家神道」④「国体神道」⑤「教派神道」⑥「国体のカルト」を区別する。①「神道」とは「人間のなかにも自然のなかにもどこにでも存在すると信じられている霊的な実体、力ないし資質を指す『神』にかんして、日本人が有する信仰と習慣の集積（クラスター）である。」②「神社神道」は「神道信仰の一形態であって、神社の信仰が中心になっている。」③「国家神道」（または国家的神道）については、神社神道と重複するが、明治維新後、「神社と神職が国のものとされ、その儀礼および活動が法律によって規定され、政府諸官庁によって管理され」ていたという点に注目する。「一九四六年、政府による神社の管理が終焉したときに消滅した。」④「国体神道」は、「天皇が現津神であり、天皇と日本の国土および国民は一つの神聖かつ不可分の存在であると説く神道の神話にもとづく政治哲学的な信念の体系である。国体神道の基本的教義は『祭政一致』である。国体神道の信奉者は神社の崇敬者であり、国体神道の支持者であるが、神社の崇敬者がすべて国体神道の信奉者ではない。」⑤「教派神道」は、「創唱者の教えと、場合によっては、その人格が中心とされる信仰の一形態であって、戦前の日本で公認されていた一三派の教派神道とは必ずしも一致するものではない。」⑥「国体のカルト」は、「日本の天皇と国家を中心とした超国家主義および軍国主義のカルトを指す」

ウッダードの造語である。（ウッダード、一九八八、七〜八ページ）本来の「神道」は信教の自由の原則から守護され、「国体のカルト」のみ廃絶する意図であったものが、ＧＨＱ内部でこれらの用語を区別できなかったことの結果として、その指令が「神道指令」の名前で呼ばれるという誤解が生じてしまった。このようなウッダードの理解から、mistaken beliefという表現が使われたのであろう。（参照、ウッダード『天皇と神道―ＧＨＱの宗教政策』（阿部美哉訳）一九八八、九ページ）

注14　ウッダード『天皇と神道―ＧＨＱの宗教政策』（阿部美哉訳）一九八八、八〜九ページ

注15　ウッダード『天皇と神道―ＧＨＱの宗教政策』（阿部美哉訳）一九八八、九〜一〇ページ

注16　William P. Woodard, *The Allied Occupation of Japan 1945–1952 and Japanese Religions*, 1972, pp.295–299.；鈴木英一『日本占領と教育改革』一九八三、七八ページ

注17　神道指令草案の段階では、教育勅語の廃止も検討された。また「国体」という用語の使用禁止は最終案まで残っていた。（ウッダード『天皇と神道―ＧＨＱの宗教政策』（阿部美哉訳）一九八八、六六ページ。鈴木英一『日本占領と教育改革』一九八三、七六ページ）

注18　Takemae Eiji, *The Allied Occupation of Japan*, 2003, p.351.

注19　SCAPIN–519

注20　Kenneth E. Boulding, *The Image–Knowledge in Life and Society*, 1956, p.68.

注21　竹前栄治『ＧＨＱ』一九八三、一八四ページ

注22　後で触れる渡辺清の著書には、日本人兵士が戦地で犯した残虐な行為の一端に関する記述がある。（渡辺清『砕かれた神』二〇〇四、二六七〜二六九ページ）

注23　吉田満『戦艦大和』一九六八

注24　Vincent Brümmer, *Theology and Philosophical Inquiry : An Introduction*, 1981, p.238.

注25　八尾恵『謝罪します』二〇〇二、三二〇ページ

注26　八尾恵『謝罪します』二〇〇二、三三四ページ

注27　八尾恵『謝罪します』二〇〇二、三三五ページ

注28　渡辺清『砕かれた神』二〇〇四、五七ページ

注29　渡辺清『砕かれた神』二〇〇四、五八ページ

注30　渡辺清『砕かれた神』二〇〇四、一九ページ

注31　渡辺清『砕かれた神』二〇〇四、一一ページ

注32　渡辺清『砕かれた神』二〇〇四、九〇～九一ページ

注33　渡辺清『砕かれた神』二〇〇四、九一～九二ページ

注34　麻原が特別扱いした法皇官房次官、しかし実質トップのI・Kは、強制捜査開始後二度にわたって逮捕されたが、ついに起訴されなかった。彼は、釈放されてからはオウム真理教にもどらず、脱会した。そのI・Kにとっても、オウム真理教でプレイしていた言語ゲームをリセットすることは容易ではなかった。「僕には麻原が全てだったので、僕が麻原を捨てられるかどうか」悩んだ。I・Kが、新しい価値観をともなう私たちの言語ゲームを再びプレイできるようになるまでには、長い期間を要した。「脱会した後、二年間は言葉が満足に出てこない。日本語を忘れてしまったのか、というくらいの状態。もうこのままでは廃人になってしまう、アイデンティティがボロボロだった。」（江川紹子『オウム事件はなぜ

起きたか—魂の虜囚』二〇〇六、二六六ページ。傍点、大石）これはむろん転向の問題でもある。参照、思想の科学研究会編『共同研究　転向』上・中・下、一九五九〜六二

注35　ウィトゲンシュタイン『確実性』六〇九

注36　ウィトゲンシュタイン『確実性』六一〇

注37　ウィトゲンシュタイン『確実性』六一一

注38　降幡賢一『オウム法廷③　治療省大臣　林郁夫』一九九八、二九四ページ

注39　降幡賢一『オウム法廷③　治療省大臣　林郁夫』一九九八、二九五ページ

注40　降幡賢一『オウム法廷—グルのしもべたち』上、一九九八、二七〜二八ページ

注41　伊藤春樹「自己理解—相対主義、そしてそれを超えて」丸山高司・小川侃・野家啓一編『知の理論の現在』一九八七、一〇一〜一〇二ページ

注42　サルトル『実存主義とは何か』（伊吹武彦訳）一九五五、一九ページ

注43　サルトル『実存主義とは何か』（伊吹武彦訳）一九五五、二〇ページ

注44　サルトル『実存主義とは何か』（伊吹武彦訳）一九五五、二一ページ

注45　ウィトゲンシュタイン『確実性』六一七

注46　Lars Hertzberg, "On the Factual Dependence of the Language-Game," (John V. Canfield ed., *The Philosophy of Wittgenstein*, Vol. 8, Knowing, Naming, Certainty and Idealism, 1986) p.314.

注47　ウィトゲンシュタイン『確実性』六一七

注48　Lars Hertzberg, "On the Factual Dependence of the Language-Game," (John V. Canfield ed., *The*

注49　*Philosophy of Wittgenstein*, Vol. 8, Knowing, Naming, Certainty and Idealism, 1986) p.316.
注50　ウィトゲンシュタイン『探究』四三
注51　ウィトゲンシュタイン『確実性』六一
注52　George H. Mead, *Mind, Self, and Society*, 1962, p.78.
注53　渡辺清『砕かれた神』二〇〇四、二二〇ページ
注54　渡辺清『砕かれた神』二〇〇四、二二〇〜二二一ページ
注55　渡辺清『砕かれた神』二〇〇四、三〇七ページ
注56　渡辺清『砕かれた神』二〇〇四、三二七〜三二八ページ
注57　渡辺清『砕かれた神』二〇〇四、二三四〜二三五ページ
注58　吉田民人「情報科学の構想―エヴォルーショニストのウィーナー的自然観」（『今日の社会心理学』四社会的コミュニケーション　一九六七）によれば、物質パタンとは「物質エネルギーの時間的・空間的、定性的・定量的なパタン」である。同書一八四ページ。
注59　升味準之輔『昭和天皇とその時代』一九九八、五六〜六二ページ
注60　マックス・ウェーバー『支配の社会学』Ⅱ（世良晃四郎訳）一九六二、四〇六ページ
　私の年代には、おそらくは戦争中のスローガン「八紘一宇」からとった「紘」という漢字を名前にもつ人が、男女ともに実に多い。自民党の元幹事長である加藤紘一、ピアニストの中村紘子、等々。敗戦前の日本において、「八紘一宇」というスローガンがいかに人びとの間に浸透していたか、それがいかに有効であったかの証左であろう。ということはつまり、それは敗戦前日本における言語ゲームのキー

ワードの一つだったわけである。「八紘一宇」については、大学教育社編『現代政治学事典』（一九九八、ブレーン社）のその項目を参照。

注61　降幡賢一『オウム法廷③　治療省大臣　林郁夫』一九九八、二四ページ

参考文献（アルファベット順）

『AERA』No.23、5月25日号、一九九五、朝日新聞社

有田芳生『有田芳生の対決！ オウム真理教』一九九五、ASAHI NEWS SHOP

麻原彰晃『超能力秘密の開発法』新・増補大改訂版、（一九八六）一九九三、オウム出版

麻原彰晃『生死を超える』（一九八六）一九八八、オウム出版

麻原彰晃『イニシエーション』一九八七、オウム出版

麻原彰晃『マハーヤーナ・スートラ―大乗ヨーガ経典』一九八八、オウム出版

Asahara, Shoko, *Supreme Initiation – An Empirical Spiritual Science for the Supreme Truth*, 1988, AUM USA Co.

麻原彰晃『滅亡の日―「黙示録大予言」の秘密のベールを剥ぐ』一九八九、オウム出版

麻原彰晃『キリスト宣言』一九九一、オウム出版

麻原彰晃『ノストラダムス秘密の大予言』一九九一、オウム出版

麻原彰晃『キリスト宣言 Part 2』一九九一、オウム出版

麻原彰晃『キリスト宣言 Part 3』一九九二、オウム出版

麻原彰晃『麻原彰晃、戦慄の予言―君は人類最終戦争《ハルマゲドン》を生き残れるのか』一九九三、オウム出版

麻原彰晃『麻原彰晃、戦慄の予言 この恐怖の世紀末―君は生き残れるのか!?』一九九三、オウム出版

Asahara, Shoko, *Beyond Life and Death*, 1993, AUM Publishing Co.
麻原彰晃『日出ずる国、災い近し』一九九五、オウム出版
朝日新聞社編『何がオウムを生み出したのか―一七の論考』一九九五、ASAHI NEWS SHOP
荒木義修「ニュー・テロリズムの政治心理―オウム真理教とアルカイダ」（『法政論叢』第三九巻 第一号）
バック、リチャード『かもめのジョナサン』一九七〇（五木寛之訳、一九七四、新潮文庫）
Boulding, Kenneth E., *The Image—Knowledge in Life and Society*, 1956, Univ. of Michigan Press
Brümmer, Vincent, *Theology and Philosophical Inquiry : An Introduction*, 1982, Westminster Press
CAC（国と地域の諸委員会）、CAC―一一七、一九四四・三・一五
Clarke, Peter B. & Peter Byrne, *Religion Defined and Explained*, 1993, Macmillan Press
Cook, John W., "Notes on Wittgenstein's On Certainty," *Philosophical Investigations*, 3, 1980, pp.15–37, (Included in John V. Canfield ed., *The Philosophy of Wittgenstein*, Vol. 8, Knowing, Naming, Certainty and Idealism, 1986, pp.267–289)
大学教育社編『現代政治学事典』新訂版、一九九八、ブレーン出版
Dam, Eva Van, *The Magic Life of Milarepa, Tibet's Great Yogi*, Shambhala Publications, 1991（中沢新一訳『チベットの聖者 ミラレパ』一九九四、法蔵館）
ドストエフスキー、フョードル『罪と罰』一八六六、（工藤精一郎訳、一九六一、新潮社）
ドストエフスキー、フョードル『悪霊』（一）～（四）一八七一、（米川正夫訳、一九五九、岩波文庫）
ドストエフスキー、フョードル『カラマーゾフの兄弟』（一）～（四）一八八〇、（米川正夫訳、一九五七、

岩波文庫）

デュルケム、エミール『宗教生活の原初形態』上・下、一九一二（古野清人訳、一九七五、岩波文庫）

Easton, David, *A Framework for Political Analysis*, 1965, Prentice Hall（岡村忠夫訳『政治分析の基礎』一九六八、みすず書房）

Edelman, Murray, *The Symbolic Uses of Politics*, 1964, Illinois Books（法貴良一訳『政治の象徴作用』一九九八、中央大学出版会）

江川紹子『「オウム真理教」追跡二二〇〇日』一九九五、文藝春秋

江川紹子『オウム事件はなぜ起きたか―魂の虜囚』上・下、二〇〇六、新風舎文庫

Forgie, William, "Wittgenstein on Naming and Ostensive Definition," *International Studies in Philosophy*, 8, 1976, pp.13–26, (Included in John V. Canfield ed., *The Philosophy of Wittgenstein*, Vol. 8, Knowing, Naming, Certainty and Idealism, 1986, pp.155–168)

藤田庄市『オウム真理教事件』一九九五、ASAHI NEWS SHOP

降幡賢一『オウム法廷―グルのしもべたち』上・下、一九九八、朝日文庫

降幡賢一『オウム法廷②　グルVS信徒』上・下、一九九八、朝日文庫

降幡賢一『オウム法廷③　治療省大臣 林郁夫』一九九八、朝日文庫

降幡賢一『オウム法廷④　松本智津夫の意見陳述』一九九九、朝日文庫

降幡賢一『オウム法廷⑤　ウソつきは誰か？』二〇〇〇、朝日文庫

降幡賢一『オウム法廷⑥　被告人を死刑に処する』二〇〇〇、朝日文庫

降幡賢一『オウム法廷⑦「女帝」石井久子』二〇〇一、朝日文庫

降幡賢一『オウム法廷⑧無差別テロの源流』二〇〇二、朝日文庫

降幡賢一『オウム法廷⑨諜報省長官 井上嘉浩』二〇〇二、朝日文庫

降幡賢一『オウム法廷⑩地下鉄サリンの「実行犯」たち』二〇〇二、朝日文庫

降幡賢一『オウム法廷⑪坂本弁護士襲撃犯』二〇〇三、朝日文庫

降幡賢一『オウム法廷⑫サリンをつくった男たち』二〇〇三、朝日文庫

降幡賢一『オウム法廷⑬極刑』二〇〇四、朝日文庫

Gold, Hal, *UNI 731 Testimony – Japan's Wartime Human Experimentation Program*, 1997, Charles E. Tuttle.（濱田徹訳『証言・七三一部隊の真相』一九九七、廣済堂出版）

五島勉『ノストラダムスの大予言』一九七三、祥伝社

Grew, Joseph C., "War and Post-War Problems in the Far East," *The Department of State Bulletin*, 1944, Vol. X, No. 236.（グルー「極東における戦時および戦後の問題」、山極晃・中村政則編『資料 日本占領 一 天皇制』一九九〇、大月書店）

Hassan, Steven, *Combatting CULT MIND CONTROL*, 1988, Park Street Press（浅見定雄訳『マインド・コントロールの恐怖』一九九三、恒友出版）

早川紀代秀・川村邦光『私にとってオウムとは何だったのか』二〇〇五、ポプラ社

早坂武禮『オウムはなぜ暴走したか』一九九八、文化社

林郁夫『オウムと私』一九九八、文芸春秋

Hertzberg, Lars, "On the Factual Dependence of the Language-Game," *Acta Philosophica Fennica*, 28, Nos. 1–3, 1976, pp.126–153, (Included in John V. Canfield ed., *The Philosophy of Wittgenstein*, Vol. 8, Knowing, Naming, Certainty and Idealism, 1986, pp.290–317)

Hintikka, Jaakko, "Language-Games," *Acta Philosophica Fennica*, 28, 1976, pp.105–125, (Included in John V. Canfield ed., *The Philosophy of Wittgenstein*, Vol. 6, Meaning, 1986, pp.231–251)

Hall, John R., with Philip D. Schuyler and Sylvaine Trinh, *Apocalypse Observed—Religious Movements and Violence in North America, Europe, and Japan*, 2000, Routledge

星川啓慈『言語ゲームとしての宗教』一九九七、勁草書房

Hunter, J. F. M., "Wittgenstein on Meaning and Use," in E. D. Klemke, ed., *Essays on Wittgenstein*, 1971, pp.374–393 (Included in John V. Canfield ed., *The Philosophy of Wittgenstein*, Vol. 6, Meaning, 1986, pp.156–175)

飯田隆『ウィトゲンシュタイン―言語の限界』一九九七、現代思想の冒険者たち〇七、講談社

飯田隆『クリプキ―言葉は意味をもてるか』二〇〇四、NHK出版

五百旗頭真『米国の日本占領政策』上・下、一九八五、中央公論社

伊藤春樹「自己理解―相対主義、そしてそれを超えて」（丸山高司・小川侃・野家啓一編『知の理論の現在』一九八七、世界思想社）

伊東乾『さよなら、サイレント・ネイビー―地下鉄に乗った同級生』二〇〇六、集英社

岩上安身「悪夢の誕生―オウムの精神構造を解く」（中沢新一との対話）（『現代』一九九五年七月号、講談

社）
カナリヤの会編『オウムをやめた私たち』二〇〇〇、岩波書店
川尻徹『滅亡のシナリオ』一九八五、クレスト社
川村邦光「宗教的テロリズムと早川紀代秀」（早川紀代秀・川村邦光、『私にとってオウムとは何だったのか』二〇〇五、ポプラ社）
ケツン・サンポ＋中沢新一『虹の階梯―チベット密教の瞑想修行』一九八一、平河出版
鬼界彰夫『ウィトゲンシュタインはこう考えた』二〇〇三、講談社現代新書
桐山靖雄『密教―超能力の秘密』（新装版第三刷）（一九七二）一九八九、平河出版社
桐山靖雄『オウム真理教と阿含宗』一九九五、平河出版社
桐山靖雄『阿含仏教 超能力の秘密―君の潜在能力を引き出せ!!』一九九六、平河出版社
栗原彬「現代日本の『鏡』としてのオウム真理教」（朝日新聞社編『何がオウムを生み出したのか』一九九五、朝日新聞社）
黒崎宏『ウィトゲンシュタインの生涯と哲学』一九八〇、勁草書房
黒崎宏『言語ゲーム一元論』一九九七、勁草書房
Lasswell, Harold D., *Psychopathology and Politics*, 1977, Univ. of Chicago Press (First printed in 1930)
Lifton, Robert Jay, *The Nazi Doctors – Medical Killing and the Psychology of Genocide*, 1986, Basic Books
Lifton, Robert Jay, *Destroying the World to Save It – Aum Shinrikyo, Apocalyptic Violence, and the New*

Global Terrorism, 1999, Metropolitan Books（渡辺学訳『終末と救済の幻想―オウム真理教とは何か』二〇〇〇、岩波書店）

毎日新聞社会部編『恩讐の師弟対決』オウム「教祖」法廷全記録一、一九九七、現代書館

毎日新聞社会部編『私は無罪だ!!』オウム「教祖」法廷全記録二、一九九七、現代書館

毎日新聞社会部編『元愛弟子への無期判決』オウム「教祖」法廷全記録三、一九九八、現代書館

毎日新聞社会部編『元信者への無期死刑判決』オウム「教祖」法廷全記録四、一九九九、現代書館

毎日新聞社会部編『「新法」成立で揺れる教団』オウム「教祖」法廷全記録五、二〇〇〇、現代書館

毎日新聞社会部編『名称変更で存続を図る』オウム「教祖」法廷全記録六、二〇〇一、現代書館

毎日新聞社会部編『検察側立証すべて終了』オウム「教祖」法廷全記録七、二〇〇二、現代書館

毎日新聞社会部編『「教祖」に死刑判決下る』オウム「教祖」法廷全記録八、二〇〇四、現代書館

Malcolm, Norman, "Knowledge and Belief," *Mind*, 61, 1952, pp.58–72. (Included in John V. Canfield ed., *The Philosophy of Wittgenstein*, Vol. 8, Knowing, Naming, Certainty and Idealism, 1986, pp.2–16)

Malcolm, Norman, *Ludwig Wittgenstein, A Memoir;* with a Biographical Sketch by Georg Henrik von Wright, 1958, Oxford Univ, Press

丸山真男「政治学入門」（一九四九）（丸山真男『戦中と戦後の間』一九七六、みすず書房）

丸山真男手帖の会『丸山真男手帖』二四号、二〇〇三

升味準之輔『昭和天皇とその時代』一九九八、山川出版社

McGinn, Colin, *Wittgenstein on Meaning – An Interpretation and Evaluation*, 1984, Basil Blackwell（植

木哲也・塚原典央・野矢茂樹訳『ウィトゲンシュタインの言語論―クリプキに抗して』一九九〇、勁草書房）

Mead, George H., *Mind, Self, and Society*, 1962, Univ. of Chicago Press（稲葉三千男・滝沢正樹・中野収訳『精神・自我・社会』一九七三、青木書店）

Merton, R. K., *Social Theory and Social Structure*, rev.ed., 1957, Free Press（森東吾ほか訳『社会理論と社会構造』一九六一、みすず書房）

Milgram, Stanley, *Obedience to Authority : An Experimental View*, 1974, Harper & Row（岸田秀訳『服従の心理』一九八〇、河出書房新社）

宮台真司『終わりなき日常を生きろ―オウム完全克服マニュアル』一九九八、ちくま文庫

宮内勝典・高橋英利『日本社会がオウムを生んだ』一九九九、河出書房新社

永沢哲「我が隣人麻原彰晃」（中沢新一編『イマーゴ』臨時増刊号「オウム真理教の深層」、一九九五、青土社、二一四〜二四三頁）

Monk, Ray, *Ludwig Wittgenstein – The Duty of Genius*, 1990, Jonathan Cape（岡田雅勝訳『ウィトゲンシュタイン』一、二、一九九四、みすず書房）

Moore, George E., "A Defence of Common Sense," 1925, (Included in George E. Moore, *Philosophical Papers*, 1959, pp. 32–59, George, Allen and Unwin)

Moore, George E., "Proof of an External World," 1939, (Included in George E. Moore, *Philosophical Papers*, 1959, pp. 127–150, George, Allen and Unwin)

森村誠一『新版 悪魔の飽食』一九八三、角川文庫
森村誠一『新版 続・悪魔の飽食』一九八三、角川文庫
森達也『A』（DVD）、一九九八
村上春樹『アンダーグラウンド』一九九七、講談社
村上春樹『約束された場所で』一九九八、文藝春秋
中沢新一「『尊師』のニヒリズム」（中沢新一編『イマーゴ』臨時増刊号「オウム真理教の深層」、一九九五、青土社、二五四～二七七頁）
中沢新一『女は存在しない』一九九九、せりか書房
中村元ほか編『岩波 仏教辞典』第2版、二〇〇二、岩波書店
Nielsen, Kai, *An Introduction to the Philosophy of Religion*, 1982, Macmillan
西村〝新人類〟雅史編「ヴァジラヤーナコース教学システム教本」『VAJIRAYANA 真理の探究』（http://www.bekkoame.ne.jp/i/sinzinrui/）
大江健三郎『宙返り』上・下、二〇〇二、講談社文庫
大石紘一郎『政治行動論の基礎』一九八三、八千代出版
大石紘一郎「消費税をめぐる『名前』の問題－政治風刺の読み方」（国士舘大学『政経論叢』通号第八一号、一九九二、七九～九七頁）
岡義達『政治』一九七一、岩波新書
Orwell, George, *Nineteen Eighty-Four*, 1949, Penguin Book（新庄哲夫訳『一九八四年』一九七二、ハヤカ

ワ文庫）
Orwell, George, *Animal Farm*, 1944, Penguin Modern Classics（高畠文夫訳『動物農場』一九七二、角川文庫）
大澤真幸『虚構の時代の果て―オウムと世界最終戦争』一九九六、筑摩書房
オウム破防法弁護団編著『オウム「破防法」事件の記録』一九九八、社会思想社
Parsons, Talcott, "Sociology and Social Psychology," H. N. Fairchild & others (eds.), *Religious Perspectives in College Teaching*, 1952, Ronald Press
Phillips, Derek. L., *Wittgenstein and Scientific Knowledge : A Sociological Perspective*, 1977, Macmillan
ＰＷＣ（戦後計画委員会）、ＰＷＣ―一一五、一九四四・三・一五
Reader, Ian, *A Poisonous Cocktail? Aum Shinrikyo's Path to Violence*, 1996, NIAS Books
Reader, Ian, *Religious Violence in Contemporary Japan – The Case of Aum Shinrikyo*, 2000, Curzon Press
佐保田鶴治『解説 ヨーガ・スートラ』一九八〇、平河出版社
佐木隆三『オウム法廷 連続傍聴記』一九九六、小学館
佐木隆三『オウム法廷 連続傍聴記二 麻原出廷』一九九六、小学館
佐木隆三『大義なきテロリスト― オウム法廷の一六被告』二〇〇二、ＮＨＫ出版
Sartre, Jean-Paul, *L'Existentialisme est un Humanisme*, 1946, Nagel（伊吹武彦訳『実存主義とは何か』一九五五、人文書院）

SCAP（連合国軍最高司令官）、SCAPIN－四四八、一九四五・一二・一五（連合国軍最高司令官指令）

SCAP（連合国軍最高司令官）、SCAPIN－五一九、一九四五・一二・三一（連合国軍最高司令官指令）

瀬口晴義『検証・オウム真理教事件』一九九八、社会批評社

Sellars, Wilfrid, "Some Reflections on Language Games," *Philosophy of Science*, 21, 1954. pp.204－228. (Included in John V. Canfield ed., *The Philosophy of Wittgenstein*, Vol. 6, Meaning, 1986, pp.2－26)

思想の科学研究会編『共同研究　転向』上・中・下、一九五九～一九六二、平凡社

島田裕巳『宗教の時代とは何だったのか』一九九七、講談社

島田裕巳「かつてオウム真理教はディズニーランドであった!?」一九九〇、（別冊宝島編集部編『いまどきの神サマ』二〇〇〇、宝島社文庫）

島田裕巳『オウム－なぜ宗教はテロリズムを生んだのか』二〇〇一、トランスビュー

島薗進『オウム真理教の軌跡』一九九五、岩波ブックレット

島薗進『現代宗教の可能性－オウム真理教と暴力』一九九七、岩波書店

新共同訳『聖書辞典』（小型版）木田献一・和田幹男監修、一九九七、キリスト新聞社

Specht, Ernst Konrad, "The Language-Game as Model-Concept in Wittgenstein's Theory of Language," Ernst Konrad Specht, *The Foundations of Wittgenstein's Late Philosophy*, 1969, pp. 39－62 (Included in John V. Canfield ed., *The Philosophy of Wittgenstein*, Vol. 6, Meaning, 1986, pp.131－154)

Swiebocki, Teresa and Henryk (eds.), *Auschwitz – The Residence of Death*, 2003 (trans. by W. Brand), Biafy Kruk.
スタインホフ、パトリシア・伊東良徳『連合赤軍とオウム真理教』一九九六、彩流社
鈴木英一『日本占領と教育改革』一九八三、勁草書房
高山文彦『麻原彰晃の誕生』二〇〇六、文春新書
高橋英利『オウムからの帰還』一九九六、草思社
高島淳「『宗教体験』としてのオウム真理教」（「宗教と社会」学会『宗教と社会』別冊「一九九六年度ワークショップ報告書」一九九七）
竹岡俊樹『「オウム真理教事件」完全解読』一九九九、勉誠出版
竹前栄治『ＧＨＱ』一九八三、岩波新書
Takemae, Eiji, *The Allied Occupation of Japan*, 2003, Continuum
東京キララ社編集部編『オウム真理教大辞典』二〇〇三、東京キララ社
津田眞一「神なき時代の宗教としてのプルシャの思想」（『仏教』別冊「オウム真理教事件」No.8、一九九六）
常石敬一『消えた細菌戦部隊―関東軍第七三一部隊』一九九三、ちくま文庫
鶴見俊輔「思想」（久野収・鶴見俊輔編『思想の科学事典』一九六九、勁草書房）
梅原猛「『知的な野獣』を生み出す現代の悲劇」（朝日新聞社編『何がオウムを生み出したのか』一九九五、朝日新聞社）
渡辺清『砕かれた神』一九七八、評論社（二〇〇四年、岩波現代文庫として復刊。本書ではこちらを使用し

た）

渡辺学「サリン攻撃の後で―オウム真理教と日本人」（『南山宗教文化研究所研究所報』六号、一九九六）

Watanabe, Manabu, "Religion and Violence in Japan Today : A Chronological and Doctrinal Analysis of Aum Shinrikyo," *Terrorism and Political Violence*, 10:4, 1998, pp.80–100.

ウェーバー、マックス『宗教社会学』一九二二（武藤一雄・薗田宗人・薗田坦訳、一九七六、創文社）

ウェーバー、マックス『支配の社会学』Ⅰ 一九二〇（世良晃四郎訳、一九六〇、創文社）

ウェーバー、マックス『支配の社会学』Ⅱ 一九二〇（世良晃四郎訳、一九六二、創文社）

Winch, Peter, *The Idea of a Social Science and its Relation to Philosophy*, 1958, Routledge & Kegan Paul（森川真規雄訳『社会科学の理念』一九七七、新曜社）

Wittgenstein, Ludwig, *Tractatus logico-philosophicus*, (1918), Werkausgabe Band 1, 1984, Suhrkamp（奥雅博訳『論理哲学論考』ウィトゲンシュタイン全集一、一九七五、大修館）本文中では（『論考』）と略記。（ウィトゲンシュタインの著作については、英訳も参照したが、それらについては省略。以下同様）

Wittgenstein, Ludwig, *Philosophische Untersuchungen*, (1936–45) Werkausgabe Band 1, 1984, Suhrkamp.（藤本隆志訳『哲学探究』ウィトゲンシュタイン全集八、一九七六、大修館）本文中では『探求』と略記

Wittgenstein, Ludwig, *Über Gewissheit*, (1949–51) Werkausgabe Band 8, 1984, Suhrkamp（黒田亘訳『確実性の問題』ウィトゲンシュタイン全集九、一九七五、大修館）本文中では『確実性』と略記

Wittgenstein, Ludwig, *Das Blaue Buch*, (1933–34) Werkausgabe Band 5,1984, Suhrkamp（大森荘蔵訳

『青色本・茶色本』ウィトゲンシュタイン全集六、一九七五、大修館)

Woodard, William P., *The Allied Occupation of Japan 1945–1952 and Japanese Religions*, 1972, E, J, Brill
(阿部美哉訳『天皇と神道－ＧＨＱの宗教政策』一九八八、サイマル出版会)

Wright, G. H. von, "Wittgenstein on Certainty," G. H. von Wright, *Wittgenstein*, 1982.(Included in John V. Canfield ed., *The Philosophy of Wittgenstein*, Vol. 8, Knowing, Naming, Certainty and Idealism, 1986, pp.247–266)

山極晃・中村政則編『資料 日本占領一 天皇制』一九九〇、大月書店

山折哲雄「無神論者の眼差し」(中沢新一編『イマーゴ』臨時増刊号「オウム真理教の深層」、一九九五、青土社、二六～三一頁

八尾恵『謝罪します』二〇〇二、文藝春秋

吉田民人「情報科学の構想－エヴォルーショニストのウィーナー的自然観」(『今日の社会心理学』四　社会的コミュニケーション　一九六七、培風館)

吉田満『戦艦大和』一九六八、角川文庫

あとがき

本書は、一九八三年に出版した拙著『政治行動論の基礎』（八千代出版）の、いわば応用編である。『政治行動論の基礎』では、とくには大学院以来のテーマである、政治におけるシンボルとイメージ、少し広げて政治と言語、記号論などの問題を原理的、理論的に考察した。しかしそのときは、L・ウィトゲンシュタインについてはかろうじて名前を知っているだけで、気にはしつつも直接著書にあたることはできなかった。その後ときどきウィトゲンシュタインの著書や研究書を手に取ることはあっても、独特の書きっぷりと取っつきにくさで、本格的に読む機会はなかなか得られなかったが、一九九五年春、オウム真理教事件が起こり、大学院以来のテーマとウィトゲンシュタインの「言語ゲーム」概念が重なった。

それ以来少しずつウィトゲンシュタインを読み始め、大学の「政治過程論」の授業で、オウム真理教事件への応用、事件の分析を小出しにしてきた。事件から一〇年目の二〇〇五年四月、幸運にも一年間の在外研究の機会を得ることができ、ウィトゲンシュタインが住み、教鞭もとった英国ケンブリッジを滞在先に選んだ。街から五マイルほど離れた小さな村 Comberton では、三〜四〇〇年は経っている Manor Farm の屋根裏部屋にこもり、ノルウェーのフィヨルド奥の下宿や小屋で思索を続けたというウィトゲンシュタインを気取って、彼の著書やオウム真理教事件関係の資料をじっくり読むことができた。しかしなにぶん一年という限定された期間であり、また私自身の専門分野ではないので、ウィトゲンシュタイン研究書の渉猟とはいかず、思わぬ誤解、浅薄な解釈と応用になってはいないかと危惧している。先輩諸氏からのご叱正を頂ければ幸甚である。しかし毎日の午後、しびれた頭で三階の屋根裏部屋から背をかがめて降り、地平線まで見える周辺の畑や林の中をうねるpublic footpathを一人で、また友人たちと歩きまわった日々は懐かしい。

本書の出版は、私が勤務する青山学院大学法学部法学会が備える研究助成制度によって可能となった。同僚諸氏は、意図的ではなかったにしても大幅に遅延した著者の脱稿を、法外な度量でご海容下さった。法学会スタッフの方々からも、温かい励ましにちょっとした脅迫を効かせつつ、しかし有能で効果的なご配慮を頂いた。心から感謝している。注でも触れているが、雑談の折、第二次大戦末期から占領期にアメリカの知日派やＧＨＱが、日本の状況をカルトと表現していることを教えられたのは、占領史に詳しい同僚の佐々木高雄教授からであった。資料も提供していただき、親身なご教示は大いに有益であったが、それを効果的に活かせたかどうかには、一抹の不安が残る。隔てのない同僚に恵まれ、研究活動に理解のあるこのような職場で活動できることの幸せをかみしめている。

手広い活動は苦手であるが、ここ一六年ばかり続いている「政治と言語」研究会のメンバーからは、年二回ほどの報告会などでさまざまに刺激を受けている。同様の関心をもつメンバーを前に研究の中間報告を発表できたのは、迷惑と知りつつ、かけがえのない機会であった。

旧東京都立大学大学院以来の恩師である升味準之輔先生を囲む気のおけない研究会でも、ケンブリッジ滞在の前後二回、中間報告を押しつけてしまった。オウム真理教教義の説明で眠気を誘ったとしても、それは麻原の教義のせいである。丸山真男の「日本中オウム真理教だった」(第五章)という発言は、新聞で知ってはいたものの、『丸山真男手帖』の現物を送って下さったのは、研究会のメンバー栗原茂幸氏であった。

オウム真理教事件についての考えを語っていたとき、「それは論文でなく著書にすべきだ」と強く勧めて下さったのは朔北社の宮本功氏であった。そのおかげで本書は形を成した。宮本氏は、原稿の遅れにしびれを切らしつつも、原稿の段階で炯眼な感想を述べ、さらにみずから編集の労をとって下さった。もともと横書きであった原稿を縦書きに直し、それにともなう煩瑣な修正を手際よく処理して、宮本氏とコンビで根気強く編集の作業を完成させて下さったのは松崎美奈子氏である。

ケンブリッジにほぼひとりで滞在するわがままを許してくれた我がグル・妻あさ子の寛容には、そのつけとしてますます頭が上がらなくなったという勘定を払っても、感謝せねばならない。

多くの方々に支えられ、ともかくも小著出版にこぎつけることができたことに感謝している。

二〇〇八年九月

大石　紘一郎

オウム真理教・主要人物

青山吉伸《あおやまよしのぶ》　アパーヤージャハ正悟師：教団顧問弁護士。京都大学法学部在学中に司法試験合格。卒業後、大阪市内の法律事務所に勤務、「西淀川公害訴訟」の弁護団に加わる。一九八五年、腰痛からヨガの治療法を探していた間にオウム真理教と出会う。八八年二月入信、翌年一二月出家。一九九〇年一〇月、熊本県波野村での教団の土地取得に関し、国土利用計画法違反で逮捕。九四年の省庁制導入後は「法務省大臣」。九四年五月の滝本弁護士サリン襲撃事件に関与。九五年五月、拘置中の信者と接見した後に逮捕。最初、一連の事件は教団と無関係であり、捜査は「信教の自由に対する重大な挑戦だ」（降幡賢一『オウム法廷―グルのしもべたち』上、一九九八、一〇一ページ）と主張。二〇〇二年一月、東京高裁で懲役一二年が確定。

麻原彰晃《あさはらしょうこう》　尊師（真理の御霊《みたま》最聖）本名、松本智津夫《ちづお》。一九五五年三月、熊本県八代郡金剛村（当時）で、畳職人の家に六人兄妹の四男として生まれる。全盲ではなかったが、一九六一年、全寮制の熊本県立盲学校に入学。小、中、高と生徒会長に立候補するが、すべて落選。高三で柔道二段を取得。一九七五年三月、盲学校専攻科を卒業し、鍼灸師資格取得。卒業と同時に上京し鍼灸院でアルバイト。七六年一月、熊本にあった長兄の漢方薬局を手伝うため熊本市へ転居。同年七月、傷害事件で八代署に逮捕され、罰金一万五千円を支払う。七七年五月、東大法学部受験を目指して再び上京、代々木ゼミに通う。I・Tと出会い、千葉県船橋市で同棲、七八年一月に婚姻届を出し、七月に長女誕生。九月、それまでに開いていた松本鍼灸院を閉め、船橋市に漢方薬局「亜細亜堂」を開いた。ダイエットブームに合わせて店は繁盛したが、一九八〇年七月、保険料不正請求が発覚し六七〇万円の返還を求められた。亜細亜堂を閉鎖した八月、阿含宗に入信。八一年二月「BMA薬局」を開店、派手な広告を打つと同時に「天恵の会」という組織を作り、ミカンの皮などから作った瓶詰めの液体を漢方薬として販売した。八二年六月ニセ薬の出張販売等で薬事法違反に問われ、逮捕。二〇日間拘留され、罰金二〇万円を支払う。同年一一月、経営者育成の仕事と同時に「自念信行会」という宗教団体を開いていた西山祥雲に弟子入りしようとするが断られ、強引に付き人となる。西山に「彰晃」という名をもらった。

一九八四年、それまで開いていたヨーガ道場「鳳凰慶林館」を改称して「オウムの会」とし、「麻原彰晃」と名乗るようになる。I・Hら、弟子も何人か入会。八五年、空中浮揚に成功したとして、雑誌『ムー』『トワイライトゾーン』などに写真を売り込んだ。同年四月、神奈川県三浦海岸で修行中、神よりアビラケツノミコトを任ぜられたという。八六年、『超能力秘密の開発法』出版。八月、ヒマラヤで修行中に「最終解脱」を果たしたと主張。すでに「オウム神仙の会」と改称していた組織は、八七年、「オウム真理教」と改称、尊師の地位につく。当時の会員数は自称六〇〇人であるが、その後、全国各地に支部や道場を建設し、教団の拡大を図る。妻M・Tとの間に男女合わせて六人の子供をもうけたが、他方で多くの美人信徒とも関係を持ち、I・Hら何人かの信徒との間に子供がいるという。一九八八年九月、在家信徒真島照之が富士宮で修行中に死亡、遺体を教団内で処分。八九年二月には田口修二、同年一一月には坂本弁護士一家の殺害を命令した。それらは、「魂をより高い世界に転生させる」「人類の救済」を意味するとされた「ポア」の教義で聖化・正当化された。一九九〇年、衆議院総選挙で自ら結成した「真理党」から信徒二五人とともに立候補するが、全員落選。教団立て直しのため、急遽「石垣島セミナー」を実施した。教団は武装化に走り、麻原は炭疽菌培養、自動小銃（AK—74）密造、猛毒ガス・サリンの製造などを指示し、落田耕太郎《おちだこうたろう》殺害（九四年）、松本サリン事件（七人死亡、九四年）、地下鉄サリン事件（一二人死亡、九五年）など、死亡殺害事件が相次いだ。

一九九五年五月、上九一色村の第六サティアンの隠し部屋に潜んでいたところを発見、逮捕される。取り調べや裁判では、初期の頃はきちんと受け答えしていたが、ある時期から英語混じりで証言するなど、奇行が目立つようになり、そのうち目をつむり黙り込んだままの状態となるが、「詐病」という見方も強い。二〇〇四年二月、東京地裁は求刑通り死刑の判決。二〇〇六年九月には、最高裁判所が特別抗告を棄却し、死刑が確定した。

荒木浩　一九九四年に出家。九五年、強制捜査後の新体制で広報部副部長に就任。二〇〇〇年一月、教団名がアレフに変わると同時に広報部部長に就任。アーレフを経て、二〇〇八年五月、教団は**Aleph**と改称した。野田成人は、教団の実権を荒木が握るというも詳細は不明。森達也『A』の主役。

I・E　スバーフ：長野県立高校機械科を卒業、職を転々とし八八年出家。第七サティアン建設責任者。麻原の警護や特殊任務を担当。

I・E　サクラー供養値魂（正悟師）：短大卒、百貨店、損保会社勤務の後、一九八四年五月、「オウム神仙の会」に入会。同僚のI・Hを誘った。教団の出版物でヨーガのポーズのモデルになるなど、教団PRに活躍。元日劇ダンサーK・Tの長女拉致事件、仮谷清志拉致事件に関与。省庁制導入後は、「東信徒庁長官」。

I・H　マハー・ケイマ正大師（初期のホーリーネームはマザー・シャクティ・ケイマ）：一九八四年、損保会社同僚のI・Eに誘われ、「オウム神仙の会」に入会。入会後、信者のなかでもっとも早くクンダリニー・ヨーガの成就をとげ、修行のステージを次々にクリアし、麻原に次ぐ地位の正大師となった。八八年、水中エアータイトサマディを達成し、連続一一時間二〇分の呼吸停止を確認したという（水中に沈めたチェンバーで）。省庁制導入後は、「大蔵大臣」を務めた。

I・K　サルヴァニーヴァラナヴィシュカンビン：徳島県生まれ。東京大学医学部中退、在学中に入信。一九九〇年八月出家。「法王官房」の実質的トップ。ナルコインタビューやルドラチャクリンのイニシエーション等の洗脳方法を提案した。麻原の三女アーチャリーの家庭教師。中央大学法学部に入学するも司法試験に失敗。九州大学医学部に合格したが、入学を拒否された。

I・T　麻原の妻。M・Tを参照。

井上嘉浩《よしひろ》　アーナンダ：一九六九年生まれ、京都府出身。仏教系の私立高校在学中、入信。日本文化大学法学部に入るも中退。高学歴の信者が優遇される中で、他の幹部にコンプレックスを持っていたとされ、信者獲得や布施集めに奔走した。「諜報省大臣」。偽造免許証作成のため府中運転免許試験所に忍び込んだり、レーザー兵器開発の資料を入手するため、三菱重工研究所に侵入したりした。地下鉄サリン事件の三日前に正悟師となり、事件では実行犯への連絡役。九五年一〇月に「自分たちが捨て石になったとしても、尊師の救済計画が成功し、この日本が真理に目覚めるならばと痛切に思っていた。……しかし現実はどうであったか。」と意見陳述。すべての事件が教祖の指示だ、と教団幹部の側から初めて告発。（降幡賢一『オウム法廷―グルのしもべたち』上、一九九八、九八ページ）

遠藤誠一　ジーヴァカ正悟師：北海道出身、帯広畜産大学獣医学科卒、同大学院で遺伝子工学を研究。一九八六年、京都大学大学院医学研究科に進学、博士課程四年で出家。ウィルス学、遺伝子工学を専攻し、自身の実験棟であるジーヴァカ棟で、ボツリヌス菌等、ウィルス兵器の研究に携わる。「厚生省大臣」。滝本弁護士襲撃事件、水野昇VX襲撃事件、松本サリン事件、東京地下鉄サリン事件などにかかわる。二〇〇七年五月の控訴審で死刑判決。上告中。

オウムシスターズ　S・四姉妹参照。

O・S　ソーナー思念不変連続師（初期はシャンティ大師）：元エステティシャンでオウム初期からの古参信者。兄の勧めで一九八六年入信。信者の拉致、貯金通帳からの無断引き落としなどに関与。「新信徒庁長官」。正悟師

大内利裕《おおうちとしやす》　プンナ・マンターニプッタ供養値魂：福島県出身、O・Sの兄。都内の針灸学校を卒業後、一九八八年入信。八九年の田口修二事件では見張り役。モスクワ支部では上祐史裕に次ぐ地位。九八年、ロシア人女性二人と地中海のリゾート地に潜伏しているところを発見される。

岡崎一明　アングリマーラ：山口県出身、県立工業高校卒。「オウム神仙の会」に入信、最古参の一人で、八七年七月、I・Hに次ぐ二人目の成就を遂げる。田口事件に関与し、坂本弁護士一家殺害には実行犯として関与。そのことから教団に恐れをいだくようになる。九〇年二月、総選挙に立候補するが、結果がわかる前に教団選挙資金三億円を持って脱走。脱走後に離婚したため姓が「佐伯」から「岡崎」に変わった。教団を脅し、口止め料を取っていた。九五年自首するが、〇一年一一月、東京高裁で死刑判決。

O・H　チッタカ：群馬県立高校卒、都内アニメーション関係の専門学校に進学したが中退。「建設省」に所属し、父親の鉄工所に仕事を発注する傍ら、早川の下で非公然活動をしたという。

O・H　両親とも教師の家庭。岐阜大学農学部生物生産システム学科に入学。

K・T　元日劇ダンサー、一九七五年に退団するまで、日劇の看板スター。八二年にスノーモービルの事故にあい、それについての悩みからオウムに入信。広告塔として教団の拡大に活躍。出家に反対していた一九

歳の長女を拉致した。「娘を守りたかった」という。（降幡賢一『オウム法廷―グルのしもべたち』上、一九九八、三三ページ）

K・K　静岡大文学部英米文学コース卒業。会社、予備校などを経て一九九〇年出家。中高の教員免許を持つ。少林寺拳法三段。

K・T　一九七五年、広島工業大学機械工学科に入学するが中退。会社を転々とし、教団では機械設計などを担当か。

K・K　広島大学医学部卒、精神科医師。

K・H　ヴァジラ・ウパスターネーナ・プラジュニアー・ムリジタ：「科学技術省」に所属。自動小銃ＡＫ―47密造に関わり逮捕。

K・T　ヴィリヤンタカ・メッターイダ：「科学技術省」所属。自動小銃密造に、責任者として深く関与。地裁で懲役五年。出所後、アレフにも関与。

K・N　エーネッヤカ・ダーヴァナ・パンニャッター：新潟県出身。オウム陸上競技部に所属し、マラソン

レースに出場。遠藤誠一の下でサリン製造過程に立ち会っていたといわれる。「走る爆弾娘」とも呼ばれた。「厚生省」所属

北村浩一　カッサバ：私立高校を二年で退学。「自治省」所属。新宿青酸ガス事件に関与。地下鉄サリン事件で実行犯広瀬健一の送迎を担当。

K・T　マハーカッサバ：大分県出身。美術専門学校のデザイン科卒。一九八七年、「オウム神仙の会」に出家。「防衛庁長官」。教団の犯罪の原因として「独断的なグルによる世紀末的終末論、外部からの攻撃に対する危機感、……」などがあったという。（降幡賢一『オウム法廷―グルのしもべたち』上、一九九八、三九ページ）

K・Y　元熊本県警部補の信者。「法務部長」。オウムから熊本県警を内部告発した本を出版した。

越川真一《こしかわしんいち》　メッタジ：「商務省大臣」。マハーポーシャの取締役。落田耕太郎殺害、仮谷清志拉致事件に関与。

後藤誠　メーギヤ：落田耕太郎リンチ殺害事件などに関与。

K・E　イシダーシー：AHI（オウム真理教付属病院）の看護師（婦）。娘K・Yと共に出家。宮崎県資産家

拉致事件、女性ピアニスト監禁などに関与。

K・Y　バドラー：母と一緒に出家。オウムを脱会後、元オウムの経歴を生かし、マスコミに登場。「井上にレイプ未遂、麻原に犯され」等発言。

佐伯一明　岡崎一明参照。

S・K　チャーパー：中川智正の恋人。一九八八年四月、中川の勧めで入信、八九年頃出家。九三年から土谷の下でサリン製造に携わる。「法皇内庁」所属

S・M　メッターヴェッジャ：産業医科大学病院神経内科等に勤務後、一九八九年一二月に出家。宮崎県資産家拉致事件に関与。ＡＨＩ（オウム真理教付属病院）に勤務。麻原の主治医

S・T　桐蔭学園横浜大学出身、人工知能専攻。

S・四姉妹　（長女から順に）ソーマー、セーラー、タントラナンダー、タントラアバヤー：両親と共にオウム出家信者だった美人四姉妹。オウムシスターズとも呼ばれる。一九八九年秋に一家全員で出家し、一九九〇年の総選挙では、四姉妹が選挙マスコットとなり、街頭でゾウの帽子をかぶり選挙活動をおこなった。

上祐史裕《じょうゆうふみひろ》　マイトレーヤ正大師：早稲田大学卒業後、同大学院で電気通信関係を専攻し、一九八七年、宇宙開発事業団に進むもすぐに辞め、八七年五月出家。ニューヨーク支部長、ロシア支部長等の要職をこなした。M・Kは元恋人。九五年三月、地下鉄サリン事件後にロシアから帰国、「外報部長」という教団のスポークスマンとしてメディアで活躍。堪能な英会話で「上祐ギャル」が発生する一方、雄弁な饒舌に「ああ言えば上祐」の流行語を生んだ。九五年五月、緊急対策本部長に就任、省庁制や「ヴァジラヤーナ教学システム」（殺人を肯定する危険な説法）の廃止を実行した。破産した教団は「オウム真理教」の名前を使えなくなり、二〇〇二年一月、アレフと改称した。九九年一二月に出所した上祐は、組織の代表に就任。その後、組織はさらに「アーレフ」、二〇〇八年五月には〃Aleph〃と改称したが、上祐は旧オウム色の払拭を図って二〇〇七年五月に新団体「光の輪」を設立し、アーレフから完全に脱退した。居残った教団メンバーの大多数は、麻原への「帰依」を打ち出している。

S・T　陸上自衛隊第一空挺団三等陸曹。一九九四年秋から諜報省トップの井上嘉浩直属の部下となり、同じ自衛隊出身の信者　H・TやA・Sらと共に非合法活動に従事。地下鉄サリン事件の前夜、井上の指揮により宗教学者島田裕巳《ひろみ》宅に爆弾を仕掛けたり、オウム東京総本部へ火炎瓶を投げるなど、〃自作自演〃事件に関与。逮捕後、防衛庁（当時）は自衛隊法により懲戒免職。

S・S　ヴァジラチッタ・ヴァンギーサ：東京都出身。一九八三年、北海道大学卒。八七年、弟S・Mに誘われて会社を辞め、翌年一月出家。「文部大臣」を務めた。麻原逮捕後の新体制で長老部のメンバー。アーレフでも幹部として残っていたが、二〇〇七年七月、アーレフを脱会。

S・M　カンカーレーヴァタ：早稲田大学政経学部卒後、電機メーカーを辞め、一九八七年五月出家。兄のS・Sと共に教団の出版物の編集作業をおこなっていた。「編集局長」。「文部省次官」。麻原逮捕後の新体制で、長老部のメンバー。アーレフでも幹部として残っていたが、二〇〇七年七月、アーレフを脱会。

杉本繁郎《すぎもとしげろう》　ガンポパ：岡山商科大学商学部卒業後、広島市の証券会社に就職。健康法としてヨーガを実践し、オウムと出合う。「自治省次官」。一九八六年に出家、麻原の運転手を勤める。九三年に教団から脱会しようとしたが、新実らに連れ戻される。麻原および妻のM・Tと落田耕太郎殺害現場に立ち会う。冨田俊男《とみたとしお》殺害事件にも関与。地下鉄サリン事件では、実行犯の林泰男の送迎を担当した。「お前を帰すことは大きな賭だ。それはお前が教団の秘密をあまりに知りすぎたからだ」といわれた。それは「最後まで行動をともにしないなら、死ぬことになるよ」と解釈された。（降幡賢一『オウム法廷―グルのしもべたち』上、一九九八、一七七ページ）

S・Y　一九七七年、茨城県立高校卒業後、武蔵工業大学機械工学科に進学。建設機械メーカーに就職。八九年入信。

高橋克也《かつや》　スマンガラ：一九八七年出家、「科学技術省」に所属。「オウム真理教被害者の会」会長永岡弘行VX襲撃、浜口忠仁《ちゅうじ》VX殺人に関わり、仮谷清志拉致事件では実行犯。地下鉄サリン事件では、豊田亨を送迎。東京都知事宛小包爆弾事件にも関わった。逃亡中。

高橋英利《ひでとし》　信州大学理学部地質学科および大学院で、測地天文学を専攻。野辺山天文台、水沢天文台での研究を中断して一九九四年五月出家。教団「科学技術省」で故・村井秀夫の直属の部下。麻原の阪神淡路大震災〝予言〟を助ける。九五年、強制捜査を機にサティアンを脱出、教団から脱退。『オウムからの帰還』（一九九六、草思社）の著者。

T・M　スーリヤ：一九八七年、大阪府立高校を卒業、大阪工業大学二部に進学するが中退、出家。「科学技術省」所属。松本サリン事件でのサリン噴霧装置、第七サティアン建設を担当。

T・K　ウパヴァーナ：石川県出身。名古屋市内の専門学校で制御工学を学んだが、一九八八年に中退、出家。「科学技術省次官」。サリンプラント製造、宗教学者島田裕巳宅への爆弾製造などに関与。

ダーキニー　チベット仏教で女神の意。踊りチームにいる若い女性等、美人で修行が進んでいる信徒を指すという。複数いた麻原の若い（十代？）愛人もこう呼ばれた。

T・Y　アンガニカ・パーラドヴァジャ：元陸上自衛隊第一特科連隊所属。「自治省」に所属。一九九四年、ロシア射撃ツアーに参加し、射撃訓練を受ける。

T・A　ティティッカー：「厚生省」所属。一九九〇年四月、石垣島セミナーに参加直後、二人の子供を連れて出家。覚醒剤のメタンフェタミン塩酸塩製造に関与。

土谷正実　ボーディサットヴァ・クシティガルバ師長：一九八四年、筑波大学農林学類に入学。同大学院化学研究科に進学、有機物理化学専攻。修士課程一年の春、交通事故でむち打ちになったことからヨーガ道場に通い、麻原の講演がきっかけで入信。九一年九月出家。「第二厚生省大臣」。第七サティアンそばに専用のクシティガルバ棟をもち、サリンやＶＸなどの毒ガス、ＬＳＤ、覚醒剤、チオペンタールなどの薬物を研究開発、製造した。公判などで職業を尋ねられると「麻原尊師の直弟子です」と答えるなど、麻原への帰依を捨てておらず、殺意を否認し、黙秘した。二〇〇六年八月、控訴審で死刑判決。

T・H　ドーサ・ヴェーダ・ヌーパーダーナ・ニローダ・サッガガ：「科学技術省」所属。自動小銃密造に関与。

T・T　陸上自衛隊第一空挺団三等陸曹。井上嘉浩の勧誘で入信。レーザー関係の資料をコピーするため、三菱重工広島研究所に侵入。井上が語る「フリーメーソン」の謀略を信じた。

Ｔ・Ｗ　マハーナーマ：山形県立工業高校卒業後、都内の電子機器関連会社に就職。一九八七年に退社し、出家。「科学技術省」所属。コンピューター関連機器の取り扱いに精通し、松本サリン事件で使われたサリン噴霧装置を製造。

外崎清隆《とのざききよたか》　ローマサカンギヤ：青森県の高校を卒業後、上京して横浜市内のガソリンスタンドに勤務。一九八七年八月に出家。「自治省次官」。地下鉄サリン事件で、実行犯の横山真人《まこと》を送迎。

富田隆　シーハ：青森県の高校卒業。日本大学理工学部卒、一九八八年出家。「自治省」所属。サリンプラント建設に関与し、松本サリン事件では運転手、見張り役を務めた。九四年、オウムシスターズの長女と駆け落ちする形で脱走したが、九五年に逮捕。懲役十七年の刑が確定。

富永昌宏《とみながまさひろ》　神戸の有名校から東京大学理科Ⅲ類に入学。医学部在学中の一九九二年、同級生の信者Ｉ・Ｋに誘われて入信。九四年、勤務していた東大大学病院を辞め、出家。最初「諜報省」にいたが、「法王官房」に移り幹部。滝本弁護士サリン襲撃事件で運転手を務めた。新宿青酸ガス事件、東京都庁小包爆弾事件にもかかわる。九六年、初公判前に脱会。高裁で懲役一五年

豊田亨《とおる》　ボーディサットヴァ・ヴァジラパーニ：兵庫県出身。一九八六年、東京大学理科Ⅰ類に入学、その年

の九月、「オウム神仙の会」に入会。理学部物理学科卒。同大学院修士課程修了。素粒子理論専攻。一九九二年四月、同大学院博士課程進学直後に出家。九〇年二月の衆議院総選挙のときは、ゾウの面をかぶって麻原のそばで歌い踊っていた。真理科学研究所（CSI）に所属し、当初は物理班としてレーザー兵器の開発等にかかわっていたが、早川紀代秀や広瀬健一らと共に、自動小銃密造の情報を得るためロシアへ行った。オーストラリアの教団施設でウランの発掘をおこなった。「科学技術省次官」。東京地下鉄サリン事件の実行犯となり、新宿青酸ガス事件、東京都庁小包爆弾事件にもかかわる。公判では地下鉄サリン事件での殺意を認め、麻原と決別した。

N・Y　東京理科大学から岡山大学大学院理学研究科を修了、一九九二年三菱電機に入社。九四年退社して出家、「諜報省」に所属し、井上嘉浩らと広島の三菱重工研究所に侵入した。「ハルマゲドンを信じた。法律を守ることより、社会の救済の方が大切と思った。科学には限界がある。」「松本〔麻原〕は……とんでもない大嘘つきだ。毒ガス攻撃を受けたというのも自作自演だ……。」「まだ信者が一万人いると聞いているが、価値判断が狂っている人が一万人もいると思うと怖い。」（降幡賢一『オウム法廷―グルのしもべたち』上、一九九八、四二〜四四ページ）

中川智正《ともまさ》　ヴァジラ・ティッサ到達光正師：岡山県立朝日高校卒。京都府立医科大学に入学。大学時代には身障者のボランティア活動のサークルに所属。六回生のときに入信。大学卒業後、大阪鉄道病院消化器内科に勤務。一九八九年九月に退職、出家。それから二ヶ月後、坂本堤弁護士の長男龍彦の口を塞いで殺害。

九〇年二月、中野区野方のＡＨＩ（オウム真理教付属病院）の医師となる。「法皇内庁長官」。ＶＸ殺人事件、落田耕太郎事件、松本サリン事件、仮谷清志事件、地下鉄サリン事件、すべてに関与。サリンの中間生成物を秘密で保管し、それが地下鉄サリン事件で使われた。教祖の主治医。二〇〇七年七月、東京高等裁判所の控訴審でも死刑判決を受けた。

N・K　ジョーティス・パタトヴァチャ・ウパスータカ：愛知県出身。元山口組系暴力団組長の信者。一九八四年に拳銃密売で逮捕、八七年まで服役。出所後入信した妻の勧めで八八年入信。「建設省」所属。

中村昇　ウパーリ大師：岐阜県出身。拓殖短期大学中退。膵臓疾患の治療法を探していた際にオウムを知り、入信。「自治省次官」。松本サリン事件ではサリン噴霧。冨田隆リンチ殺害事件、仮谷清志拉致殺害事件では実行犯。二〇〇六年、無期懲役が確定。

新実《にいみ》智光《ともみつ》　ミラレパ正悟師：愛知県出身。愛知学院大学法学部卒、地元の食品製造会社に就職したが退社。一九八六年出家。「自治省大臣」。田口修二、冨田隆、落田耕太郎リンチ殺害事件の実行犯。二六人の殺害に関与したとされる。逮捕後、正大師に昇格。麻原の側近中の側近ともいわれ、獄中でも麻原を師と仰いでいる。地下鉄サリン事件では、林郁夫を送迎。

N・K　パターチャーラー：一九九四年、福岡支部長を務め、宮崎県資産家拉致事件に関与。

N・K　ヴァジラチッタ・アティ・アッサージ：高校を卒業後、一九八六年出家。横浜支部長。オウム関連会社「マイトリーパ・ベビーシッター」の社長。麻原逮捕後の体制時には長老部の一人に。

野田成人《なるひと》　ヴァジラティクシュナー：一九八五年、東京大学教養学部理科Ｉ類に現役入学。省庁制導入後、「車両省大臣」。麻原の三女アーチャリーの家庭教師を務めていた。地下鉄サリン事件の三日前に正悟師に昇格。オウム新体制後は長老部。アレフの経理やコンピューター事業の総括を担当し、二〇〇三年、改称後のアーレフでも教団幹部。一時、代表ともされたが、上祐派が去り、二〇〇八年五月教団が Aleph と改称してから、その地位不明。

端本悟《はしもとさとる》　ガフバ・ラティーリヤ：一九八八年、早稲田大学法学部三年の時、入信した友人を取り戻そうとオウムに接近し、逆に取り込まれて入信。同年一二月、大学を退学して出家。八九年一〇月の教団内武道大会空手部門で優勝、麻原の警護班に抜擢された。同年一一月の坂本弁護士一家殺害事件の実行犯。サリンプラント稼働、松本サリン事件にも関与。控訴審でも死刑判決を受け、確定。

H・S　一九九二年、神戸学院大学薬学部を卒業後、化学会社に就職したが、すぐに退職。九三年春に出家。サリンの原料等、化学薬品購入の教団ダミー会社「ベル・エポック」と「Hケミカル」の取締役社長。

早川紀代秀《きよひで》　ティローパ正悟師：神戸大学農学部卒、大阪府立大学大学院で、緑地計画工学を学ぶ。修士論文は「ユートピア都市論」。ゼネコンに入社し、都市計画の緑地開発を担当。一時期阿含宗に入信したが、一九八七年、妻とともにオウム真理教に出家。「建設省大臣」。不動産関連、土地買収に活躍し、教団の拡大に貢献。八九年の田口修二リンチ殺害、坂本弁護士一家殺害事件では実行犯の一人。一九九二年頃から教団のロシア進出のパイプ役となり、自動小銃入手、サリン散布用のソ連製大型ヘリコプターMI―17購入などにかかわる。サリンプラントなど多くの建設工事に関与し、第七サティアンをシヴァ神像礼拝堂に偽装するなどした。一審、二審とも死刑判決、上告中。川村邦光との共著『私にとってオウムとは何だったのか』（二〇〇五）がある。

早坂武禮《たけのり》　キレーサ・パハーナ・アーナンダ：出家前はライターとして活躍。一九八九年入信、九一年に出家したが、九五年六月脱会。省庁制導入後の「自治省次官」、元「広報局長」。『オウムはなぜ暴走したか』（一九九八）の著者。名前はペンネーム。

林郁夫《いくお》　ボーディサットヴァ・クリシュナナンダ師長：一九四七年一月、東京生まれ。慶応大学医学部卒。一九七五年頃から阿含宗桐山靖雄の本を読み始め、仏教に関心を示す。七八年から二年半、デトロイトにあるサイナイ病院外科研究所に留学。石原裕次郎の手術にも参加した優秀な心臓外科医だった。八四年、茨城県東海村にある国立療養所青嵐荘病院（当時）循環器科初代医長。予防医学への関心などもあって、麻原の著書に接して感動、八九年二月入信、九〇年妻と子供とともに出家。マンションを売るなどして作った八〇〇〇万円近くの現金や自動車を布施。東京都中野区野方のAHI（オウム真理教付属病院）に勤務。スパイチェック、ニューナルコ（記憶消去）、指紋除去などに関与。省庁制導入後は「治療省大臣」。地下鉄サリン事件では、サリン散布の実行役。犯罪解明に関する供述の貢献が認められ、異例の無期懲役判決を受けた。九八年、『オウムと私』を出版。

H・T　関西学院大学中退。一九八八年に入信、一度脱会したが翌年再度入信し、出家。仮谷清志拉致事件などに関与。「指示に従わなければ、逆さ吊りにされたり、竹刀でめった打ちにされたりというような、修行に名を借りた拷問があり、それが怖くて離れられなかった」という。（降幡賢一『オウム法廷－グルのしもべたち』上、一九九八、八七ページ）

林泰男　イシディンナ：東京都出身。父は朝鮮国籍。高校中退、都立立川高校定時制から工学院大学工学部二部に進学。麻原の著書に接し、一九八八年出家。熊本県で教団施設建設の現場監督を務めた後、「科学技術省」に移動。地下鉄サリン事件の実行犯に指名され、他の実行犯がサリン二袋を散布するところを林は自らの申し出で三袋散布。担当した日比谷線中目黒行きで死者が一番多かった。逃亡中に、持っていたびん入りのVXを玉川上水に埋める。逃亡中、新宿駅青酸ガス事件にも見張り役で関与。九六年、石垣島で逮捕された。二〇〇八年二月、最高裁は上告を棄却し、死刑が確定。

H・R　林郁夫の妻。慶応大学医学部卒、麻酔医。夫とともに入信。入信後は、オウムの教義に従って夫婦別に生活していた。仮谷清志事件で指名手配されていたM・Tの指紋除去手術を実施した。「なにか変だなと思ったら、そこで踏みとどまり、……拒否すべきだった」「情報が操作されていた」「最低限の人の良心を捨てて、何が宗教か、何が救済なのか、そんなことが分からなくなって……。」（降幡賢一『オウム法廷―グルのしもべたち』上、一九九八、二七〜三〇ページ）

H・Y　島根大学卒業後、広島大学大学院で素粒子論を専攻し、博士課程を修了。システム・エンジニアとして、民間研究所などを転々とし、一九八六年入信。

平田悟　ラーダ：高校卒業後、富士通に勤務。「諜報省次官」。VX殺人、仮谷清志拉致事件などに関与。

平田信《まこと》　ポーシャ：札幌出身、高校時代はライフル射撃でインターハイに出場。札幌学院大学進学後もエアライフル部に所属。また空手の有段者でもあり、「車両省」に所属し、麻原の身辺警護役を務めた。現在も逃走中で、国松長官射撃事件との関連が疑われているが、実弾を発射する銃器と、競技用のライフルとは別物という説もある。

H・M　バーラドヴァージャ：AHI（オウム真理教付属医院）の名目上の院長。後に林郁夫に代わる。愛知医科大学卒業後、大阪の整形外科に勤務していたが、一九八七年一二月に退職、出家。判決、出所後、再びアレフに戻る。

H・Y　ナンディヤ：大阪府立大学在学中に出家。中国語が堪能で、台湾のオウム関連企業の社長。二〇〇〇年に理工系の信者とソフト開発の会社を起こし、防衛庁ほかの官公庁、ＮＴＴ、住友銀行、共同通信などの基本システム設定を受注していた。

広瀬健一　サンジャヤ：早稲田大学理工学部応用物理学科を首席で卒業。同大学院修士課程を終えた一九八九年に出家。「科学技術省次官」を務め、自動小銃製造にかかわる。地下鉄サリン事件実行犯の一人。大学および大学院時代の恩師は、熱伝導に関する修士論文を評価して、もし彼が教団に出家せずに物理学の研究を続けていたら「日本だけでなく、世界の物理学に多大な貢献をしていただろう」という。（降幡賢一『オウム法廷⑩　地下鉄サリンの「実行犯」たち』二〇〇二、二四ページ）控訴審でも死刑判決を受けたが、弁護側は二〇〇八年七月現在、上告中。

藤永孝三　パーラーパリヤ：山口県出身、元ボクサーの信者。八五年に引退。溶接工として働いた経験が買われ、「科学技術省」でサリン噴霧車の製造に携わった。最高裁で懲役十年が確定。

M・T　東京都内の高校を一九八四年に出て、電電公社（現ＮＴＴ）に四年勤めたあと、運送会社等を転々、九四年出家。鈴鹿サーキットでカーレースに出た経験があることから、井上嘉浩の運転手を務めた。仮谷清志拉致事件ほかに関与。逃亡中に林郁夫らに指紋切除の手術、顔の整形手術を受けた。

M・T　ヤソーダラー正大師：千葉県立木更津高校を卒業し、千葉大学教育学部を受験したが失敗。一八歳の時に予備校で知り合った松本智津夫（麻原彰晃）と結婚。麻原との間に二人の息子と四人の娘がある。落田耕太郎リンチ殺害事件に立ち会い「自分のまいた種だからしかたないんじゃないか」といったという。「郵政大臣」。懲役六年の判決を受け、出所後は麻原との離婚を表明し、教団から離れていたかにみられていた。しかし実際には、アーレフ、上祐派の双方から、M・T作の絵画の使用料という名目で資金提供、生活支援を受けており、現在も続いているようである。『転換人生』（一九九一）という著書がある。

M・M　スラーダ：元自衛官の信者。落田耕太郎リンチ殺人事件、に関与。

M・M　マルパ・ロサ：入信前、不動産の会社に勤めていた実績を買われ、教団内では、不動産取引等を担当。「建設省」ナンバー2。

M・Y　スマナージーヴァカ：「科学技術省」所属。サリンプラント稼働要員。

M・K　ウッパラバンナー大師：昭和女子短期大学英米文学科卒、化学メーカーに就職していたが、ESSを通じて知り合った上祐を追いかけて入信。一九八七年六月出家、その後はスピード出世。名古屋支部長の後、「西信徒庁長官」。九五年の名古屋地裁では「教団や尊師から学んだことは正しいと思う。」（降幡賢一『オウム法廷―グルのしもべたち』上、一九九八、四九ページ）と言っていたが、その後教団を脱会し、脱洗脳のカウンセリングを受けた。

村井秀夫　マンジュシュリー・ミトラ正大師：大阪大学理学部物理学科に入学、同大学院理学研究科に進学。宇宙物理学専攻。修士課程修了後、神戸製鋼に入社、航空宇宙関連機器の研究に携わる。一九八七年、二九歳で妻と入信、出家。出家後はＣＳＩ（真理科学研究所）の責任者。八九年の田口修二殺人事件に居合わせ、坂本弁護士一家殺害事件では実行犯。九三年頃にＰＳＩ（Perfect Salvation Initiation：ヘッドギア）を考案。多額の布施の獲得につながった功績で正悟師から正大師へ昇進した。ＬＳＤ製造、自動小銃製造など、教団の犯罪のほとんどすべてにかかわり、地下鉄サリン事件では実行犯にサリン散布の命令と方法を伝えた。「科学技術省大臣」。九五年三月の強制捜査以降、テレビでは上祐とともに「サリンプラントではなく、農薬製造工場だった」と釈明した。四月二三日、東京総本部前で右翼団体所属の韓国籍の男に刺殺された。教団のナンバー2とされ、麻原と相当部分共有されていたであろう事件の秘密は、闇に消えた。

村岡達子　ウッタマー師：一九五〇年生まれ。上智大学卒業後は翻訳等をおこなっていた。出家後、麻原の三女アーチャリーの養育係を務めた。麻原逮捕後の教団代表代行であるが、実権はなかったとされる。二〇〇二年一月、アレフと改称した教団の代表に上祐史裕が就任すると、アレフの会長となった。アーレフからさらに二〇〇八年五月Alephとなった後も幹部ではあるらしいが、教団の実質的運営からは排除されているという。

M・E　国立病院で林郁夫医師と出会い、林郁夫を追って一九八九年入信、翌年に出家。教団付属医院で看護師（婦）として働く。仮谷清志拉致事件などに関与。

M・K　ヴァジラ・サンガー：村井秀夫の妻。兵庫県立高校卒業後、大手製鋼会社の研究所で村井と知り合う。一九八七年、夫とともに入信、出家。九三年頃から、土谷正実の下で、サリンや覚醒剤の製造にかかわる。

Y・H　宇都宮市内の高校卒業後、東京の音楽学校に通いながら麻原の『生死を超える』を読み、オウム真理教に興味を持った。一九八七年入信、出家。教団内の音楽班で活動、作曲やテープ編集の仕事をおこなう。難病パーキンソン病を患っていた母親をＡＨＩ（オウム真理教付属病院）に入院させたまま、教団を退会。九四年、ＡＨＩ（オウム真理教付属病院）の薬剤師で仲が良かった落田耕太郎と共謀し、母親の奪還を企てたが失敗。落田とともに麻原や村井ら幹部の前に引き出された。麻原に落田殺害を命じられ、実行した。

Y・S　チューラカ：自治省所属に所属し、第七サティアンのサリンプラント要員。冨田俊男リンチ殺人事件の実行犯として逮捕される。

山形明　ガル・アニーカッタ・ムッタ：元自衛隊員で自治省所属。浜口忠仁ＶＸ殺人事件、永岡弘行（オウム真理教被害者の会）殺人未遂事件、水野昇ＶＸ殺人未遂事件の実行犯。高裁で懲役二〇年の判決。

Y・N　徳島の名門校を出てＩＣＵ（国際基督教大学）入学。一九九二年、理論物理学を学ぶため同大学院に進学するも、三ヶ月で休学。井上嘉浩と出会ったのがきっかけで入信。教団にのめり込んだ彼女は、妹二人も出家させ、親は一千万円の布施を払った。コンピューター技術を駆使して、運転免許証偽造方法を開発。「オウムの人たちは、人を困らせようというのではなく助けたいという純粋な気持ちだった。」（降幡賢一『オウム法廷―グルのしもべたち』上、一九九八、八〇ページ）

Y・M　キサー・ゴータミー正悟師（当初ブラフマニー）：一九八四年に入信した古参。保険会社を辞め、八六年から「オウム神仙の会」のスタッフとして働く。麻原の三女アーチャリーの養育係を務めた。教団初期には、ヨーガのモデルとして教団誌に登場。「労働大臣」。死体遺棄、犯人隠匿などに関与。

横山真人《まこと》　ヴァジラヴァッリィヤ：東海大学応用物理学科卒。太陽電池等のクリーンエネルギー開発を専攻。一九八八年、麻原の著書を通じて入信。翌年、電子部品メーカーでのロボット設計の職を辞め、出家。「科学技術省次官」。自動小銃（ＡＫ―74）製造の総括責任者。一九九五年三月の東京地下鉄サリン事件の実行犯。彼がサリンを散布した丸の内線池袋行きでは死者は出なかったが、計画の内容を熟知して関与したと死刑判決。二〇〇七年、最高裁は上告を棄却して死刑が確定。

渡辺和実《かずみ》　ゴーサーラ：神奈川県出身：一九八一年、東京工業大学生産機械工学科卒。都内の電気機器メーカーに七年勤めた後、出家。教団内の機械設計を担当。九三年春、村井秀夫らとロシアに渡り、自動小銃

ＡＫ—74をスケッチして持ち帰った。サリンプラントとサリン噴霧器製造にもかかわる。最高裁で懲役一四年が確定。

オウム真理教事件関連年表

一九四七		林郁夫生まれる
一九四九		早川紀代秀生まれる
一九五五		麻原彰晃（本名、松本智津夫）、熊本県八代郡金剛村で、畳職人の家に六人兄妹の四男として生まれる
一九六一	四	松本智津夫、熊本県立盲学校商学部に入学
一九七五		熊本県立盲学校の専攻科（鍼灸）を卒業、大学受験を目指す
一九七六	九	傷害事件で八代署に逮捕され、罰金一万五千円を支払う
一九七七	五	上京して受験、予備校代々木ゼミナールに入学
一九七八	一	代々木ゼミで出会ったI・Tと結婚
		船橋市内で「漢方亜細亜堂薬局」および診療室を開業
	七	長女生まれる
一九八〇	七	保険料不正請求が発覚、六七〇万円の返還を求められる
	八	阿含宗に入信、三年間在籍
一九八一	二	健康食品と漢方の店「ＢＭＡ薬局」開業。阿含宗の「千座行」を続ける
		クンダリニー覚醒を体験
一九八二	六	製造販売した健康食品の薬事法違反で逮捕され、罰金二〇万円を科される

一九八三	一	西山祥雲に「彰晃」という名をもらう
	夏	渋谷区のマンションにヨーガ道場「鳳凰慶林館」開業。「麻原彰晃」を名乗り始める
一九八四	二	「鳳凰慶林館」を改称して「オウムの会」という名称にする
	五	株式会社「オウム」設立（健康飲料など販売）。宗教臭さなし
	一二	オウム最初のセミナー（八五年にかけて）。Y・M、I・E、I・Hらが「オウムの会」に入会。I・HとI・Eは、クンダリニー覚醒を体験
一九八五	二	麻原、「空中浮揚」を体験
	四	神奈川県三浦海岸で神からアビラケツノミコトを任ぜられ、神軍を率いて「シャンバラ世界」を築く使命があると告げられる
	六	岩手県五葉山で、戦前の超古代史家酒井勝軍《かついさ》のハルマゲドン説に接触
	一〇	オカルト雑誌『トワイライトゾーン』『ムー』に登場
	一一	丹沢集中セミナー
一九八六	三	『超能力秘密の開発法』刊行（新・増補大改訂版、一九九三）
	四	「オウム神仙の会」と名乗る
		早川紀代秀（三七）「オウム神仙の会」入会
		チェルノブイリ原子力発電所事故
	五	インドに渡航、クンダリニー覚醒
	六	丹沢セミナー

	七	インドに渡航、ヒマラヤのガンゴトリで「解脱」の体験を得た（「最終解脱」？）
	八	静岡県富士宮市に富士山総本部道場開設。このころ、説法で第三次世界大戦、終末の予想、などにふれる。シャンバラ化構想
	八	サンガ（出家修行者）発足（直弟子三〇人ほどできる）
	一二	『生死を越える』刊行
一九八七	一	丹沢集中セミナーで「ポア」の概念、発言
	二	インドのダラムサラでダライ・ラマ十四世と会う。大阪支部設立
	三	『超能力秘密のカリキュラム・健康編』刊行
	GW	秩父集中セミナー（ここでの説法が『イニシエーション』となる）
	五	上祐史浩（二四）出家
	六	I・H、弟子で初めてクンダリニー・ヨーガの成就
	七	「オウム真理教」と改称、教祖の地位につく。「尊師」と呼ばれるようになる
	八	『イニシエーション』刊行
		『マハーヤーナ』誌刊行を始める
		この年、弟子の「成就者」が続出。村井秀夫（二九）、妻とともに出家
	一一	早川出家。遠藤誠一（二七？）出家（リフトンでは八九年二八歳で入信）
一九八八	二	『マハーヤーナ・スートラ』刊行
		「竜宮の宴」上演（大阪）

	七	ダライ・ラマ十四世とインドで会談
	八	富士山総本部道場（鉄骨）完成
	九	真島照之（在家信徒）、富士宮で修行中、〃折檻〃により死亡（遺体遺棄。ヴァジラヤーナへ入れというシヴァ神の示唆と受けとる）
		井上嘉浩（一八）出家
	一二	「黙示録」を解読しはじめ、終末論を体系化。武力による救済を説き始める
一九八九（平成元年）	一	『滅亡の日』刊行
		林郁夫入信
	二	田口修二殺害
	四	サマナ全員に対し、「殺人も許される場合がある」旨の説法〔その前に、側近大師たちに同内容の説法をしている〕
	八	翌年の衆議院総選挙をにらんで「真理党」設立
		東京都に宗教法人として認証される
	九	中川智正（二六）出家
	一〇	『サンデー毎日』誌の批判開始。「オウム真理教被害者の会」結成
	一〇	坂本弁護士との取材ビデオ、放映中止
	一一	横浜市の坂本堤弁護士一家を殺害、三遺体を長野、新潟、富山の山中に埋める
	一二	中沢新一、麻原を評価（『週刊ポスト』一二月八日号）

	一二	麻原一行、ドイツ（ボン）↓アメリカ（ニューヨーク）へ。一旦帰国し、坂本事件で記者会見をした後、インドへ。ダライ・ラマと会談
一九九〇	二	岡崎、三億円を持って逃走、坂本弁護士の子供を埋めた場所を密告
	二	「真理党」を結成して衆院選に二五人立候補するが、全員落選
	四	石垣島セミナー（約一二七〇人が参加）
		ボツリヌス菌プラント失敗
	五	林郁夫出家（四三歳）（九一年三月、クンダリニー・ヨーガ成就）
	一〇	熊本県波野村での紛争に関連して、熊本県警が強制捜査
一九九一	四	麻原、肝臓ガン克服（?）
	六	中野区にＡＨＩ（オウム真理教付属病院）開設
	夏	ダンスオペレッタ「死と転生」全国公演
	九	麻原、「朝まで生テレビ」に出演
		『創生期』刊行。『人類滅亡の真実』刊行。土谷正実（二六）出家
	一〇	島田裕巳、麻原を評価（『週刊朝日』一〇月一一日号）
	一二	『キリスト宣言』刊行
		『ノストラダムス秘密の大予言』刊行。『キリスト宣言 Part 2』刊行
一九九二	二	麻原一行、ロシヤへ。モスクワ大学などで講演。ルツコイ副大統領などと会談。クレムリン大劇場で「死と再生」上演

	四	ロシアから日本向け放送開始（「エウアンゲリオン・テス・バシレイアス」）
	五	吉本隆明、麻原を評価（ロッキングオン『CUT』九二年五月号）
	七	麻原一行、インド（ダライ・ラマと会談）およびブータン訪問（国王、法王と会談、「最聖」の称号を贈られたという）
	夏	炭疽菌培養計画
	九	モスクワ支部開設
	秋	インドツアー（ブッダ・シャカムニの遺跡めぐり）
	一〇	麻原一行、ザイールを訪問（医療、食料援助）
		各地の国立大学で講演、近々、ABC兵器による世界最終戦争が起こり、大都市に壊滅的打撃があることを予言
	一二	『キリスト宣言 Part 3』刊行
一九九三	一	自動小銃（AK－74）密造指示
	二	『キリスト宣言 Part 4』刊行
	三	九七年にハルマゲドンが起こると予言。『麻原彰晃、戦慄の予言』刊行
	四	サリンに初めて言及
		サリン製造用プラントの建設指示
	五	ロシアのオウム真理教キーレーン交響楽団来日公演（全国）
	六	越智直紀、修行中に死亡、遺体焼却

	夏	亀戸道場炭疽菌噴霧失敗
	七	麻原一行フランスへ（ロボフ氏と会談）
		『麻原彰晃、戦慄の予言』第二弾を刊行
	九	麻原一行、オーストラリア訪問
		『ボーディ・サットヴァ・スートラ』刊行
	一〇	第二サティアンで毒ガス騒ぎ。毒ガス攻撃の話が初めて出る
	一一	サリンによる創価学会名誉会長池田大作暗殺企図、失敗
	一二	PSI開始。新実智光、サリン中毒事故
一九九四	一	落田耕太郎殺害さる。遺体焼却
	二	自動小銃一〇〇〇丁の製造を指示。教団戦闘化
		ロシアツアー
		中国ツアー（真理科学部で死亡事故発生のため急遽帰国）
	三	「毒ガス攻撃による被害」を主張し始める。林郁夫渡米
		LSD合成研究。『ヴァジラヤーナコース・教学システム教本』
	四	サリンに言及。このころから薬物使用がはじまる
	五	滝本弁護士サリン事件
	六	旧ソ連製ヘリコプターが日本に到着
		オウム真理教の基本律と国家組織の作成（省庁制度）。「キリストのイニシエーション」（LSD

		使用）
	七	松本サリン事件、七人死亡
		上九一色村で異臭騒ぎ。冨田俊男リンチ殺害事件
		中村徹、温熱修行で死亡
	八	波野村、道場の立ち退き料で九億二千万円を支払うことを約束
	九	宮崎県小林市の旅館経営者が拉致監禁されたとして告訴
	一二	水野昇、ＶＸをかけられ意識不明。大阪の濱口忠仁、ＶＸをかけられ、死亡。教団分裂騒ぎ
一九九五	一	「読売新聞」、オウム真理教のサリン疑惑を報道（一日）
		永岡弘行（オウム真理教被害者の会）殺人未遂事件。第七サティアン・サリンプラント解体工事、
		シヴァ神殿に改築指示
		阪神淡路大震災（一七日）
	二	東京目黒区公証役場事務長、仮谷清志拉致され、死亡（自白剤の副作用）
	三	『麻原彰晃、戦慄の予言　日出ずる国、災い近し』刊行（二日）
		アタッシェケース事件
		地下鉄サリン事件（二〇日）、一二人死亡
		一斉強制捜査（二二日）。国松孝次警察庁長官、銃撃さる（教団との関連は不明）
	四	村井秀夫、自称右翼の韓国籍男性に刺殺される
		青酸ガス発生装置を新宿駅トイレに仕掛ける

	五	麻原、逮捕（一六日）。都庁、知事秘書室で小包爆発
		『亡国日本の悲しみ』刊行（一八日）
	九	坂本弁護士一家の遺体発見
一九九六	一	最高裁、オウム側の特別抗告棄却、宗教法人解散が確定
	三	東京地裁、オウム真理教に対して破産宣告
一九九七		ハルマゲドン（『麻原彰晃戦慄の予言』第二弾、一九九三）の筈（テロ・ゲリラの実行、国家要人拉致、国会や報道機関の占拠などによる国家転覆？）
一九九九	一二	「オウム新法」成立。上祐史浩釈放される
二〇〇〇	一	オウム、アレフへと改名
	二	村岡を代表として「宗教団体・アレフ」設立される
二〇〇一	九	アメリカ、同時多発テロ事件（一一日）
二〇〇二	一	上祐、教団代表に就任、麻原との決別を表明
二〇〇三	二	「宗教団体・アーレフ」に改称
二〇〇六	九	最高裁、特別抗告を棄却し、一審通り麻原の死刑判決が確定
二〇〇七	五	上祐、アーレフを脱退し（三月）、「ひかりの輪」設立
二〇〇八	五	Aleph に改称

付録二　オウム真理教事件関連年表

（島薗進『オウム真理教の軌跡』一九九五、岩波ブックレット、藤田庄市『オウム真理教事件』一九九五、ASAHI NEWS SHOP、竹岡俊樹『「オウム真理教事件」完全解読』一九九九、勉誠出版、島田裕巳『オウム―なぜ宗教はテロリズムを生んだのか』二〇〇一、トランスビュー、早川紀代秀・川村邦光『わたしにとってオウムとは何だったのか』二〇〇五、ポプラ社、江川紹子『オウム事件はなぜ起きたか―魂の虜囚』（下）二〇〇六、新風舎文庫などより作成）

れ

ろ

わ

め

も

や

ゆ

よ

ら

り

る

へ

ほ

ま

み

む

ち

つ

て

と

な

せ

そ

た

す

さ

し

け

こ

き

く

え

お

か

索引

あ

い

う

大石紘一郎（おおいしこういちろう）

１９４４年、島根県生まれ。数量データに基づく政治分析、シンボルとイメージの政治学を研究。著書に『政治行動論の基礎』『町と村のリーダーたち』、編著書に『現代アメリカのこころと社会』がある。青山学院大学法学部教授。

オウム真理教の政治学

二〇〇八年一〇月一〇日　第一刷発行©

著　者　大石紘一郎
発行者　宮本　功
発行所　株式会社　朔北社
〒一〇一—〇〇六五
東京都千代田区西神田二—四—一　東方学会本館
ＴＥＬ　〇三—三二六三—〇一二二
ＦＡＸ　〇三—三二六三—〇一五六
振替〇〇一四〇—四—五六七三二六
http://www.sakuhokusha.co.jp

装　丁　カワイユキ
印刷・製本　中央精版印刷株式会社
落丁・乱丁本はお取りかえします。
ISBN978-4-86085-069-2　C3031 Printed in Japan